合作型地方法治的
社会权力研究

陆俊杰　著

图书在版编目（CIP）数据

合作型地方法治的社会权力研究 / 陆俊杰著 . —北京：中国社会科学出版社，2023.12

ISBN 978 - 7 - 5227 - 2921 - 3

Ⅰ.①合… Ⅱ.①陆… Ⅲ.①地方法规—研究—中国 Ⅳ.①D927

中国国家版本馆 CIP 数据核字（2023）第 242614 号

出 版 人	赵剑英
责任编辑	党旺旺　马婷婷
责任校对	杜　威
责任印制	王　超

出　　版	中国社会科学出版社
社　　址	北京鼓楼西大街甲 158 号
邮　　编	100720
网　　址	http://www.csspw.cn
发 行 部	010 - 84083685
门 市 部	010 - 84029450
经　　销	新华书店及其他书店
印　　刷	北京明恒达印务有限公司
装　　订	廊坊市广阳区广增装订厂
版　　次	2023 年 12 月第 1 版
印　　次	2023 年 12 月第 1 次印刷
开　　本	710×1000　1/16
印　　张	19
字　　数	293 千字
定　　价	98.00 元

凡购买中国社会科学出版社图书，如有质量问题请与本社营销中心联系调换
电话：010 - 84083683
版权所有　侵权必究

序

夏锦文

党的二十大报告指出："全面依法治国是国家治理的一场深刻革命，关系党执政兴国，关系人民幸福安康，关系党和国家长治久安。必须更好发挥法治固根本、稳预期、利长远的保障作用，在法治轨道上全面建设社会主义现代化国家。"[①] 在全面依法治国的新征程上，需要统筹国家与社会的资源分配，形成多元协同推进的共治格局，最终实现良法善治。地方法治作为法治系统工程的有机组成部分，在理论上丰富了法治中国的内涵，在实践中日益焕发蓬勃生机，蕴含着中国之治的东方智慧。近年来，法学理论研究中涌现出较多的关于地方法治的论著，尤其是关于地方法治模式类型和动力机制的精品力作，有力地推进了地方法治研究的深度和广度。陆俊杰研究员即将付梓的《合作型地方法治的社会权力研究》，即是此方面的最新学术研究成果。

当前，世界面临百年未有之大变局，要保障我国法治建设这艘大船行稳致远，必须增强抵御风险的能力。作为法治现代化重要环节的地方法治，应及时回应社会发展之需求，建立法治转型与时代升级同步的均衡驱动机制，积极引导社会转型和变革。由于历史和现实的种种原因，我国地方法治在实际运行中还存在诸多值得完善和优化的地方，其中最

---

① 习近平：《高举中国特色社会主义伟大旗帜　为全面建设社会主义现代化国家而团结奋斗——在中国共产党第二十次全国代表大会上的报告（2022年10月16日）》，人民出版社2022年版，第40页。

重要的问题之一便是社会力量的缺位。陆俊杰研究员基于对当下地方法治的三种类型，即国家试错分析模式的试验型地方法治、政府竞争分析模式的竞争型地方法治、压力发包分析模式的承包型地方法治的比较分析，提出破解社会基础薄弱和政府主导的悖论关键在于培育社会力量，建设"有效地方法治"，这是颇有见地的。法治社会是构筑法治国家的基础。地方法治的建设需要妥善处理市场需求与政府定位的关系，学理上理想的模式应当是合作型地方法治模式，即具有相对独立地位的社会权力和政府权力，以信任为基础，充分运用已有资源和社会资本，通过平等合作和交织互动，发挥多元社会主体结合而形成共同体的能动作用，实现权力制约和权利保障的法治目标。

合作型地方法治是广泛吸收社会力量共同参与法治建设的理论与实践模式。马克思说："法律应该以社会为基础。法律应该是社会共同的、由一定的物质生活方式所产生的利益和需要的表现，而不是单个的个人的肆意横行。"[①] 合作型地方法治有着深刻的社会背景和激发动力。陆俊杰研究员认为，市场关系从"竞争"迈向"合作"引发的市场化的利益聚合效应、地方政府从"我在"转向"他在"促使服务型政府推进改革、社会关系从"制度"趋向"行动"驱动社会力量嵌入性成长，这些多维度地方法治内在主体和动力关系的变革，使地方法治不断由政府中心范式切近政社共同合作，从而在开放性的法治逻辑体系中实现地方治理现代化的多元平等合作。地方法治的合作化转型也成为众多动力要素共同促成的重要结果。上述观点有力地揭示了地方法治转型的内在社会动力，使对于地方法治的研究不再流于制度或者现象的层面，深入地挖掘到了法治的核心动力结构和内在逻辑。实际上，任何制度的发展都是社会变迁的反映，合作型地方法治的新模式只有在新时代的市场发展与政府改革相互作用下才可能获得长久的学术生命力和制度活力。

合作型地方法治是贯彻全过程人民民主的生动写照。习近平总书记深刻指出："没有民主就没有社会主义，就没有社会主义的现代化，就没

[①] 《马克思恩格斯全集》第6卷，人民出版社2016年版，第292页。

有中华民族伟大复兴。"① 他还指出："我们走的是一条中国特色社会主义政治发展道路，人民民主是一种全过程的民主，所有的重大立法决策都是依照程序，经过民主酝酿，通过科学决策、民主决策产生的。"② 首肯并充分释放社会力量的效能，调动广大人民群众参与地方事务治理的积极性，为地方法治的建设提供了不竭的动力。地方法治的建设不可能由政府包办，社会利益的多元化在客观上要求法治实践正视社会权力的重要性和必要性。在地方法治实践中，社会权力从来没有缺席，一直作为重要的力量，发挥着必要的作用。在陆俊杰研究员看来，社会权力活跃于政府服务、公共治理和基层自治等领域，并且在公权力的主导下作为参与性力量积极主动参与地方立法、行政和司法活动。从系统论的角度看，权力关系结构中，社会权力在社会阶层复杂化、资源配置社会化和网络观念多元化的催生下逐步发育壮大，从而与政府权力之间基于主体、制度和结果等相互信任而迈向合作。这种合作展现了平等性地位、公共性指向和多向度开放的特点。正是由于合作型地方法治的这种开放性，以协商为主要方式的公共问题处理机制得以形成，民主真正得到贯彻和实现。合作型地方法治是中国式法治现代化的应有之义。党的二十大报告提出："中国式现代化的本质要求是：坚持中国共产党领导，坚持中国特色社会主义，实现高质量发展，发展全过程人民民主，丰富人民精神世界，实现全体人民共同富裕，促进人与自然和谐共生，推动构建人类命运共同体，创造人类文明新形态。"③ 尽管合作型地方法治强调社会权力的重要性，但也要清醒地看到社会权力运行的问题，如果不加以制度约束，反而会对法治产生消极影响。因此，在合作型地方法治中必须坚持党领导、政府主导、社会参与的基本立场，只有这样才能保证地方法治建设不偏航，不走样。合作型地方法治契合了法治高质量发展的要求。

---

① 习近平：《在庆祝全国人民代表大会成立60周年大会上的讲话》，人民出版社2014年版，第7页。
② 习近平：《论坚持人民当家作主》，中央文献出版社2021年版，第303页。
③ 习近平：《高举中国特色社会主义伟大旗帜　为全面建设社会主义现代化国家而团结奋斗——在中国共产党第二十次全国代表大会上的报告（2022年10月16日）》，人民出版社2022年版，第23—24页。

困扰人类社会发展的一个重要问题是中央治权和地方治权的划分。过度强调中央治权，可能会导致地方因缺乏积极能动性而发展不足；反之，则可能影响中央权威。高质量的地方法治发展是在党中央集中统一领导下的地方有序治理，是符合地方自身发展需求且在其权限内的自我治理，是中央治权和地方治权合力推进的新型治理。在这种新型治理格局中，社会权力运行主要依赖于地方开放复合的民主实践空间、经济和信息等多元资本以及多样繁荣的理性文化等条件。在这些条件下，地方法治建立公私伙伴关系，积聚信任，强化平等对话与公共协商，通过立法、行政、司法的有序参与和城乡的社区基层自治等方式实现深度法治合作。通过合作而发展的地方法治，集聚了全部有益力量，从而推动法治的时代化和中国化。

合作型地方法治是新时代推进国家治理体系和治理能力现代化的重要举措。坚持在法治轨道上推进国家治理体系和治理能力现代化，是习近平法治思想的重要内容。国家治理离不开地方治理，地方治理须在法治的轨道上有序推进。社会权力参与地方治理的事务具有广泛性，参与地方治理的形式具有多元性，但都必须将之纳入法治的框架予以考量。因此，需要认真对待社会权力在合作型地方法治中能够发挥什么作用这一重要的法理问题。整体而言，社会权力自治组织运行不仅能够增强其在权力体系中的法治地位，还能有效发挥其外化的法治功能。社会权力通过架构陌生人互惠关系网络、培育平等合作的公共精神和构筑体制回应的社会秩序等方式增强社会权力的内在动能。社会权力通过"民间法"等社会规范的成熟完善，不断生成自身治理权威，架构多元权力的耦合机制，从而促成社会秩序的逐步建立，实现其法治功能。

合作型地方法治是推动中华文明重焕荣光的有力保障。习近平总书记指出："中国式现代化是赓续古老文明的现代化，而不是消灭古老文明的现代化。"[①] 在壮阔的历史长河中，我国积累了丰富的地方治理经验，古代的乡绅制度就是地方治理东方特色的代表。瞿同祖先生曾论述："在政府不能或不便履行某些职能时，就由当地的士绅来履行这些职能。我

---

① 习近平：《在文化传承发展座谈会上的讲话》，《求是》2023 年第 17 期，第 9 页。

们将会看到：在地方政府和士绅之间有一个传统的职能分工。士绅对于实现政府的某些目标来说，实际上是不可或缺的。"[1] "枫桥经验"等当代基层群众自治的伟大实践，更是中华文明画卷中地方治理的生动写照。治理不只是单纯制度层面的表达，也是社会文明发展的重要载体。在实现中华民族伟大复兴的新征程上，坚守赓续中华文明，就需要在学理上深化对地方治理的研究，使之理论化、系统化、科学化，为推动构建人类命运共同体贡献中国智慧。

陆俊杰研究员深耕法治现代化研究，将法理学的一般原理运用到地方法治的研究中，并形成自己独到的见解，殊为不易。《合作型地方法治的社会权力研究》是地方法治研究的一部力作，值得向读者推荐。期待陆俊杰研究员在今后的学术生涯中不断攀登高峰，取得更多更优秀的学术成果。

是为序！

---

[1] 瞿同祖：《清代地方政府》，范忠信、晏锋译，法律出版社2011年版，第283页。

目 录

引 言 ·· (1)
 一 研究缘起 ·· (1)
 二 研究综述 ·· (5)
 三 研究方法 ·· (20)
 四 研究意义 ·· (21)

第一章 复杂背景下地方法治变革的动因 ·· (24)
 第一节 时代变革叠加，驱动地方法治转型 ······························ (25)
  一 全球化时代的复杂性与不确定性 ··································· (25)
  二 数字时代信息扁平化的喜与忧 ······································ (33)
 第二节 内在结构失衡，期待地方法治转型 ······························ (42)
  一 法治变迁动力机制的结构失衡 ······································ (43)
  二 权力纵横配置的内在关系失衡 ······································ (52)

第二章 治理现代化语境下地方法治的合作型转向 ······························· (62)
 第一节 基于"控制—依附"结构的地方法治类型 ······················ (63)
  一 国家试错分析模式的试验型地方法治 ···························· (63)
  二 政府竞争分析模式的竞争型地方法治 ···························· (68)
  三 压力发包分析模式的承包型地方法治 ···························· (75)
 第二节 合作型地方法治：有效法治的可能范式 ························ (81)
  一 逐步趋向合作的地方法治 ·· (83)
  二 合作型地方法治的法理证立 ··· (98)
  三 合作型地方法治的内在特征 ··· (112)

第三章 社会权力的法治合作及其法理意蕴 (117)
第一节 合作型地方法治的社会权力在场 (117)
一 政社关系结构网络的社会权力实践连接 (118)
二 社会权力对法治合作机制的内生要素扩展 (127)
第二节 合作型地方法治语境社会权力的法理属性 (138)
一 域外关于社会权力的经典论述 (138)
二 国内学界关于社会权力的解读 (141)
三 合作意蕴的社会权力法理界定 (145)

第四章 合作型地方法治的社会权力主体力量 (150)
第一节 地方性社会组织 (151)
一 法律语境下的社会组织 (151)
二 社会组织高质量转向 (152)
三 迈向治理的组织类型 (155)
四 变塑社会的特征优势 (156)
第二节 稳定性社会群体 (158)
一 社会群体的学理维度 (158)
二 虚实结合的多元社群 (160)
三 主体特征的社会面向 (166)
第三节 自治性社区组织 (168)
一 基于法定的主体地位 (168)
二 社区自治的力量条件 (170)
三 自治效应的典型实践 (171)

第五章 社会权力之于合作型地方法治的功能 (173)
第一节 控约地方政府权力 (173)
一 制约政府权力的传统机制及其式微 (173)
二 社会权力阻却地方政府权力的扩张 (177)
三 社会权力对政府权力的分解与转化 (183)
第二节 丰盈民间社会资本 (188)

一　社会资本与合作型地方法治 …………………………… (188)
　　二　地方法治中社会资本的孱弱 …………………………… (193)
　　三　社会权力重塑法治社会资本 …………………………… (199)
第三节　生成地方社会秩序 …………………………………………… (205)
　　一　社会权力生成地方法治的"民间法"资源 ……………… (205)
　　二　基于社会权力合作治理的社会秩序生成 ……………… (212)

第六章　合作型地方法治社会权力的运行机理 ………………………… (218)
第一节　开放多元的运行条件与场域 ………………………………… (218)
　　一　开放复合的民主社会实践空间 ………………………… (218)
　　二　市场经济与信息技术等现代化资本 …………………… (226)
　　三　多样繁荣的地方社会理性文化 ………………………… (231)
第二节　深度合作的有序运行方式 …………………………………… (236)
　　一　对话与协商：公私伙伴关系的建立 …………………… (236)
　　二　有序参与：政社权力的深层互动 ……………………… (242)
　　三　自主治理：社会权力的自主实现 ……………………… (251)
第三节　制度化网络的集体合作行动机制 …………………………… (255)
　　一　自组织决策的项目绩效合作机制 ……………………… (255)
　　二　制度化政社权力的集体行动机理 ……………………… (260)

余论　对社会权力的法治制约 …………………………………………… (268)
　　一　对社会权力保持政治警惕 ……………………………… (268)
　　二　防止社会权力的溃散 …………………………………… (270)

参考文献 ………………………………………………………………… (274)

引　　言

一　研究缘起

"法治"属于"舶来品",在理论和实践领域是个历久弥新的话题。无论其意指"治国方略""调控方式",还是表征"社会状态""法律精神"[①],均意味着治理的现代性趋向和法律的至上地位。随着时代的变迁和学理研究的深入,关于法治主题的讨论已经不再是"是什么"和"需不需要"的问题,而是"什么样的法治"和"如何实现法治"的问题。立足百年未有之大变局的世界大势,"社会变革使得治理变得越来越重要……新治理是一种把当代国家与当代社会联结起来的策略"[②]。在我国治理体系和治理能力现代化的特有语境下,新时代中国特色社会主义法治必然在内在禀赋、具体内容、内在动力、实践机制、实现路径和实施效果等方面存在区别于传统法治理论和法治实践的特征,需要在应对改革发展进程的风险挑战中进一步确认和厘清。

当下,我国正处于为实现中华民族伟大复兴的现代化探索征程中,回答好"什么样"和"怎么实现"的后发型国家法治现代化的自主性问题,囿于被广泛尊崇的法治建设的共识是远远不够的,需要直面应然法治、实然法治与可然法治之间的关系,接受现代化进程中社会日益复杂化和动态化的挑战,找准社会主义法治国家建设目标的实现途径,解决

---

① 关于法治概念的立言著说可谓汗牛充栋,不予详细罗列,只选取较为典型的内涵界定作为参考。参见张文显《法哲学范畴研究》,中国政法大学出版社2001年版,第151—156页;公丕祥《法理学》,复旦大学出版社2005年版,第271—272页。

② [英]斯托克:《转变中的地方治理》,常晶等译,吉林出版集团股份有限公司2015年版,第2页。

超大型国家法治实践内在动力单一和失衡等问题。回顾改革开放以来的发展历程，无论是改革的发动还是经济社会的转型，地方的内发动力都是一个非常重要的因素。从地方激发动力和推进制度创新，已然成为现代化进程和改革发展的一个重要规律。法治中国建设亦不例外。基于建构理性主义的顶层设计，并不妨碍地方法治发展成为探索同我国经济社会和文化发展相适应的具有本土特色的法治实践形式和实施路径。江苏、浙江、广东等经济发达地区在迈入21世纪后，相继出台了地方法治的"纲要""决定"[1]等，通过省级政府层面的试验性改革方式推进本地域的法治进程，积累了在国家法治整体性和统一性框架下解决特定阶段复杂性和挑战性问题的地方法治实践并转化为国家顶层设计政策推广的时代经验。这一经验，在一定程度上解决了"自上而下"和"自下而上"的法治双向路径的贯通问题，但是未能有效解决国家法治与地方法治的功能差异、地方法治的类型定位、地方法治的内在动力悖论等问题。

回溯业已展开的地方法治实践，现代意义上地方法治的实践探索发端于江苏、浙江等经济较为发达的长三角、珠三角地区，通过省级政府层面的理性设计并以政府力量强力推行"法治纲要""法治规划"。这些区域的市场体系发育较早、治理民主环境开明、理性文化较为厚重、社会生活整体安宁、公众有序参与较为主动等[2]，这恰恰是地方法治生长的必备条件。实际上，隐藏在法治"规划""纲要"背后的各省市经济、政治、文化、社会等领域的多元现代性因素，为先行法治实践提供了内在要素，也奠定了省域法治的制度化基础。这些恰恰都是"法治自身无能为力的，必须依赖其外在的社会予以提供"[3]，法治又促进了这些社会要素的持续发展。此后，各省市出台的关于法治的纲要性文件在体例、内

---

[1] 21世纪前十年，"法治江苏"（2004）、"法治浙江"（2006）、"法治云南"（2006）、"法治湖北"（2009）等决议相继出台，试点效应引发几乎所有的省市出台了相关规定。全国以地方性法治试验将"加强顶层设计和摸着石头过河相结合"的要求落实在改革实践中，在一定程度上推进了法治创新。

[2] 法理学界基本都将这些因素作为法治的基础条件，参见何勤华等《法治的追求——理念、路径和模式的比较》，北京大学出版社2005年版，第113—127页；张文显《马克思主义法理学——理论、方法和前沿》，高等教育出版社2004年版，第348—370页；等等。

[3] 卓泽渊：《法治国家论》，法律出版社2004年版，第112页。

容、机制等方面虽有所完善，但框架和价值导向基本一致。在法治文件实施的操作层面，从省域到县域各层级的地方立法、政府法治、司法制度和法治评价指数等应运而生，充实和完善了社会主义地方法治体系。透过地方法治文本与改革实践的外在形式和内在逻辑，不难发现，地方法治的发生，也即从"无"到"有"的转折，具备了渐进性发展的条件因素，这是社会演进到一定阶段的必然结果。但是，在地方治理体系中，从"法治有位"迈向"法治优位"，除了需要宏观制度体制的先进性、市场体系的规范性和发达度支持外，更加依赖成熟完善的社会，它可以为地方法治当代转型提供强大的社会力量。显然，这与国家法治一样，是地方法治在实践进程中必须加以解决的共性问题。另外一个层面，包括先行先试地方法治改革试验地区在内的所有地方法治建设的主要推动力量均为地方政府，"纲要"出台本身、具体法治行为的政府主导性意味着法治实践完全由公权力推进，其内容高度相似，表明了学理研究的成果尚未真正应用于地方法治改革，地方法治的权力谱系中缺乏最广泛最基础的社会力量，这是当下地方法治转型最迫切需要解决的现实问题。[①] 否则，除了国家法治的顶层设计外，地方法治将依然行走在以地方政府公权力意志规划为基础的社会关系和社会秩序中，抑制民间惯例、道德习惯等非正式法治力量，压缩全球化和信息化时代新生的社会公共事务领域的社会要素的生存空间。地方法治的内在动力也必然呈现出倒金字塔结构。"许霆案""药家鑫案""王力军无证收购玉米案""长生疫苗事件""云南孙小果案""鸿茅药酒事件""操场埋尸案"等社会法治事件层出不穷，极大地影响了社会的秩序稳定、治理效率和公平公正。地方法治"如果对那些促进非正式合作的社会条件缺乏眼力，他们就可能造就一个法律更多但秩序更少的世界"[②]。远离丰厚的社会土壤，地方法治依赖于传统治理体系和治理模式的惯性，将导致法治的工具化意

[①] 有学者将地方法治的建构主义倾向总结为"规划设计的主导倾向""普遍性、整体化的目标追求"和"法条主义的单边情结"。参见马长山《国家"构建主义"法治的误区与出路》，《法学评论》2016年第4期，第26—27页。

[②] [美] 罗伯特·C.埃里克森：《无需法律的秩序——邻人如何解决纠纷》，苏力译，中国政法大学出版社2003年版，第354页。

识根深蒂固；制度、体制和观念缺乏深厚的社会基础，将难以有效地回应新时代社会变迁和转型背景下社会公众的权利诉求、美好生活利益需求和社会多元呼声。

事实表明，现有地方法治呈现"剃头挑子———一头热"的单向度趋向，实际上是内驱力的单一化造成的。这在法治的初创时期，无疑可以在地方辖域的政治体系内部统一高效施行。但在现实中，法治实施却要面对更为广阔的社会领域和各种社会主体的具体权利，遇见时代日新月异发展带来的新问题和新情况。"只有在承认'公众'和'私人'社会生活范围已经明确分开，同时国家的权力已经延伸到能控制社会生活的每一个角落的程度时"[①]，地方法治才是真实而具体有效的。因此，驱动地方法治生长完善的社会基础和平衡的内部权力系统，是其发展路向和实践效果的决定性因素。法治理论中"国家—社会"的分立理论，也可以适用于地方法治权力体系的功能优化，即权力要素多元化和权力间结构再优化，形成政府权力、社会权力以及其他有效力量的内在制约和动态平衡，保证地方法治系统的整体性功能大于权力要素之和，实现地方法治正当性和实效性的最大化扩张，有效防止政府权力无序膨胀。

由此，在回答我国的法治应该是什么样的法治，如何实现法治目标这两个宏观法治问题的同时，更需要关注地方的特殊性问题。在现有的国家法治框架下，我们需要认真地回答以下问题：现有地方法治实践结构性矛盾的根源问题在哪里？为什么会出现地方法治实践与法治规划偏离的问题？现有地方法治模式究竟是否真正契合时代变迁和地方社会发展？如何充分地整合多元力量解决地方法治发展动力失衡的问题？如何以社会为基础使地方法治的主要方式和实践路径科学合理？如何破解地方法治悖论，实现内在权力关系平衡？实际上，这些恰恰都是回答地方法治何以可能，何以进行，何以有效，何以实现的关键性问题，直接关系"有效地方法治"目标能否达成。

---

① ［英］罗杰·科特威尔：《法律社会学导论》，潘大松等译，华夏出版社1989年版，第53—54页。

二 研究综述

（一）地方法治的研究现状

地方法治的研究起始于20世纪80年代，法学界在改革开放起步阶段，便"从地方经济、文化、科技和社会需要出发"，探讨以"地方法制战略"对"具有地方特色的法律体系进行总体规划设计"[①]，"在保证国家法律在区域内落实的同时，对地方的特殊经济社会关系有针对性地进行法律调整"[②]。也有学者提出，地方法制要防止"碎片化"的法治割裂，切忌"事域的分割与地域分割"[③]。这是对经济发展的制度需求之法学回应，属规划政策、性质特点和地方差异的浅层面基础性描述，并未涉及地方法律治理的具象内容和规范性阐释。随着时代和法治理论的发展，在思考国家法治实现的问题时，学界开始结合央地关系探讨地方法治的规范性、实践路径、发展模式等方面的问题。

1. 关于地方法制与地方法治的讨论

随着对法治理论的深入探讨，以葛洪义为代表的学者用"地方法制"作为分析概念，认为其是"各级地方国家机关和社会公众及其组织，根据本地实际情况的需要，在应对地方实施宪法法律所产生的各种具体法律问题的过程中，自下而上所作出的制度性反应或者形成的规则与制度的总和"[④]。以法律制度为首要条件，在权力、权利、制度以及评价标准等方面阐明了地方"在法治秩序演进与形成过程中的地位、角色和作用"[⑤]，将其视作"为'转型社会'丛生的'外部性'问题提供解决途

---

① 水享：《地方法制发展战略理论观点综述》，《当代法学》1987年第1期，第32页。
② 杨春堂：《试论我国地方法制建设的特点》，《当代法学》1990年第2期，第72页。
③ 杨解君：《法治建设中的碎片化现象及其碎片整理》，《江海学刊》2005年第4期，第107—109页。
④ 葛洪义：《中心与边缘："地方法制"及其意义》，《学术研究》2011年第4期，第33—34页。
⑤ 葛洪义：《我国地方法制建设理论与实践研究》，经济科学出版社2013年版，第7页。

径"的"规范补充"①，同时通过"统一与分散、权力与权利、中央与地方、中心与边缘、法治与法制、自上而下与自下而上"六组概念之间关系的重建，在方法论层面强调"关注的是法学研究的视角问题，解决的是如何把握和理解中国法治发展的方式与路径问题"②。"地方法制"的功能主要是为国家法治提供"制度空间"③。研究虽从实体和方法的角度偏好于各级地方的规则与制度立场并构建了分析框架，但其从本体意义上缩小了法治的固有功能，并未解决其内在的规范性问题。除非"满足法治和实质条件的双重约束，否则它也不存在有效成立的基础"④，也就"尚不足以使得'地方法制'成为一个独立于'法治'的理想的规范性概念"⑤。地方法制理论毕竟回应了时代发展到一定阶段的法制需求，在一定程度上为理论赋予了实践功能，在地方法治的生发时期起到了积极作用。

同期，在有关"法治"与"法制"差异性的学术讨论中，"法治"成为大家接受的术语，也认识到"地方法制""在不断涌现的新的社会问题面前"无法解决"不断变动的社会环境对法律制度本身所提出的挑战"⑥，缺乏与社会发展的联动回应机制。"地方法治"则在回答现实理论问题的过程中修正法制静态意涵的基础上以动态的治理视野呈现在法理言说之中，被视作地方在"权限内创制和实施地方性法规和规章的法治建设活动和达到的法治状态"⑦，确证了其在地方治理中的合法性与合理性，而且证明了地方法治"的确存在规范性，并且在宪法规范和价值

---

① 贾海龙：《从非正式规范到地方法制——中国现代化进程中规范补充供给路径的嬗变》，《学术研究》2011年第7期，第64页。

② 葛洪义：《作为方法论的"地方法制"》，《中国法学》2016年第4期，第116页。另外，李旭东等学者从中央与地方、法律制定与法律实施、领导方与合作方、普遍性与特殊性四大视角构建了地方法制研究的理论框架。参见李旭东《地方法制研究的理论框架》，《学术研究》2011年第4期，第44页。

③ 李旭东：《地方法制研究的理论框架》，《学术研究》2011年第4期，第40页。

④ 陈景辉：《地方法制的概念有规范性基础吗》，《中国法律评论》2019年第3期，第33页。

⑤ 雷磊：《"地方法制"能够成为规范性概念吗》，《中国法律评论》2019年第3期，第41页。

⑥ 朱景文：《关于法制和法治的几个理论问题》，《中外法学》1995年第4期，第23页。

⑦ 李燕霞：《地方法治概念辨析》，《社会科学战线》2006年第6期，第307页。

规范两个层面上""表现出自己的独立意志和价值取向"①,为地方法治实践提供了理论基础。另外,公丕祥教授等从法哲学方法论中运用"个别化的方法原则"证明"区域法治"属"国家法治发展在主权国家的特定空间范围内的具体实现"②,并从"本体论、价值论、方法论三个维度"③展开证成。针对"区域法治还是区域法制"④的学术商榷,以"去法教义学"的路径阐明区域法治"建构区域法治秩序、推动区域发展的法治进程"⑤的意义,通过"丰富多样的空间结构关系,借以揭示区域法治发展现象的内在逻辑与运行机理"⑥。"区域"与"地方"的空间概念差异似乎并不是"国家"之外法治研究的焦点。学者们趋向于通过治权的有限分离解决地方法治理论和实践的正当性问题,认为"主权与治权相分离是地方法治概念的法理基础,宪法、法律中有关地方治权形态与治权事项的规定是地方法治概念的制度依据,中央主导下的地方治权自主是地方法治概念的社会实效性根据"⑦,从而从理论上证成地方法治能够解决"整体性与特殊性之间的矛盾、法治作为学理概念的精确性与承担实践功效的载体之间的矛盾"⑧。地方法治的证成解决了国家法治背景下地方法治的正当性和规范性问题,属于本体意义上的学理解读,但未能全部回答国家法治统一性和地方法治多样性基础上的地方法治的主体、动力、价值和类型等实践性规律和原理问题,对其"市民社会与政治国

---

① 程金华:《地方法制/法治的自主性》,《中国法律评论》2019年第3期,第49、51页。
② 公丕祥:《区域法治发展的概念意义——一种法哲学方法论上的初步分析》,《南京师大学报》(社会科学版)2014年第1期,第57页。
③ 夏锦文:《区域法治发展的法理学思考——一个初步的研究构架》,《南京师大学报》(社会科学版)2014年第1期,第73页。
④ 认为"区域法治发展的概念忽略了法治与主权的关系,在逻辑上不能自洽,区域的范围也难以准确划定,而且概念内涵也无法与地方法治进行有效区分"。参见张彪、周叶中《区域法治还是区域法制?——兼与公丕祥教授讨论》,《南京师大学报》(社会科学版)2015年第1期,第40页。
⑤ 公丕祥:《法治中国进程中的区域法治发展》,《法学》2015年第1期,第3—11页。
⑥ 公丕祥:《还是区域法治概念好些——也与张彪博士、周叶中教授讨论》,《南京师大学报》(社会科学版)2016年第1期,第5页。
⑦ 倪斐:《地方法治概念证成:基于治权自主的法理阐释》,《法学家》2017年第4期,第116页。
⑧ 陈柳裕、唐明良:《"地方法治"的正当性之辩——在特殊性与统一性之间》,《公安学刊(浙江公安高等专科学校学报)》2006年第2期,第46页。

家的互动场域"[1] 内的具体实践理路缺乏深入的法理探讨。

2. 关于地方法治模式及动力的研究

除法治国家的建构主义逻辑外,学者们还注意到了在诸如经济发达地区法制优先发生的历史传统[2]以及多样性"形成的法律秩序是地方法制的构成因素"[3],因而在苏、浙、沪等商品经济较为发达的地区凭借市场、民主和文化等资源优势产生了"先行法治化"[4] 现象。"地方法治先行论"借地方在条件、路径、主体、内容等方面的法治特色与实践突破,认为其实质上解决了法治的初始动力和初始路径问题[5],从而为整体法治转型提供了"先行先试"的经验[6]。但是,作为非经济发达地区的内陆省市同期开展法治试验,则部分动摇了先行法治论的理论基石。

在地方全力推进高质量发展和法治化进程中,多元压力型发展模式主要是革新实践错位的发展逻辑,"促使地方发展从原始竞争走上良性制度竞争特别是法治竞争"[7] 的道路,并非逃避压力、否认改革发展。湖南省"程序型法治"、广东省"自治型法治"以及浙江省"市场型法治"[8] 等地方法治不同的实践趋向,背后的逻辑实际是经济发展激发与法治战略经过启动阶段后,地方为闯过改革深水区通过法治方式赢得区域间的比较竞争优势。"地方法治竞争论"强调在设施、政策、环境等技术手段

---

[1] 胡彦涛:《"市民社会"概念内涵的历史嬗变及其与国家的关系——法治中国的地方法制进路》,《安徽行政学院学报》2014年第6期,第99页。

[2] 王立民:《中国地方法制史研究的前世与今生》,《中外法学》2013年第5期,第1065—1083页。

[3] 刘笃才:《中国古代地方法制的功能结构与发展》,《北方法学》2012年第1期,第138页。

[4] 孙笑侠等:《先行法治化——"法治浙江"三十年回顾与未来展望》,浙江大学出版社2009年版;陈柳裕等:《论地方法治的可能性——以"法治浙江"战略为例》,《浙江社会科学》2006年第2期,第80—83页。

[5] 参见孙笑侠、钟瑞庆《"先发"地区的先行法治化——以浙江省法治发展实践为例》,《学习与探索》2010年第1期,第80页;姜彦君等《历史性突破:浙江法治建设的价值探索》,浙江大学出版社2008年版,第5页。

[6] 有学者把先行法治化称为"体制内回应型"路径,认为是自上而下与自下而上两种模式相结合。参见倪斐《地方先行法治化的基本路径及其法理限度》,《法学研究》2013年第5期,第67页。

[7] 周尚君:《地方法治竞争范式及其制度约束》,《中国法学》2017年第3期,第92页。

[8] 参见周尚君《国家建设视角下的地方法治试验》,《法商研究》2013年第1期,第3页。

同质化的背景下，地方经济社会在高质量发展进程中，"制度竞争、法治竞争可能成为提升地方竞争力的根本手段"①。在现有科层制体制下，也存在地方官员通过地方法治的制度和环境成效吸引市场投资，促进经济增长，从而在职位晋升"锦标赛"中取得收益、赢得胜利的情况。② 上级政府的经济考核压力、体制内职务晋升压力以及各种要素交织的地方性难题，促成了复合性竞争的区域法治秩序。③ 这不过是一种有利于地方从全国整体竞争格局中最快胜出的地方间的制度性竞争和环境性竞争。显然，经济发展的硬考核、治理成效的软考核以及科层制官员职位晋升等，都是地方法治实践的动力来源④，但未能着力分析社会、市场等动力机制，同时也忽略了在中央集权模式下法治格局的集权与分权状况的前提条件。

除"地方法治竞争"的学理讨论外，在国家法治的基本框架下，基于地方法治实践和央地法治关系的探讨产生了"地方法治试验论"⑤，也即地方法治是国家法治建设的"试验田"。地方在整个社会治理机制中，主要是"祛除法治'路径依赖'，在治理中试验、在试验中治理的一种回应互动和制度建构"⑥。其从地方法治的主体分析框架分析地方法治试验的深度、广度和限度，批判了"地方法治竞争说"对地方法治内生驱动的学理误判和对竞争锦标赛主义的过分夸大，强调地方法治的分析应当放置于超大型国家治理集权和分权的结构性难题之中，通过"中央主导"

---

① 周尚君：《地方法治试验的动力机制与制度前景》，《中国法学》2014年第2期，第57页。
② 参见万江《中国的地方法治建设竞争》，《中外法学》2013年第4期，第824—830页；陈钊、徐彤《走向"为和谐而竞争"：晋升锦标赛下的中央和地方治理模式变迁》，《世界经济》2011年第9期，第3—17页。部分学者认为通过地方法治竞争是无法赢得官员职位的晋升锦标赛的，两者之间不存在统计学上的正相关性。参见李晟《"地方法治竞争"的可能性——关于晋升锦标赛理论的经验反思与法理学分析》，《中外法学》2014年第5期，第1290—1309页。
③ 刘旭：《区域法治的竞争性机理分析》，《南京师大学报》（社会科学版）2016年第3期，第64—73页。
④ 参见付子堂、张善根《地方法治实践的动力机制及其反思》，《浙江大学学报》（人文社会科学版）2016年第4期，第107—117页。
⑤ 也有部分学者将其称为"国家试错论"。参见倪斐《地方法治概念证成：基于治权自主的法理阐释》，《法学家》2017年第4期，第118页。
⑥ 周尚君：《国家建设视角下的地方法治试验》，《法商研究》2013年第1期，第8页。

"宪制规范""政治约束""政策调控"的地方试验重塑国家整体主义法治,"充分运用制度方式,解决中央统一性与地方治理有效性之间的矛盾,不断塑造着地方政府的法理型权威","有效缓解国家潜在权力和实际权力之间的张力"。[①]

在央地总体结构下的地方法治路向上,有的学者认为"在性质上属于一种独特的'承包型法治'样态,介于代理型法治和自治型法治之间,具有法治建设强激励、中央弱控制、争端解决方式行政化等特点"[②]。

3. 关于地方法治实践的技术探讨

地方法治的具体实践研究从"法治××规划"开始,多层面多角度地梳理和总结地方法治改革的经验,提出地方法治化改革的主要路向和目标,完善地方立法、行政、参与等制度机制。研究主要聚焦在以下几个方面。

首先,系统总结地方法治实践的经验。从地域和领域两个角度对各地方在法治建设与创新方面的现状和成效予以归纳,同时对新时代下的发展前景予以展望。[③] 在这些研究中,不仅对近年来地方法治探索进行分门别类的系统分析,还提出了西部法治发展指数等,既有利于地方法治实践借鉴,也能为国家法治发展提供参考。[④] 以省市地域为范围的区域内的地方法治边探索,边实践,边总结的实证性研究更为广泛,以浙江省为代表的地方在经济和社会发展进程中,关注地方法治的功能和与经济社会发展的关系,全面梳理改革中的各项法治实践领域经验[⑤],探索和破

---

① 郑智航:《超大型国家治理中的地方法治试验及其制度约束》,《法学评论》2020年第1期,第39—50页。
② 丁轶:《承包型法治:理解"地方法治"的新视角》,《法学家》2018年第1期,第18页。
③ 参见李林等《法治蓝皮书:中国地方法治发展报告》,社会科学文献出版社2015起始的各年度版。每年度均出台详细的法治发展报告,从地方立法、法治政府、司法改革、法治社会、经济法治、未来展望六个层面介绍中国地方法治发展的成效与展望,以及中国地方法治的发展指数。
④ 参见田禾等《中国地方法治实践(2005—2016)》,社会科学文献出版社2018年版。
⑤ 浙江的经验总结和理论解读最为系统,有法治历程的回顾与展望,参见孙笑侠等《先行法治化——"法治浙江"三十年回顾与未来展望》,浙江大学出版社2009年版;有法治经验的系统总结,参见何永红《地方法治创新与法治发展的浙江经验》,浙江工商大学出版社2016年版;有地方法治价值的梳理,参见姜彦君等《历史性突破:浙江法治建设的价值探索》,浙江大学出版社2008年版。

解地方法治建设中的关键性问题,从而实现从文本法治向实践法治的转变。① 各地法治建设的特色做法和多样化经验②及其内在机理,助推了地方法治的深入探讨。

其次,对地方法治实践内容展开专门研究。相较于整体性的经验总结和学理讨论,地方法治实践中的地方性立法、地方行政、司法公正、社会环境、基层民主治理等成为主要的分析对象,研究成果也浩如烟海,在此不予赘述。

最后,地方法治指数和评估也是研究的热点。这是地方法治研究的一个重要方面,为众多学者关注。考虑地方法治发展的差异性、阶段性和渐进性特征,自浙江省杭州市余杭区"1(一个指数)、4(四个层次的评估指标)、9(九项满意度问卷调查)"结构特征法治量化评估指数③率先发布后,地方法治的评价方法和指标内容的探讨较为集中。学者们认为,地方法治评估机制和评估指标体系设置应重点考量"地方实现制度系统的法治化、行动系统的法治化和观念系统的法治化""局部评估与整体评估、工作绩效评估与法治指数评估"④ 等模式,通过完整的指标观测点和评价方法,勾勒出实然的地方法治图景⑤,也要注意"理性看待评估,突出地方特色,同时最大限度扩大公众参与"⑥。

---

① 参见柴振国等《地方法治建设的探索与创新》,中国检察出版社2017年版。
② 省市范围的经验总结较为广泛,研究也比较系统,江苏省、湖南省等地均有较多的成果。参见李力、龚廷泰《江苏法治蓝皮书:江苏法治发展报告》,社会科学文献出版社各年度版;杜钢建等《法治湖南与区域治理研究》,世界图书出版公司各年度版;法治广东研究中心《广东法治史》,法律出版社2017年版;石佑启《广东全面推进依法治省40年》,中山大学出版社2018年版;等等。
③ 钱弘道:《中国法治指数报告(2007—2011年):余杭的实验》,中国社会科学出版社2012年版。之后部分地方也发布了相关评价指数,比如云南省昆明市委法治昆明建设领导小组办公室于2010年9月发布《法治昆明综合评价指标体系》,2013年2月广东省发布《广东法治政府建设指标体系(试行)》,等等。
④ 付子堂、张善根:《地方法治建设及其评估机制探析》,《中国社会科学》2014年第11期,第123页。
⑤ 参见廖奕《法治如何评估?——以中国地方法治指数为例》,《兰州学刊》2012年第12期,第192页。
⑥ 周尚君、彭浩:《可量化的正义:地方法治指数评估体系研究报告》,《法学评论》2014年第2期,第117页。

(二) 社会权力的研究现状

受传统高度中央集权的国家主义影响，我国国家与社会的关系一直呈现混合状态。社会权力缺乏生长的土壤和机制，几乎被国家权力吞没，个别仅有的成果将社会权力视作国家权力或用阶级关系来分析[①]，内容也乏善可陈。以市场化为主要方式的经济改革和随之进行的政治体制改革，推动社会领域逐步从传统集权体制框架中解放出来，相关研究也逐步增多，主要集中在以下几个方面。

1. 社会权力的内涵研究

关于社会权力的内涵研究，郭道晖先生通过历史层面的梳理，判定社会权力是"社会主体以其所拥有的社会资源对社会与国家（政府）的支配力"[②]。其中，社会资源涵盖了人、财、物、资本、信息、科技等物质资源，思想文化、道德习俗、社会舆论、法外权利等精神资源，民族、阶级、阶层、各种利益群体等各种社会群体，政党、工会、妇女会、青年会、企业事业组织、各种行业协会以及宗教、宗族、帮会等社会势力。[③] 江平先生将社会权力视作"私权公法化""公权私法化"，主要是私权的扩大化，其"核心在于自治"[④]，从而制约国家权力。郑芳等学者认为，"社会权力就是以因为生活联系组成的群体作为主体的权力"，主体是社会，客体是社会个体或群体，传导机制具有长链条、软约束、隐蔽性。[⑤] 更多学者将社会权力放置在与其他权力的比较中阐释，认为社会权力从社会事实中产生，在社会关系中存在，能够对人们的社会生活产

[①] 参见赵磊《论社会权力的起源》，《社会学研究》1991年第4期，第36—45页；赵磊《论自然权力与社会权力》，《上海社会科学院学术季刊》1992年第2期，第82—90页。

[②] 郭道晖：《以社会权力制衡国家权力》，载公丕祥主编《法制现代化研究》，南京师范大学出版社1999年版，第350—351页。

[③] 参见郭道晖《论国家权力与社会权力——从人民与人大的法权关系谈起》，《法制与社会发展》1995年第2期，第22—23页。

[④] 江平：《社会权力与和谐社会》，《中国社会科学院研究生院学报》2005年第4期，第33页。

[⑤] 参见郑芳、欧阳康《解构主义视角下的社会权力概念解析》，《甘肃理论学刊》2016年第4期，第75页。

生"具有支配作用的影响力"①,主要目标是维护个人权利与制约国家权力。社会权力与社会之间是密切联系的,其力量来自社会事实和社会生活,其结构由多种权力类型和多个权力中心主题构成——"类型、结构、功能和作用范围随着生产力、生产方式、所有制形式和社会结构发展变化而变化"②。王宝治全面系统地对社会权力进行了学理分析,在"国家—社会—个人"的分析框架下,对社会权力的一般规律、社会权力现状以及对中国社会权力的培育和规制展开了全面探讨③,形成了较为体系化的理论。

2. 社会权力的来源与结构研究

关于社会权力的来源与结构研究聚焦其内在的两个方面:社会发育过程中的自生自发和已有国家权力的社会化。④ 社会权力的发展是社会内在的并且不可遏制,不能仅从国家权力的对立关系中解读,更需要从社会主体角度探讨其内在的生长要素。市场化背景下的经济资源和社会利益、政治民主的改革实践、社会心理需求、教育大众化是社会权力的主要来源,也构筑了其形成和发展的本源动力、合理性和新规范。⑤ 社会权力的产生壮大源于市场逻辑在经济领域的持续渗透,促进民间力量的逐渐壮大。各类商会、行业协会和社区整合多元化,使得基层社会共同体成为社会权力产生的最基础性力量。⑥ 也有学者将社会劳动形态定义为社会权力的存在场,"构建了劳动者阶级的感性意识、民族文化精神和国家

---

① 甘永宗、方跃平:《国家—社会关系视域中的社会权力研究》,《中国市场》2008 年第 5 期,第 108 页。
② 吴克昌:《国家权力、社会权力及其关系的分析》,《中南大学学报》(社会科学版) 2004 年第 2 期,第 163 页。
③ 参见王宝治《当代中国社会权力问题研究》,中国社会科学出版社 2014 年版。
④ 彭志敏:《社会权力的生成理论问题研究》,硕士学位论文,北京交通大学,2011 年,第 37 页。
⑤ 参见郑芳、欧阳康《国家治理视域中社会权力的经济来源分析》,《理论导刊》2017 年第 1 期,第 64—68 页;郑芳、欧阳康《国家治理视域中社会权力的文化基础分析》,《学术界》2017 年第 1 期,第 63—73 页。
⑥ 参见黄明《民间力量成长与地方社会权力结构的再造——对一个案例的经验阐释》,《中共浙江省委党校学报》2011 年第 4 期,第 100—108。

权力等相互作用其内的社会权力嬗变模型"①。还有研究从文化促进社会权能结构历史演变的角度,分析社会权力来源的"基本点":权力、货币和知识,确认知识无法独占的本性将使权能与智能达到最本质的统一,从而成为社会权力的控制系统。②权利是判断社会权力存在运行正当性的依据,社会权力应当保障权利的实现。③

3. 社会权力的实践功能研究

社会权力的实践功能研究见于历史和现实的维度。虽然传统中国国家、社会合一,但毕竟社会生活真实存在和运行,因此社会权力零散地见于乡土社会的各种社会事实之中。由于唐代乡村实质上供给了国家各级机构的财政资源,因而赋役成为主轴事务,围绕"役"的对抗与合作是乡村社会权力运作的主要结构形式。④明代里老制利用乡绅族长、里老等社会主体威望促使民众参与社会管理,基层的社会权力结构更为多元。⑤明清以湖广为主体的移民涌入陕西,以家族为本位的聚族生活经过"定居、适应、同化"在土地、户籍、族长管理权等方面享有特殊的社会权力,促进了由血缘认同逐渐转变为地缘认同,有效维护了地域社会秩序。⑥学者们同时也关注了清代循化厅藏族聚居区部落组织形态的特殊性,其部落社会权力机制在内部依靠习惯法维持,在外部则通过联合形成基于安全的临时性组合体。⑦除了稳固社会结构、维护社会秩序、生成民间规则、强化社会治理等功能研究外,其他诸多历时态的社会权力研

---

① 李金早、许晓明:《社会权力的存在论模型探讨》,《云南社会科学》2009 年第 1 期,第 61 页。
② 参见徐才《文化基因的内在机制与社会权力结构的历史演变》,《理论探讨》2006 年第 3 期,第 141—144 页。
③ 参见闫世东《正当性:社会权力运行的基本原则》,《社会科学家》2012 年第 3 期,第 41 页。
④ 参见耿元骊《唐代乡村社会权力结构及其运行机制》,《社会科学战线》2016 年第 2 期,第 103—112 页。
⑤ 参见杨婉琪《明代里老制与基层社会权力结构》,硕士学位论文,江西师范大学,2006 年,第 47 页。
⑥ 参见李雪峰等《移民的宗族情结与地方社会权力的契合——以明清时期的陕西商洛为例》,《农业考古》2013 年第 1 期,第 155—160 页。
⑦ 参见杨红伟《清朝循化厅藏族聚居区之权力机制》,高等教育出版社 2015 年版,第 203—216 页。

究涉及社会主体、社会资源等,诸如辛亥革命时期宜昌商会的社团组织"柔性社会权力"[1]、民国时期苏南乡村基于资源的时势权力[2]等,不再一一列举。社会权力的当代实践功能在社会治理的各个领域都发挥着作用。学者们总结的"枫桥经验"是基于纠纷化解而构建的社会权力机制,通过党政主导,公共权力治理与民间治理上下联动,"有效培育了基层社会力量,达到了政府管理与社会自治的良性互动"[3]。这种社会权力联动机制属于基层社会化治理的重要路向。在乡村,社会权力从"依附"走向"共治",树立公共权威、提升自治能力的举措,能有效弥补"全能型"国家权力的失范和失效。[4] 两者的"合力作用完全可能催生出乡村权力结构的全新景观从而成为乡村社会新型制度的育种场","呈现了一个以交往理性为指导、融秩序需求与利益需要于一体,在冲突与沟通中不断整合的乡村社会权力运作的动态结构"[5]。除此之外,在诸如拆迁等资本活动强烈的场域,社会权力面对权力关系失衡时,可以构建有效防止权力溃散和具有更强容纳冲突能力的新制度安排[6],通过社会权力机制形成相对平衡的权力关系,防止传统制度的集体失效,保护公民权利的实现。社会权力可以对国家和社会起积极性的、填补真空的作用,监督作用是最重要的功能,而社会体制改革的核心在于社会权力的在场。[7] 当然,学者们也注意到社会权力的负向功能,认为社会权力的非规范性和过度扩张,会误导国家权力和社会走向,还可能产生群体性事件而影响社会稳定,

---

[1] 参见罗萍《宜昌商会的"柔性社会权力"与辛亥宜昌"有序革命"》,《社会科学辑刊》2009 年第 2 期,第 133—138 页。

[2] 参见胡明《民国苏南乡村社会权力研究》,《农业考古》2012 年第 1 期,第 311—314、324 页。

[3] 韩永红:《本土资源与民间法的生长——基于浙江"枫桥经验"的实证分析》,《中共浙江省委党校学报》2008 年第 4 期,第 123—128 页。

[4] 参见陈宇《国家权力与社会权力协同下的乡村治理研究》,硕士学位论文,四川大学,2007 年,第 53—55 页。

[5] 魏治勋:《论乡村社会权力结构合法性分析范式——对杜赞奇"权力文化网络"的批判性重构》,《求是学刊》2004 年第 6 期,第 99—104 页。

[6] 参见钱钰《从"新圈地运动"看社会权力失衡》,《经济研究导刊》2012 年第 10 期,第 214—217 页。

[7] 参见郭道晖《论社会权力——社会体制改革的核心》,《中国政法大学学报》2008 年第 3 期,第 5—13 页。

需要予以规制。

4. 社会权力的法治品格

社会权力的法治品格，也是学者们研究的重点。胡水君是较早将社会权力与法律放置在法理语境中进行专题阐述的学者，其论著《法律与社会权力》以社会权力为主线，系统阐明了权力、权利、国家、社会和法律在现代语境下的关系，探寻社会权力与国家权力、法律权利对于国家和社会的法治意义。其视社会权力为一个立体动态的概念，属于在社会中流动不居的权力，呈现多种样式，具备多种载体，但具备明显的政治性和法律属性。社会权力以及与之相应的社会规范"社会法"实际存在于社会生活的各个方面，构成了国家、国家法以外的另一幅现代图景。社会权力与法律的内在联系是由法律的文化与社会背景决定的，外在的联系则由法律的自身性质确立，财富、知识、职权、地位、"关系"等社会资源在社会中的分布不均产生了社会权力结构，也影响了法律的现实处境，而法律施行的实践关系恰是国家权力与社会权力的关系。全球化与地方性知识之间的冲突，是法律权力与社会权力之间关系的焦点所在。所以，构建法治化国家需要从"政治型社会权力"向"法律型社会权力"转型，关键在于使得社会权力获得制度化、规范化的存在形式、活动空间和疏通渠道，通过法治国家为社会权力创造法律存在形式、政治活动空间和疏通救济渠道，存留和发展人自由自在生活的客观意义空间。[①] 钟瑞友博士从转型时期的权力关系入手，关注了公法规制社会权力的必要性问题。他把社会权力界定为国家权力的必要延伸，在社会转型期的法律、政治、社会和行政等资源的支持下，逐步获得充分的合法性和正当性。因社会团体作为社会权力的主要主体，在实质上行使着法律赋予和政府授予的多种公共管理职能，所以就成员个体而言，社会权力的性质便是一种公权力，从而需要纳入法治化轨道。在社会权力法治化过程中，公法规制优于私法规制，是社会权力法治化的根本，否则社会权力容易

---

① 参见胡水君《法律与社会权力》，中国政法大学出版社2011年版，第1—27页。作者结合自然状态和社会契约学说，以历史维度对近代以来的"人和公民权利—国家权力"范式进行了解读，在中国文化的前进道路中以社会权力与法律构筑一种道德的民主法治模式。

侵害个人权利,也会削弱社会权力的国家功能的发挥。①

(三) 现有研究的简要介评

随着改革开放后我国深化经济和政治体制改革以及国家法治进程的加快,学界通过引介、吸收、借鉴、转化和实践促使地方法治以及社会权力理论逐步生发,在政治学、法学、社会学等学科领域进行了或宏观或微观的阐明和论证,取得了一批对深化法治理论和指导地方法治实践富有意义的重要成果。这些成果一方面来自学者们强烈的问题意识及学术追求,另一方面也体现了理论研究对法治实践的实践关怀。从现有成果看,地方法治与社会权力研究基本上与我国法治建设的进程同频共振,呈现出以下特点。

1. 西方思想理论引介转化为主流,本土化理论体系生成较为欠缺

受国家、社会与法治等理论主要源自西方和我国传统社会长期依附国家体制的影响,国内关于权力、权利以及法治的社会基础研究较为匮乏和薄弱。较多的学者在翻译大量西方学术经典的基础上引进和吸收西方法治理论、市民社会理论、公众参与理论、社会组织理论等颇具学术价值的思想,有利于知识传播和学术生长,推动了法学理论研究的逐步深化。从纵向维度看,前期研究以概括性介绍和描述性分析为主,基本是对西方法治理论成果的本体、功能、价值等规范性要素的宏观描述,并未过多触及国家和社会生活中的具体法治内容;后期则结合经典法治理论开始关注法治的"中国问题",在"中国法学向何处去"的追问中提出了"权利范式""本土资源论"和"法律文化论"等理论框架和分析模式,地方法治研究也伴随而起。但是,传统法治理论的西方语境并不能全部解释和指导当下我国多样而不平衡的地方法治实践,基于现有政治框架和社会现实的具有中国本土特色的地方法治理论体系尚未形成,对基层社会事实的观照较少,缺乏独特的地方法治的一般性解释工具和分析模式,所以较难解决地方法治研究的"边缘化"问题。社会权力的

---

① 参见钟瑞友《转型时期社会权力的扩展与公法规制》,博士学位论文,北京大学,2006年,第7—21页。

研究基本停留在引介和内涵的梳理上,除了历时态的个案梳理外,立足中国国情和社情的理论探讨极为少见,缺乏对其存在和运行的社会背景的分析,影响了在社会视域下探讨地方法治的可能进路和研究深度。

2. 经验性的理论概括居多,规范性的论证则相对薄弱

现有研究与依法治国方略进程基本一致,无论是法治还是地方法治研究,都逐渐开始关注实践领域的法治现象,并在"法治××"的地方国家机关活动中聚焦地方法制(治)这个研究的主题。无论是地方法治的概念证成、特征描述、内涵解析、模式判定、评估指数等研究,还是社会权力的来源结构与实践功能厘定,大多以省域和市、县域的法治样本为分析对象,通过对代表性案例的挖掘和比较等方法进行理论化总结。地方法治结构与地方法治模式的学术梳理类似于政治社会学的路向,而法治评估指数等研究则倾向于经验社会学的探讨。这是因为国家整体主义法治研究向纵深推进后关注实践、关注具体的必然结果,但是忽略了地方法治本体意义上的规范研究,缺乏对于地方法治"应该是什么""应该如何开展""怎么取得实效"的学理追问。前述关于社会权力的研究综述表明,不仅关于社会权力的实践功能研究显得较为匮乏,就连对社会权力的概念和内涵的规范性研究也是凤毛麟角,除了郭道晖先生之外再无他人予以准确规范的论证。缺乏规范性基础的地方法治或社会权力而仅凭经验理性,则可能丧失正当性的支撑。

3. 地方法治动力路径的观点多元,时代背景下类型化研究欠缺

基于文献的梳理不难发现,对于地方法治的内在动力机制研究较多,大多是对"自上而下"的建构主义、"自下而上"的渐进理性、"上下混合"回应联动、"先行先试"市场激发、"锦标赛"竞争等动力机制的多元分析。既有考虑国家法治统一性的内在要求,又有关注地方的自生自发制度演进,而更多的是在"政府推进"的视角下探讨地方法治的能动性问题,缺乏对"国家法治—地方法治"二者关系深入的法理梳理,未能提供地方法治动力的一般性确证,从而影响了地方法治的理论路径的确立。同时,现有研究在地方法治及地方实践案例中提及"程序型""自治型""市场型""承包型""回应型"等地方法治类型,均以个别案例或具体领域作为分析的主要依据,结合国家体制、国家法治、社会关系、

地方差异性等因素予以个性和共性的综合考量较少，未能根据地方法治的本体属性展开类型化的学理分析。现有所谓地方法治的类型，不过是建设路径的差异表达，属于经验的类型陈述。大多研究未考量地方身处信息社会、超大型国家以及现代化的多元重叠的社会状态，未能在新事物、新问题中拓展地方法治研究的广度和深度，也没有从经验类型化迈向逻辑类型化和规范类型化的法理分析，未能在多样化、个性化的地方法治功能机制等要素类型化中凝练出地方法治的一般类型化原理，从而指导地方法治的现代化。

4. "国家—社会"分析框架嵌入，社会权力作用机制深度挖掘不够

伴随国家法治研究的"国家—社会"二元分析框架的逐步确立，法治语境下的社会分析路径成为较多研究的重要选择。法治国家、法治政府和法治社会建设的提出，进一步推动了地方法治研究把社会维度作为重要的一环。在国家主导的思路下，地方法治基本理论问题的探讨基本围绕着纵向的中央与地方的关系、横向的国家与社会的关系展开，这种"社会"囊括除国家与个人之外的宏观"大社会""概念性社会"。因此，基于"大社会"的社会权力分析基本围绕与国家权力的对立统一关系而展开，基本无法触及地方法治"小社会"的"毛细血管"。另外，"国家—社会"框架层面的社会是国家法治的分析工具，对地方法治而言需要更加具体化并具有针对性。在法治社会研究的助推下，地方法治下的社会运行机理更多地聚焦在社会权力与国家法治的国家权力、政府法治的政府权力以及公民的个体权利的外在联系和相互作用机制层面，对传统社会权力的研究依然是历史维度的，新兴社会权力研究的内容也较为零散。在法治现代化背景下，关于地方法治转型社会权力的专题研究目前属于空白，未见对于支持地方法治发展的社会权力的内涵、来源、结构、功能、制度、运行机制以及制约等进行系统化论证，亟待学界予以关注和讨论。本书亦主要是基于此而进行的初步研究。

5. 研究聚焦"制度—结构"分析法，"过程—事件"方法运用偏少

从文献综述可以发现，现有地方法治或者社会权力的研究基本上是基于国家制度或地方制度体系讨论"地方国家机关的小制度"和"制度化的社会力量"，重视地方法治的社会规则及背后的社会事实、社会结构

和社会关系，侧重于观察和描述地方法治建设的动力机制与时代特征，以表征地方法治实践的制度逻辑和内在治理结构。地方法治及其基础社会的制度和结构影响甚至制约人们的角色和行动逻辑，这样的地方法治双重逻辑得以可能。"制度—结构"分析法在国家法治和地方法治的建构理性主义框架下具有存在的合理性并且能够为政府推进法治提供有效的理论支撑，但是其静态性解决不了时代条件下地方法治发展过程中出现的新情况、新问题，社会结构与制度只是基层行动者的理解与参照，忽略了地方法治多元主体的能动性和自主性，与研究确认的自下而上的社会权力产生了逻辑悖论。要想破解这一悖论，则需要强化"过程—事件"分析法对地方法治中社会权力的行动逻辑的描述和分析，也即微观层面的动态实证研究需要进一步参与其中。"过程—事件"分析法不仅将社会权力背后的地方法治和社会结构等逻辑作为分析基础，而且更加注重地方法治发展中生成、运行的实体和程序逻辑是什么、其结果影响有哪些等问题，更为关注不同主体在社会权力生成和实施过程中的策略和行动及其产生的权力制约和权利保护的实践，在动态的社会权力关系网中把准社会事实、社会结构和社会互动，揭示地方法治转型背后的社会权力的应然机理。

三 研究方法

现有地方法治或者社会权力的研究基本上是基于制度体系讨论法治和社会权力的含义、特征和生成条件，重视地方法治的社会规则及其背后的社会事实、社会结构，侧重于观察和描述地方法治实践的制度逻辑和内在治理结构。但是，其静态性解决不了时代条件下地方法治与动态社会结构之间的矛盾，忽略了多元主体的能动性和自主性，与研究确认的自下而上的社会权力产生了逻辑悖论。由此，本书根据研究的论域和语境，通过多元方法，尝试化解这个难题。

第一，"过程—事件"分析法。对合作型地方法治的社会权力的行动逻辑展开描述和分析，从微观层面的动态过程和事件中，注重社会权力是如何在合作型地方法治发展中生成的、主体合作的逻辑是什么、权力运行的作用机制是什么、其外在的法治实践功能有哪些等问题，在动态的社会权力关系网络中把准社会事实、社会结构和社会互动，揭示地方法治转型背后的社会权力的应然机理。

第二，比较分析法。我国目前地方法治和社会权力的研究方法不太集中，呈现多样的状态。但是，受"地方性知识"多样逻辑和权力样态多元的影响，必须在法治的框架下进行学理比较和类型化考察。本书提出的试错型、竞争型和承包型法治类型以及社会权力、政府权力等权力类型，均是通过不同的维度对不同的法治和社会权力进行比较，总结理论和实践共同的问题和经验，以更好地把握地方法治实践的改革方向，为下一步的研究和改革提供更为多元化的参考。

第三，系统研究方法。社会权力、地方法治、社会资本等理论较多地存在于政治学、社会学和哲学等领域。因此，法理语境下的社会权力、信任、合作概念具有不同于其他学科的典型特征。在研究中，不断根据研究的论点和论证过程需要，采纳不同的研究方法，主要以法学的方式剖析实现法治变迁的社会权力机制，系统化地运用多元学科的理论以实现本书的多元主义的分析路向。通过跨学科的系统分析，为社会权力的法治合作机制提供更为饱满的学理支撑和逻辑支持。

四 研究意义

社会权力对地方法治而言，实际上是社会与政府关系的法治化问题。在法治实践中，地方法治无法真正发挥效用的根源在于，在"控制—依附"模式下未能充分激发社会力量，导致政府通过单元权力主导法治建设，建构理性方式的法治路径收效甚微。这就意味着在我国地方治理体系和治理能力现代化的特有语境下，中国特色社会主义地方法治必然在内在禀赋、具体内容、内在动力、实践机制、实现路径和实施效果等方面形成自有的实践路径和特征。学理上，如何在"国家—社会"的基础上，进一步从微观层面理解和分析地方法治社会动力不足的原因，化解地方法治悖论并提出相对有效的解决方案，是本书的主要课题。因此，从社会权力视角分析地方法治的类型，找出其未能发挥实效的根本原因，并以社会权力的法治功能作为逻辑进路，提出合作型法治转向和社会权力应对策略是本书的主要亮点。在社会复杂化和动态化结构变迁中，对合作型地方法治的社会权力开展系统研究，不仅能丰富地方法治的理论体系，而且对地方法治实践具有一定的指导意义。

第一，深化对于地方法治社会维度的微观理论考察。通过分析现有地方法治理论，全面掌握不同语境下地方法治的社会分析范式，提出传统分析模式的"社会"囊括国家与个人之外的宏观"大社会"，没有触及地方法治"小社会"的"毛细血管"。因此，对社会权力的主体、运行机制和功能等方面的探讨，更为详尽地挖掘了社会权力与政府权力的关系及其法治意义，从而从微观社会角度掌握"小社会"的合作机制和运行路径，可以为"有效地方法治"提供理论上的进路和分析模式等。

第二，为地方法治的动力理论和类型化提供有效研究补充。对地方法治的内在动力机制研究，主要结合建构理性和渐进理性展开。一般从"先行先试"市场激发、"锦标赛"竞争等动力机制的建设路径进行差异表达，属于经验性陈述，未考量地方身处信息社会、超大型国家以及现代化的多元重叠的社会状态，并未根据地方法治的本体属性展开类型化的学理分析。本书根据时代变革和地方法治的内在结构，分析现有三种类型的法治模式的不足，从理论上证成了合作型地方法治的可行性与正当性，并且以社会权力的视角探寻地方法治的动力体系，从而从另外一种视角解决了政府主体唯一性和单股动力的问题，以体系化的社会权力和政府权力合作机制为新型地方法治提供理论支持，从而补充地方法治理论体系中静止和独立化的分析体系。

第三，从法理学和地方法治维度丰富与深化社会权力理论。社会权力理论较多地存在于政治学、社会学和哲学研究领域，所见成果聚焦于社会权力的本体。社会权力的法理研究颇为少见，从地方法治角度的考察更是一个空白。结合合作型地方法治语境，对社会权力开展法哲学分析，提出社会权力的主体力量、合作可能、社会资本、运行机制、法治功能等，将为社会权力理论提供更多的研究内容和视角，便于进行多元的分析比较。同时，也可以引导更多学者关注社会权力，在批判的学术合作中激发研究热情和学术贡献。

第四，能够为我国地方法治实践提供一般意义上的参照。受地方多样性和社会动态性的影响，不可能存在一个放之四海而皆准的理论和实践模式。本书从社会权力的运行机制层面化解政社权力关系的法治悖论，从而提供了一个实践可以参考的合作型路径，以便在"有效法治"的实践中理顺权力关系，展开多元主体的合作。本书提出的基于互惠性网络权力共同体项目绩效合作的集体行动机制，能够为当前地方法治改革提供"多中心"的治理，从而有利于法治实践目标的实现。

第一章　复杂背景下地方法治变革的动因

　　作为现代国家的主要治理方略，毋庸置疑，法治比其他的方式更为有效，更能体现治理机制的正当性和社会的文明状态。在法治成为国家治理体系和治理能力现代化的主要途径，成为我国社会主义核心价值观，成为政府和百姓理性办事原则的当下，围绕地方法治的讨论，主题已经由必要性和正当性转变为可行性与实效性等。反观我国地方法治发展的历程，我们在地方的规范体系、法治观念、政府治理、司法公正、基层民主和法治评估等方面虽然取得了长足的进步，但从地方法治现实成效看，还没有真正从顶层规划目标层面转化到客观的社会事实和有效的社会治理层面。对处于全新历史节点的地方法治而言，面临的时代挑战和社会事实决定了它与历时态的任何区域和时期的地方法治方式和法治路径均存在较大差异。在统一性和多样性的条件下，不同的地方法治动力和路径选择产生的实践效果可能大相径庭。各地方法治规划实施与时代的飞速变迁、经济高质量发展和社会治理之间错综复杂的关系，为我们思考地方法治发展模式类型提供了全景化的现实场域和系统结构关系。对地方法治的系统把握，一方面要充分考虑"后发"转型的历史境遇，尤其是时代激变的多元背景符号带来的地方经济和社会发展的巨大转型和地方性知识、制度和结构的变迁；另一方面随着国家法治现代化的进程，地方法治成为国家法治实现的重要环节，需要在基础和动力层面为国家法治提供有效的社会支撑，从而反过来要求地方法治从主体的"核心—边缘"机制逐步转向"信任—合作"机制，在多元主义的框架下实现权力结构体系的稳定实效。因此，立体系统地观察地方法治在时代契机中的角色定位和互动过程，掌握其背后复杂的权力关系结构，将极有可能为我们提供深入的理性思考资源和科学匹配的有效转型路径。

第一节　时代变革叠加，驱动地方法治转型

"百年未有之大变局"的判断，虽是宏观层面的论断并与民族国家紧密相关，涉及国际关系、经济发展和文化多样性等全球性深刻变革与重塑，但也将会对世界时空结构中任一开放性的地域和领域的发展方式、制度结构、人类组织与权利意识等产生不可估量的影响。[①] 在时空场域中，地方法治必然会在此"变局"中生长发育。我国法治的现代化深嵌在国家现代化的历史进程中，不仅代表后发型法治奋力追赶西方现代化法治的进程，也意味着在新时代新型现代化进程中逐步形成具有中国特征的法治发展理论与法治创新实践。因此，研究地方法治就需要在我国法治现代化语境下，认真地审视地方法治在全新的时代特征下面临的历史契机和现实挑战。这是地方法治多样性与国家法治整体性的外在统一，也是地方法治的地方性知识与全球性、现代性知识的内在统一，更是地方法治的社会权力与国家政治权力的逻辑统一。一旦脱离对现实特征的思考，将导致地方法治研究的碎片化和片面性，必然无法通过理论成果来提供有效的实践方案。地方法治生长的境遇是极其复杂的，宏观层面以微观方式求证现时空的地方法治型变的时代多元影响因素是必要的，可以在充满不确定性的时代巨变中把准确定性的法治规律和法治意义。

一　全球化时代的复杂性与不确定性

世界视野中的时态转换在时刻发生，但全球空间格局是基本固定的。民族国家间的疆域藩篱在知识传递与技术革新的浪潮下逐步被打破。国家主权和政治文化的壁垒未能阻止不同关系中的类型化主体在世界主义

[①] 参见张宇燕《百年未有之大变局的多维思考》，《世界知识》2019年第20期，第13—14页。

结构框架下拓展活动空间和交往领域，因此，改变社会结构与组织形式，调整和形成全新的制度规范，让政治经济与社会文化等领域发生深刻变革，使得全球化浪潮呈现拓展趋势成为必然。虽有反全球主义，但并不影响"全球化正有力地改变着人类的生产方式、生活样式和生存样态，也在深刻地影响着人类社会的经济、政治、法律制度及其变迁"①。身处其中的中国是迎接机遇和挑战，还是选择回避和封闭？国家已经给出了"将改革开放进行到底"②的明确答案。这意味着处于开放型格局中的地方，必然要以国际化视野认真对待经济社会和治理中的各类法律问题，在本土资源的基础上形成具有"开放性全球化观"③的地方法治理念。全球化在国家层面的宏大叙事，对于国家法治的意义是显然的。但是，地方法治的全球融入不仅是地方法治在学理上的观察和探讨，也是当下对外开放实践的法治期待，需要认真加以对待。

（一）地方开放战略的法治互动

我国对外开放的格局已经基本形成并正在加快形成高质量的对外开放新局面，这是对国家战略面向的基本概括，但改革的探索也一直在进行。除了已有的开放实践外，国家在战略和政策的宏观层面全面实施了包括对外的"一带一路"倡议和对内的进一步开放市场、持续改善营商环境等多样化举措④，颁布施行《中华人民共和国外商投资法》、设立自由贸易试验区等。战略和政策的国家主义策略看似宏观，与地方并无太

---

① 张文显：《全球化时代的中国法治》，《吉林大学社会科学学报》2005 年第 2 期，第 5 页。
② 习近平：《在庆祝改革开放 40 周年大会上的讲话》，http：//www.xinhuanet.com/2018 - 12/18/c_1123872025.htm，2019 年 12 月 5 日。
③ 邓正来先生较为深刻地揭示了全球化时代中国法律和中国法学的现实境遇，构筑了"中国法律理想图景"，提出中国法治需要形成"开放性全球化观"，但受论域影响并未深入探讨地方法治的全球意义。参见邓正来《谁之全球化？何种法哲学？》，商务印书馆 2009 年版，第 254—279 页。
④ 2019 年 6 月 28 日，国家主席习近平在二十国集团领导人峰会上就世界经济形势和贸易问题发表题为《携手共进，合力打造高质量世界经济》的重要讲话，强调进一步推出若干重大举措（涵盖了进一步开放市场、主动扩大进口、持续改善营商环境、全面实施平等待遇、大力推动经贸谈判等），加快形成对外开放新局面，努力实现高质量发展。

多相关性，但实际上地方恰是对外开放战略的实践者和实施者，每一个省、市、自治区以及县域都有对外开放具体实践，并随着开放格局的纵深推进而生成了多样化的法治需求。地方对外开放是伴随国家战略和地方国际化企业与人员的国际合作的双向过程，涉及政策、设施、贸易、资金、人员等众多方面，具有两个层次的法治要求：一个是基于国家法治建设的地方具体的法治实践；另一个是除了国家法治领域的立法、执法和司法等之外，地方法治与地方对外开放存在着密切的互动生成机制。

地方的对外开放有两个维度：对外开放国家战略的实施和自生自发的对外合作与交流实践。宏观的对外开放的统一性法律规范体系已经由国家立法建立和完善，国家授权以及地方自主性对外开放的规范管理则随着实践广度和深度的拓展而有更多的地方性规范需求。传统的外事法律制度在全面对外开放的新形势下已经无法满足内外两个向度对外开放的治理要求，亟须解决市场开放、经贸多样、人员流动等具体行动中的现实性问题，破解特殊性规则与地方一般性规则的矛盾问题等。

就当下而言，"一带一路"倡议是对全球化的积极回应，不但构筑了国际化发展合作平台，而且在目标上"能够引领全球治理变局走向"[①]。这个面向共建国家的对外合作倡议的实施看似倡导国家间的"共商、共享、共建"，实际上涉及国内相关地域关于市场、贸易、资金、教育、文化以及人员等多种外事要务在国家法律法规下的具体管理与服务，迫切地需要形成多样的制度体系以支撑倡议的对外实施。除国家法律法规外，地方性法规制度供给是否完备有效将决定"一带一路"倡议下地方多元主体和资源能否走得出和域外国家多种要素能否进得来并落于地方的问题。地方已经注意到相关问题，上海则为方便对外开放专门出台《上海市企业人员申办 APEC 商务旅行卡的办法和管理规定》；云南省为"加快面向南亚东南亚辐射中心建设"，由云南省人民代表大会制定了《云南省边境管理条例》，明确部门职责，规范进出边境管理并提供合作便利。[②]

[①] 欧阳康：《全球治理变局中的"一带一路"》，《中国社会科学》2018 年第 8 期，第 5 页。
[②] 除云南省外，黑龙江省也修订了《黑龙江省边境管理条例》，保障边境地区改革开放和经济建设的顺利进行。

"一带一路"倡议地方实施层面还有更为细化的关于贸易文本、跨境电商、知识产权保护、人员往来、教育文化交流、地方治理等具体事项，需要对地方性法规予以规范和调整。地方法治的立法功能应当也能够在倡议实施中有所作为。

自2013年中国（上海）自由贸易试验区成立以来，已经有18个地方自由贸易试验区相继获批。自贸试验区属于我国对外开放领域在部分地区先行先试的战略性行动，"肩负着我国在新时期加快政府职能转变、积极探索管理模式创新、促进贸易和投资便利化，为全面深化改革和扩大开放探索新途径、积累新经验的重要使命，是国家战略需要"[1]。除了投资贸易自由化、便利化的主要功能外，每个自贸区建设的主要路向都存在较大的差异[2]，但无疑"加强地方立法，建立公正透明、体系完备的法治环境"[3]成为必备保障机制。为配合改革，国务院还专门下发通知，在自由贸易试验区暂时调整涉及营业性演出、外商投资电信企业和印刷业的行政法规的有关规定，并赋权地方调整规范性文件，建立与试点要求相适应的管理制度。[4] 自贸试验区更具对内面向属性，与地方法治发展的关系更为密切。自贸试验区深化改革创新涉及改革与法治的关系问题，需要在两者间建立互相契合的机制。一方面，地方需要及时回应自贸试验区的改革诉求，从制度规范层面为营商环境、政府治理、投资自由、贸易便利、金融开放、要素配置等提供规范性支撑，填补制度规范的空白；另一方面，需要破旧立新，化解已有制度体系与试验区改革新要求

---

[1] 《国务院关于印发中国（上海）自由贸易试验区总体方案的通知（国发〔2013〕38号）》，http://www.gov.cn/zwgk/2013-09/27/content_2496147.htm，2019年12月25日。

[2] 广西壮族自治区推动跨境贸易、跨境物流、跨境劳务合作；河北省支持生物医药和生命健康产业开放发展；黑龙江省扩大对俄罗斯合作；山东省培育东北亚水产品加工和贸易中心；江苏省促进集成电路、人工智能、生物医药等产业创新发展；云南省建设连接南亚东南亚大通道的重要节点……参见王珂《我国自贸试验区建设布局逐步完善》，《人民日报》2019年8月27日第6版。

[3] 《国务院关于印发6个新设自由贸易试验区总体方案的通知（国函〔2019〕72号）》，http://www.gov.cn/zhengce/content/2019-08/26/content_5424522.htm，2020年1月5日。

[4] 《国务院关于在自由贸易试验区暂时调整实施有关行政法规规定的通知（国函〔2020〕8号）》，http://www.gov.cn/zhengce/content/2020-01/22/content_5471605.htm，2019年12月25日。

的矛盾，完善地方性法规和治理制度体系。在地方的规范回应层面，上海市、海南省等根据实践要求出台了《中国（上海）自由贸易试验区管理办法》《中国（海南）自由贸易试验区条例》等，这是在开放格局中面对全球化的地方立法层面的积极探索。国家推进地方深化改革与对外开放的创新还涉及特殊的地域，比如深圳建设中国特色社会主义先行示范区和海南自由贸易港等，同样期待地方改革试点与地方法治的协同并进。

（二）国际营商的法治环境协同

除了对外开放的重大国家战略外，国际化的领域还遍及全国各地的外商投资市场主体及其生产经营活动。随着我国经济向高质量发展转变，地方经济发展模式也随之进行转型，东部地区强化以人工智能等科技为基础的创新驱动模式参与全球竞争；西部地区则不仅吸纳东部溢出产业，还同时开展国际产业、人才和资金的激烈争夺。传统的以"减税免费"为主导的招商引资激励政策和晋升考核招商锦标赛主义已经不再适用于新形势，产生的遗留问题也表明并不利于地方的可持续发展。"影响政府作为和企业投资的关键因素从'优惠政策'向'改善环境'转变，区域竞争格局由'经济 GDP'向'法治 GDP'转轨。"[①]"法治就是最好的营商环境"已成为新时期经济领域的共识，也成为地方对外开放尤其是外商投资经营的必备要件。地方法治环境除了"'被直接赋予法律效力'的地方性法规及地方政府规章和'未被直接赋予法律效力'的地方政府规范性文件两类制度载体"[②]外，还涵盖与资金人才、资源技术等经济要素优化和流动紧密相关的政策环境、司法环境、信用环境、社会环境等。国家发改委关于城市营商环境的试点评价表明吸引外商投资与地方营商环境正相关，地方营商环境与其对外开放的目标和转型要求尚有距离。除了有利于投资国际化、便利化，对法律制度层面的地方性法规政策体

---

① 郑方辉等：《营商法治环境指数：评价体系与广东实证》，《广东社会科学》2019 年第 5 期，第 214 页。

② 赵海怡：《中国地方经济发展法治环境及其制度载体》，《西北大学学报》（哲学社会科学版）2019 年第 1 期，第 145 页。

系内容的科学稳定有效性有需求外,地方参与全球竞争对营商环境的需求更为具体。

1. 外资营商的地方政府环境

在全球化的进程中,法治的世界主义也许是可预见的,但民族国家的各种壁垒并未消除,国际市场的各种既定规则尚未变更,对投资目的地的法律规范要求由国际组织和国家间的协议等协调完成,而落地点的政府法治是外商投资前对地方营商环境的重点考察内容,之后外资企业运行所涉及的政府行政法治能力也影响涉外营商的可持续性。"政府依法行政是打造法治化营商环境的重要环节,对保障市场主体的权利具有关键作用。"[1] 外国投资主体所在国的法律体系和类型不尽相同,遵守投资目标国的法律是基本前提,但依法行政是过程性关键要求。以涉外市场主体的视角考量政府行政环境,主要有"依法自主""方便快捷""公平公正"三大方面的地方政府法治诉求。"依法自主"是处理市场与政府关系的首要标准。涉外市场主体及其经营活动在我国法律法规的框架下期盼地方性法规规章和规范性文件具备形式和实质的合法性和合理性,独立自主地依法实施经营活动而不受政府等干涉,确保各项资产、经营和管理等权利得到合法有效保护,这是对地方法治秩序性的要求。对涉外市场主体和经营活动以及其他侵犯该类主体的不法侵害人,需要"执法者严格依法定权限、法定规则、法定程序执法""尊重行政相对人的人格"[2]。"方便快捷"是涉外经济主体落地投资、经营管理和扩大投资的政府治理的效率性法治要求。外资属性的市场主体的设立、运行和终止需要公开透明的行政环境,要求政府完善信息公开机制,明确权力、责任和市场准入等清单。"一站式""最多跑一次"等行政服务有明确的条件和程序,政务服务信息化平台和资源交易平台服务高效快捷。"公平公正"是地方涉外营商主体对营商环境的正义性法治要求。一方面期待地方政府的具体行政行为与市场政务服务的无差别对待,另一方面要求在

---

[1] 袁莉:《新时代营商环境法治化建设研究:现状评估与优化路径》,《学习与探索》2018 年第 11 期,第 85 页。

[2] 姜明安:《新时代法治政府建设与营商环境改善》,《中共中央党校(国家行政学院)学报》2019 年第 5 期,第 98、99 页。

具体市场事务中政府赋予涉外单位平等的竞争机会与竞争规则，确保市场正义。

2. 外资营商的地方司法环境

司法是守护公平正义的底线，也是合法市场行为的守护神，是服务地方全球性企业创新创业和国际资源要素合理配置的重要途径。国际化企业的投融资、合同订立履行、劳动关系、知识产权保护等多种经营管理行为一旦发生，会根据法定或约定条款进入司法程序，则对地方司法机关和专门性司法机关在立案、调解、审理、判决、执行和法律服务等方面提出司法的多元化的期待。对地方司法领域的法治期待除司法公正外，还有司法透明、司法服务等需求。从司法的职能而言，关涉地方司法的审理、执行、监督和服务等。从需求内容上看，涉及外资市场主体的企业产权保护、企业家产权保护、企业债权保护、企业家债权保护、投融资的金融服务纠纷解决、市场公平有序环境保护、知识产权保护、判决执行难解决、审案效率、司法流程简化等多重要素及环节。职能、内容以及服务上的地方司法需求以及解决问题的能力，反映出地方司法的保障能力和法治软实力。增强外资企业纠纷解决的司法预期的关键在于地方司法活动的质效和司法服务的水平，"将恪守司法公正始终作为司法活动的灵魂，提高司法效率必须建立在保证司法公正的基础之上"[1]。对地方司法权威的倚重，恰是外资企业和外商对地方法治权威的遵从和信守，背后的期待恰是作为社会关系主体之一，希望司法能够公开透明，知悉司法活动，有序参与司法过程，扩大知情权和监督权。在纠纷解决过程中，外资企业和外商也迫切需要国际化和高质量的律师能够在诉讼中给予强力的法律支撑，尽力维护自身的合法权益。随着国际贸易、国际投资和外商等的争端涌现，"建立国际经济贸易仲裁机构和国际争端调解机构"，以及多元化国际纠纷解决机制成为必要需求，从而赋予纠纷主体更多解纠的选择权，增强地方关于国际商事纠纷解决的竞争力。[2]

---

[1] 郑方辉等：《营商法治环境指数：评价体系与广东实证》，《广东社会科学》2019 年第 5 期，第 221 页。

[2] 参见王淑梅、张波《助力自由贸易港建设 构建一流法治化营商环境》，《法律适用》2019 年第 17 期，第 18—25 页。

3. 外资营商的地方社会文化环境

外国投资者及外籍管理人员一般具有不同的国籍、教育、生活、文化和信仰等，其对于营商环境的直接感受来源于直接接触的地方社会的社会主体、行为和社会事实，对地方社会结构和社会关系要求更为强调规范、尊重和信用。外资的活动除了对域外的经营行为以外，其余的公司化业务和管理必然与国内众多的普通社会主体发生关联，较为急切地要求营商环境的信用体系和机制，期待健全对于普通公民和企业的信用信息公示机制，及时掌握关联企业和公民是否存在失信等情况，力求在新型的以信用为核心的市场监管体制中确保企业发展与盈利。可以说，地方商务信用是维护国际商务关系、降低成本和改善营商关系的基本前提。除了社会诚信度和诚信保障机制外，外企发展的核心竞争力与自身以及地方的协同创新水平紧密相关。深圳等地创新型外企集聚的实践表明，国际化市场创新主体落地更为关注地方的创新人才、创新要素、创新链条和创新氛围等环境是否具有全球活跃度和时代先进性，更为关注创新主体和要素在地域内外能否互联互通和互惠共享，能否通过依法治理打通所有阻碍创新发展的障碍，从而实现高水平的最优匹配和高效协同。不难发现，外企的创新发展不仅注重区位优势和基础设施等显性因素，也考量地方的社会协同治理和公共服务水平。除了对优质市场主体和产业链的协同等需求外，外企和外商也对教育文化、医疗卫生、电信媒体、环保交通、社保等各项公私合作的公共服务有多样化和高质量需求，也需要地方公共服务通过多种模式①实现市场化和社会化，提供高质量和高效率的服务。当然，对社会文化环境的要求，还涉及社会治安、商会等社会组织、文化融合度以及公民和员工的法治意识等。

全球化的"内容无论如何也不仅仅是，甚至主要不是关于经济上的相互依赖，而是我们生活中时空的巨变"②，传递到民族国家内则是对地

---

① 浙江省各级政府形成两大公共服务供给模式：一是与民间组织合作，赋予一定职能而提供；二是利用市场机制与市场主体合作提供。参见陈依慧《公共服务供给不足呼唤民间组织发展》，《浙江经济》2006年第17期，第40—43页。
② [英]安东尼·吉登斯：《第三条道路：社会民主主义的复兴》，郑戈译，北京大学出版社2000年版，第33页。

方的多维度的变迁，也即对地方法治的背景性挑战。换言之，全球化的趋向一定不是单向度的，其多维性决定了对地方法治的期待一定是多元的，除了前述内容外还涵盖其他的所有时空性因素，比如标准、环境等，在此不予罗列赘述。因此，全球化的地域联系不仅触及地方的制度创新，还会影响地方秩序的变迁，从而促进地方法治的融入性转型。

二 数字时代信息扁平化的喜与忧

人类社会的每一次变革均与重大技术的突破紧密相关。计算机技术的突破，使得人类从工业社会迈入信息社会。"当中国开启现代化进程时，信息技术已成为这个时代的符号，互联网已打造了笼罩全球的人工神经系统。"[①] 帕特里克·邓利维将其称为"数字时代"。2013 年数据显示，人类存储的数据达到约 1.2 泽字节[②]，并以每天新增 2.5×10^{18} 字节的数量增长，增长速率是全球经济增长率的 4—5 倍。身处时代中的每个人都能感受到数字革命已经成为我国新时代全新的标志，移动互联网、大数据、云计算、人工智能等已经全面渗透于国家治理、社会关系和百姓生活之中。据中国互联网信息中心统计，截至 2019 年 6 月，我国域名总数为 4800 万个，网民规模达 8.54 亿，其中手机网民 8.47 亿，网络购物用户 6.39 亿，网络支付用户规模达 6.33 亿，网约车达 3.39 亿，在线教育用户达 2.32 亿，在线政务服务达 5.09 亿。[③] 政务公共服务 App、淘宝、京东等购物平台，微博、微信等自媒体的蓬勃发展直接改变了政府治理、市场结构、社会交往和人们的生活方式。海量数据集聚、无边界的网络和爆发式增长变化的信息逐渐脱离了传统权力关系和结构，虚拟手段创造出独特的在线模式，改变了人类的交往范围、互动模式和价值生态，

---

① 何明升：《技术与治理：中国 70 年社会转型之网络化逻辑》，《探索与争鸣》2019 年第 12 期，第 43 页。
② 参见［英］维克托·迈尔·舍恩伯格等《大数据时代生活、工作与思维的大变革》，盛杨燕等译，浙江人民出版社 2013 年版，第 13 页。
③ 中国互联网信息中心：《第 44 次〈中国互联网络发展状况统计报告〉》，https：//www.cnnic.net.cn/hlwfzyj/hlwxzbg/hlwtjbg/201908/P020190830356787490958.pdf，2020 年 2 月 8 日。

冲破了传统的行政区划、科层结构、社会框架、治理机制和交往方式。信息化、网络化、数字化和智能化"正在改变我们的生活以及理解世界的方式，成为新发明和新服务的源泉，而更多改变正蓄势待发"①，其发展脉动深刻地形塑着全新的社会关系和权力结构，随着信息流渗透到每一个"共在模式"下的社会主体。大数据及互联网技术对地方法治的机遇挑战和现实意义，是地方法治的数字化和地方数字化的法治两个维度：一方面，数字化影响并促使地方法治的理论与实践根据变化的权力关系和社会结构适时地进行主体、动力与模式等逻辑调整；另一方面，对地方数字化进程中的数字鸿沟及非理性网络行为等信息化的负向效应进行法治化的调整。毫无疑问，数字智能技术的更替必然推动"共在模式"②下地方法治的内容、载体和路径的转换。

（一）数字化助推法治成长

数字化浪潮将人与物转化为二进制的数字逻辑和数据状态，进而贯穿于人类全部制度、行为、组织和环境之中。从现有情况来看，数字化不仅进入我国市场经济领域，还进入政府领域、社会领域和私人生活领域，为庞大的国家治理系统和社会运作体系提供新型数据要素和催生动力，对法治的合理性提出较多的现实挑战。法治的形式合理性来自理性能力，这是建立于数理逻辑思维体系基础上的特质。正如学者所言，"数字的哲学特性深刻影响着近现代法律的发展。主要体现在四个方面，其一，对数字科学性的认识是法律科学化的起点；其二，数字的确定性对实现法律的确定性作用巨大；其三，数字的简单性对法哲学基本范畴的影响；其四，数字的客观性影响法学思维方式的转变"③。对地方法治领域必要性的考量，这个数字的基本功能逻辑同样适用。相对于传统社会

---

① ［英］维克托·迈尔-舍恩伯格、肯尼思·库克耶：《大数据时代：生活、工作与思维的大变革》，盛杨燕、周涛译，浙江人民出版社2013年版，第17页。
② 参见何明升《中国网络治理的定位及现实路径》，《中国社会科学》2016年第7期，第112—119页。
③ 汪地彻：《论数字的哲学特性对法律发展的影响》，《自然辩证法》2016年第10期，第67—71页。

的线下治理，数字化社会对地方法治的泛在挑战不仅在技术层面，还有制度、组织、行动和价值层面的裹挟，意味着对于地方法治的工具、内容、方式等的整体性变革，核心是技术理性倒逼地方法治政治和社会合理性的不断丰富深化。

信息化催发数字政府的法治活力。在大数据时代，信息数据的动态变化和海量存储正在重塑地方政府，驱动地方政府由传统政府转向数字政府，激发政府的数字法治的活力。这并非意味着传统意义上数字技术或信息技术的简单运用，"新瓶装旧酒""反复标签化"[1]（Re-Labeling）的数字表象化的地方政府治理并不能适应新形势下的时代要求和法治期待。在空间维度上，数字技术打破了地方法治的空间领域的传统特征，内部区域或领域间的行政边界被突破，社会泛在的需求与行为对地方区划式和单向度的治理方式提出严峻挑战；在时间维度上，数字网络构筑和传输释放出的有效数据在处理与流转方面的即时性，对地方政府科层制的治理结构和程序反应机制有了全新的要求；在精准维度上，巨大的数据量与数字承载的事务精确性给地方政府行政执法与行政服务的实体性和程序性改革带来了压力。数字化对于政府治理而言，不仅是借助信息技术提升法治的信息化工具和信息化方式，更表现为驱动政府法治的信息化变革和转向。从地方政府法治能力角度而言，数字化意味着复杂的整体性变革，而各种"变革的中心是信息技术的发展与信息处理能力的提升，信息技术通过影响公共部门与私人部门的行政作业流程，改变公民参与的方式和提高公民解决社会问题的能力，从而影响政策结果"[2]。从政府法治的内涵而言，这种变革要求主要体现在以下几方面：一是数字的无边界性和网络的自组织性，促使传统的地方政府组织体系、组织运作和组织职责等响应数字化带来的治理要求而发生变革，从科层制结构向网络多节点模式转变；二是移动数字化和全民网络化的便捷性和广

---

[1] Bannister F., ICT Hyperbole and the Red Queen Syndrome: E-Participation Policy and the Challenge of Technology Change, E-Gov. 2.0: Pave the Way for e-Participation, Euro Space S. r. l, 2009, p. 115.

[2] 韩兆柱、马文娟：《数字治理理论及其应用的探索》，《公共管理评论》2016年第1期，第94页。

泛性，将更多的政府规范、政务服务和公共事务的办理迁移到 App 或网站上，满足多元化的社会主体的权利需求；三是扁平化的信息网络结构以及海量大数据沉淀在数据库中，促成政府决策基于数据的治理精准掌控以及预警机制的建立；四是数据的全面性和需求信息的准确性，需要消解行政与市场服务的壁垒，使稀缺的公共服务资源由非均衡配置转向均衡化与共享化；等等。① 实际上，数字化对地方法治的驱动作用使得地方"治理目标更加清晰、治理思维更加创新、治理手段更加丰富，进而驱动社会治理向源头性、系统性、综合性方向发展"②。

数字化催生地方规范与工具优化。数字化打破了传统工业社会确立起来的主体边界、组织边界、权力边界和责任边界，从而导致地方社会主体多元化、地方社会结构复杂化、地方社会事实虚拟化、公众权利多样化，在一定程度上还出现了去人格化的倾向。基于传统而生发的地方性法规和规范性文件，其基础层面的社会事实和社会关系发生了重要变更，从而产生了法治的制度空白、部分失效等情况，显然无法有效实现对地方政府权力的制约和公众权利的保护。当代数据治理尤其是数字政府的驱动力为政府自身，制度化则成为互联网背后的民众诉求。国家的法律法规和规范性文件解决了宏观层面的数字法治问题，而地方法治层面的数字化问题更加需要地方性法规和规范性文件的回应。地方数字化平台、程序和网站的"网络架构设计者基于技术设置而产生的结构风险"以及其他数字化技术应用问题，需要由国家法律制度出台技术性规范标准和流程，对承担技术服务的企业以及技术人员予以明确规制；对于政务平台和公共服务性质的 App 等需要明确的工作标准规范、处理流程规范以及时间规范等，比如实名制；对于社会主体不当利用数字化工具和载体实施违反法律和地方性法规的需要有惩戒规则；公众对于个人数据保护的意愿，要求公共权力及其授权的技术权力在验证和使用个人信息时保持加密，通过地方规范的治理确保个人数据和隐私不被滥用。因此，

---

① 参见汪波、赵丹《互联网、大数据与区域共享公共服务——基于互联网医疗的考察》，《吉首大学学报》（社会科学版）2018 年第 3 期，第 122—128 页。
② 董慧、李菲菲：《大数据时代：数字活力与大数据社会治理探析》，《学习与实践》2019 年第 12 期，第 22 页。

"必须在尊重网络社会基于自身技术优势而形成的技术治理的前提下，充分发挥法律治理与技术治理的互补作用"①，促使地方性法规制度体系的完善。数字对于规则的渴求基于地方权力体系与新生权利的规范层面的制度期待。而数字化法治则期待于地方的信息化工具的优化治理。目前在地方治理中，普遍的数字化工具有地方政府及其部门和公共服务网站、政务平台和 App、城市服务 App、监控体系、ETC（电子收费）、城市大脑——微信公众号、地方官方认证微博等。数字化治理的本质要求在于，通过数字化工具和平台实现地方治理目标、治理能力的现代化，因此更加需要载体和工具的统一整合、科学高效以及规范有序，否则将导致"数据烟囱"② 现象，反而不利于地方治理目标的实现。

数字化催化社会发育和公众参与。"在数字空间中，人们的生活状态超越现实世界和时空限制，呈现为一定程度上的虚拟性和超现实性，表现为主体与客体通过数字技术实现特殊的实践活动。"③ 传统的公私关系在数字和网络的推动下打破了原有的边界，时空关系发生重要变化，从而使得地方所有的主体出现"共在模式"，身份关系、商业交易、交往关系等都在网络中产生虚拟化的同质。"以'微粒人'为基点的更加智能便捷、匿名流动、虚实同构、自由高效的全新方式和渠道，呈现分布式、破碎化、扁平化的走向。"④ 随着个人事项的公共化、生活娱乐的在线化，网络社群出现在各类载体和平台之上，新型数字化社会组织应运而生，地方性相关的 QQ 群、微信群、公众号，甚至微博、抖音等软件中产生了"网络熟人社会"，"在行为激励、社会团结、社会信用等方面为法治提供间接的支持"⑤。无论固定还是流动的本地网络社群，无论属于情感、事

---

① 郑智航：《网络社会法律治理与技术治理的二元共治》，《中国法学》2018 年第 2 期，第 117 页。

② 汪波、郭雨欣：《当代中国数字治理：主题、动态与发展趋向》，《武汉科技大学学报》（社会科学版）2019 年第 4 期，第 412—418 页。

③ 董慧、李菲菲：《大数据时代：数字活力与大数据社会治理探析》，《学习与实践》2019 年第 12 期，第 22 页。

④ 马长山：《智慧社会的基层网格治理法治化》，《清华法学》2019 年第 3 期，第 18—27 页。

⑤ 黄金兰：《网络熟人社会的逻辑及其法治意义——从熟人社会规范式微说起》，《法律科学（西北政法大学学报）》2018 年第 3 期，第 41 页。

务、纠纷或者维权形成的虚拟组织体，都是网络社会发育的重要标志，可以形成社会权力，从而对地方公权力形成制约。数字化促使地方性的个体与组织体在网络重组，从而形成全新的社会结构和社会关系，产生多元的社会主体，恰是对于线下社会发育要求的线上实现，但依然是零散的和不规则的，需要引导和规范。同时，因为主体的数字社会发育，促成了地方治理以及多元主体的政治性和公共性权利诉求。数字化网络环境的多元主体需求，促使地方法治中的立法、执法、公共决策、公共服务等活动在网络征求意见，从而确保利益相关者在公开透明和自主的情形下参与治理活动，畅通表达渠道，提高有序参与的水平。

(二) 数字鸿沟与网络舆情

"社会的发展塑造了技术，但也被技术所塑造。"① 在数字大变局中，"社会关系从相互联动的地域性以及时间的不确定而形成的重构关联中'脱离出来'"②，数据、网络和信息的确能够为政府、社会和公众带来巨大的活力。因而，基于数字的信息社会被视作"理想言语情境"③ 的新型现代性社会。数字的社会形塑导致了整个复杂社会关系的积极型变，从而在一定程度上逐步控制和影响既定社会体系的信息化和现代化，但从另一方面更会对各种社会活动和社会组织体系的内在秩序产生负向影响，出现"数字反噬"现象，"日益表现出来的'以数为本'的理念偏向、所引发的数字身份同质化、虚拟现实空间造成人际关系的机械化以及'数字劳动'等问题，对于社会治理无疑是一种挑战"④。数字的双面性和非均衡性，驱使我们不仅需要考量数字化对于地方法治的积极作用，更要考虑数字自身以及衍生事项在地方治理中的消极影响。地方数字信

---

① Merritt R. Smith and Leo Marx, *Does Technology Drive History? The Dilemma of Technological Determinism*, MIT Press, 1994.
② [英] 安东尼·吉登斯：《现代性的后果》，田禾译，译林出版社 2011 年版，第 18 页。
③ 哈贝马斯关于"理想言语情境"的描述，参见 [德] 哈贝马斯《在事实与规范之间——关于法律和民主法治国的商谈理论》，童世骏译，生活·读书·新知三联书店 2003 年版，第 398 页。
④ 董慧、李菲菲：《大数据时代：数字活力与大数据社会治理探析》，《学习与实践》2019 年第 12 期，第 21 页。

息泄露、地方网络舆情和群体事件等情况层出不穷，因此，必须正确对待"数字光环"下因为数字权力或数字权力滥用而造成的地方法治可能失效问题，从虚拟和现实两个维度寻找地方良善治理之策。否则，数字的隐蔽性和人为控制性"技术归化"将导致地方政府等公权力空间边界的无限扩张和网民私权利的数字滥用，导致现有实在性地方法治根基的动摇，从而影响社会稳定和地方法治目标的实现。

地方"数字利维坦"。在信息社会，数字是新型社会关系演进逻辑的最基本要素，实际上是数字理性和技术理性的结合推动了社会创新和时代转型。在地方法治发展进程中，无论是地方电子政务演化而来的地方数字政府治理，还是散见于各类社交软件中的基层社会治理，看似多样的信息平台和软件依然催生了地方全景式的数字技术治理模块。这些数字化模块的背后，是各类社会关系主体基于信任和授权的数据上传，以及地方各类治理组织依靠代码和算法对底层数据库的数据信息的悉数掌控，典型的是地方政府与基层多元社会主体之间的"数字鸿沟"，从而形成了地方治理者与社会主体之间的数字权力不平衡性。数字社会的确在正向度上治理民主和治理绩效，提供了公众参与的多元机会，但潜伏着数据权力堆积而成的地方政府"数字利维坦"[1]。"数字利维坦"的风险在于，一方面，政府治理掌控海量的普通企业和民众的基础性信息和行动过程性数据，从而实施规范有效的预警、决策、执法、服务等治理行为；另一方面，普通社会主体却无法掌握利益相关信息以维护自身的合法权益，无法通过地方性数字来监督地方政府的权力行使。"算法社会是科技精英社会，我们可能正在期望一个比现有社会更不平等的社会。这种不平等是从起点到结果的全方位的不平等，这是罗尔斯、桑德尔和森合起来也无法对付的。"[2] 显然，有必要对地方"数字利维坦"予以地方社会法治的回应。从需要地方社会权力监督规制的数字掌控主体上看，主要存在三大类：第一，地方数字化建设提供软硬件服务的数字技术供

---

[1] ［美］阿尔弗雷德·D. 钱德勒、詹姆斯·W. 科塔达:《信息改变美国：驱动国家转型的力量》，万岩等译，上海远东出版社2008年版，丛书总序第2页。

[2] 於兴中:《算法社会与人的秉性》，《中国法律评论》2018年第2期，第57—65页。

应商,"新技术公司渗透到各社会阶层和群体的日常生活,颠覆性科技的触角几乎延伸到人类物质和精神生活所能企及的所有领域"[①];第二,掌握地方几乎所有成员的基础和动态信息的各级各类地方政府及其所属公共事业管理服务单位,其"数字技术的无限应用以及由此导致的行政权力的野蛮扩张""由此产生了个人数据被过度采集和不当使用而招致的隐私泄露、不平等对待、非法监管等风险"[②];第三,地方性平台软件和社会治理利用的公用型软件的数据信息的掌控者,可能对信息过度收集、传播和交互。因此,需要地方法治在数据收集、存储、处理、整合、传播和使用等所有环节予以规制"数据利维坦"带来的权力过度扩张与滥用,谨防社会公众的权利被盗用和侵害。地方法治在关注地方数据在治理中的工具性价值的同时,还需要提升数据治理的实体正义价值。否则,地域或领域内"数字利维坦"和"数字陷阱"对"信息技术一旦遭到滥用,就不可避免地导致信息社会本身的结构异化,进而导致远较非信息社会严重的社会风险"[③],必然给地方法治带来前所未有的挑战,预警性的地方法治功能需要及时开启。

地方网络舆论公共事件。数字网络突破了传统意义上的时空观,虚拟技术让人们可以全时程、多线程和全方位地通过数字传递开展信息交互,特别是 Web 2.0 技术的微博、微信等,方便大众突破物理性限制从而实现智慧和注意力的在场。冲破了体制和机制障碍的社会大众的主体意识得到充分激发,从而在言论、意见表达等层面实现了在线的"脱域"。这种信息传输的便捷性和传播的广域性,促进了社会公众的有效表达机制逐步从地方传统的科层制政府治理管道转入更为高效的地方网络渠道,所以几乎每个地方都有地方性的百姓生活和民意论坛出现在网络平台之中,地方网络社群因而出现,线上线下互动甚为紧密。一方面,

---

① 樊鹏:《利维坦遭遇独角兽:新技术的政治影响》,《文化纵横》2018年第4期,第134页。
② 王坤、孟欣然:《论数字技术发展对社会治理的影响——以浙江为例》,《观察与思考》2019年第11期,第95页。
③ 陆宇峰:《信息社会中的技术反噬效应及其法治挑战——基于四起网络舆情事件的观察》,《环球法律评论》2019年第3期,第55页。

网络为社会公众提供畅所欲言的沟通交流平台，赋予社会各类主体以数字化权能，形成了网络公共领域；另一方面，增加了"吐槽"和不正当维权等信息，从而产生网络谣言和造势等负面能量。地方的数据信息误差传递，导致信息不对称下的地方舆论事件的发酵或爆发，产生地方网络公共危机，极易影响地方的社会稳定。例如，西安奔驰女维权、连云港"核循环项目"等网络事件常出现在地方舆论场域并逐步扩展至全国范围。地方网络舆论公共事件一般来源于社会主体维权、邻避事件、政府回应不及时、信息不对称以及权利滥用等，形成网络围观而成为"热搜"事件，地方法治中的集权主义和行为主义传统逻辑受到了挑战。无论何种形式的地方网络舆情或公共事件，均会驱动地方法治在数字时代的信息化转型。因此，地方性法治"必须寻求一种与多元化相适应的复合式民主机制，以尽可能地包容各种不同的而又同样正当的利益诉求"①。维权型舆情事件要求地方行政机关和司法机关及时回应社会公众的权利诉求，对非法诉求予以规制；邻避事件则要求地方政府在环保等重大工程项目立项建设前确保信息公开、专家论证和多元主体有序参与；政府回应公共服务需求不足则需引导公共服务部门以百姓为中心提供优质高效的多元化社会服务；而权利滥用要坚决予以制止，违法犯罪的要予以坚决打击。对于地方舆情公共事件，可以在数字治理中"尝试应用行政管制领域著名的'圆形监狱'理论，并发挥媒体的'议程设置'功能，以威慑代替钳制，以沟通、引导赢得协作、配合"②。

5G技术、物联网、人工智能的发展，让数字化和智能化成为社会的主要特征，必将深刻影响着社会物资生成条件和社会关系结构，驱动地方治理追随数字化进程不断完善。地方法治也将在"技术—组织—权力—制度—权威"的框架中不断革新和完善，不断趋向多线程合作网络化的地方法治结构。

总之，"'现代'可以被视为代表我们这个历史时代特色的一种'文

---

① 庞正：《法治的社会之维——社会组织的法治功能研究》，法律出版社2015年版，第136页。
② 尹建国：《我国网络信息的政府治理机制研究》，《中国法学》2015年第1期，第144页。

明的形式'"①。现代化作为涵盖人类知识、思想和实践等各领域转变和跃进的过程，不断地带着时代的标志和禀赋。中国的现代化进程正裹挟于全球化、数字化的浪潮中，与传统现代化特征不同，"它是在工业化之上叠加着信息化的超复杂系统工程，是一种新型现代化"②，并且一直以螺旋式上升的趋势走向"新文明"③的现代化。处于多元要素交替叠加时代下的地方法治现代化，势必要建立起法治转型与时代升级同步的均衡驱动机制，以引导包括法律在内深刻的社会转型和变革。

第二节　内在结构失衡，期待地方法治转型

时代变革客观上为我们思考地方法治转型提供了开放式的社会背景"场域"，迫切要求我们将静态意义的地方法治规划放置于外源性社会变迁的动态语境中考察其动力换挡、模式转换和路径选择等问题。法治可以抽象地存在于人类的价值体系和时代变迁的脉动中，但法治更是具体的、实践的，意味着存在于不同经济发展水平和社会发展状态的各地方，作用于经济、社会、文化等各领域。国家法治偏向于宏观架构和理性设计，地方法治则偏重有效实践和治理创新。地方法治"很可能是实现某些目的的最佳方法，但其本身却不是目的"④。研究者的立场决定了对地方法治认识的角度和深度。与将地方法治放置在国家法治统一性话语体系下讨论地方法治的必要性、可行性不同，探讨地方法治的转型是在其正当性基础上的对其如何取得治理效果，也即对地方法治的实效性问题

---

①　[美] 亚历克斯·英克尔斯：《人的现代化——心理·思想·态度·行为》，殷陆君编译，四川人民出版社1985年版，第18页。

②　何明升：《技术与治理：中国70年社会转型之网络化逻辑》，《探索与争鸣》2019年第12期，第43页。

③　关于新文明的研究已经开始，研究的理论体系正在逐步形成，参见王江火《新文明》，中国政法大学出版社2014年版；王江火《先锋小镇·新文明乌托邦》，上海三联书店2016年版；王江火《统一信息论》，中国政法大学出版社2012年版；等等。

④　[英] 弗里德里希·冯·哈耶克：《自由秩序原理》，邓正来译，生活·读书·新知三联书店1997年版，第129页。

的追问。"自上而下—自下而上""先发—后发"等应然性宏观分析理路已基本不能适用于现有地方法治发展的实践讨论。当我们将地方法治必要且可行作为分析判断的确定性前提后,对地方法治"何以转型"的追问需要回归到其内在的结构状态和行为逻辑。正是在这个意义上,强化地方"有效法治"的思考绝不能止步于地方法治外在环境变化的转型需求上,而需要以行动的视角将研究的目光由外转内,回到地方法治本体意义上的转型的内在要求中,深入地方法治现代化内在的要素、结构和机制,探寻其内源性的实践动能转换。否则,我们的讨论依然是"隔靴搔痒"式的高谈阔论,无法解决当下的转型难题。

一 法治变迁动力机制的结构失衡

在国家整体主义法治观下,自上而下地建构理性主义法治路向多少影响了地方法治发展的策略选择,以顶层设计为主的"××法治规划"便是例证。随着国家治理由"全能体制"向"后全能体制"[1]转变并着力推进国家治理体系和治理能力现代化,基于相似宏观制度环境激励的地方法治也许将呈现蓬勃发展的态势。在理论和实践维度,学者们对地方法治的动力讨论起始于国家法治动力,有学者认为学理上法治的"原动力在于人的需要,根本动力在于社会基本矛盾运动规律,直接动力在于理论引领与权力推动"[2];而有学者从实践角度分析了"经济力量、制度力量、公权力量、私权力量、信息力量"[3]五种力量是法治的推动力,法治的转型和磨合需要"官方主导力、民间原动力和职业建构力的动态合力作用"[4]等。显而易见,关于法治动力的讨论是对法治力量的综合分

---

[1] "后全能体制社会"具有三项基本特征:一是存在有限多元化,二是保持社会制度基本体系,三是承继全能体制社会的动员能力和巨大资源。参见萧功秦《中国社会各阶层的政治态势与前景展望》,《战略与管理》1998年第5期,第36—43页。
[2] 付子堂、陈仲:《社会主义法治建设的动力分析》,《法学杂志》2012年第1期,第33页。
[3] 蒋安杰:《推进中国法治的五种力量——与浙江大学法学院钱弘道教授的对话》,《法制日报》2008年4月20日第09版。
[4] 孙笑侠:《拆迁风云中寻找法治动力——论转型期法治建构的主体》,《东方法学》2010年第4期,第13页。

析和概括，基本阐明了法治动力的内外来源。在对地方法治动力探索的各种不同论断中，"国家试错策略论"[①] 提出地方开展法治探索动力的逻辑起点；"地域资源驱动先行法治化论"[②] 以经济、主体和历史文化作为地方先行法治的动因；"地方法治试验论"[③] 将地方主动在国家整体主义框架下的法治动力归因于技术与指标；"地方法治竞争论"[④] 更为强调地方与中央、地方与地方之间的政治、经济和制度竞争是地方法治的原发动因；而政治体制内的考核性指标是要求"地方法治指数论"[⑤]的动力解读。其实，无论是国家统一法治框架下的国家法治政策试错、"摸着石头过河"的实践激励，还是法治指数要求，均属于外在的推动机制，是央地关系或是地方处理与中央和其他地方关系的实践路向，并不是地方法治内在要素结构及其多元作用的原生性动力机制。恰是地方法治的主体，其在追求自身权益的过程中运用法治要素推动地方法治发展的力量，才是其动力机制。这个机制的平衡程度如何，决定了地方法治水平和类型是否恰当。而当下，我国地方法治的实践呈现出地方法治动力机制的内源性失衡。

（一）政府优位与社会缺位

在国家法治的整体模式下，法治方略由中央统一设计。党的十八届四中全会明确了中国特色社会主义法治体系的主要内容：形成"完备的法律规范体系、高效的法治实施体系、严密的法治监督体系、有力的法

[①] 参见李旭东《地方法制研究的理论框架》，《学术研究》2011年第4期，第40—44页。
[②] 参见孙笑侠《局部法治的地域资源——转型期"先行法治化"现象解读》，《法学》2009年第12期，第18—23页。
[③] 参见周尚君《国家建设视角下的地方法治试验》，《法商研究》2013年第1期，第3—11页；郑智航《法治中国建设的地方试验——一个中央与地方关系的视角》，《法制与社会发展》2018年第5期，第75—92页。
[④] 这是目前较为流行的地方法治动力机制论，包括地方官员晋升博弈论、行政发（承）包论、锦标赛论、法治GDP竞争论等。参见周黎安《行政发包制》，《社会》2014年第6期，第1—38页；周飞舟《锦标赛体制》，《社会学研究》2009年第3期，第54—77页；李晟《"地方法治竞争"的可能性》，《中外法学》2014年第5期，第1290—1309页。
[⑤] 参见钱弘道等《法治评估及其中国应用》，《中国社会科学》2012年第4期，第140—160、207—208页。

治保障体系、完善的党内法规体系"①。这是地方法治发展的主要政策依据和行动选择的关键所在。其中,关于"重心下移、力量下沉"的法治建设机制,明确赋予地方承担国家法治建设任务的主要职责以及地方法治层面的主动权和自主空间。可见,地方法治发展的主要角色和任务在于,一是在中央的主导下落实国家法治的战略规划,形成法治的实施机制,提供坚实的法治基础;二是基于宪法和法治原则的统一性框架,地方法治权限和行为具有自主弹性的制度环境,具备自身的正当性和可行性,可以在实践中推进地方法治创新。这种中间层的定位,方便厘清地方法治的主要功能和路径。对于法治实践的学理考察往往忽略地方自主性空间的动力机制,导致"地方性"力量的不在场,从而无法回应国家法治的社会需求和地方法治的动力不足的问题。这导致地方法治往往颁布与国家法治规划基本一致的纲要,建立与法律法规高度一致的地方性法规和规范性文件,实施与中央高度一致的考核评价体系等,地方法治依然处于"形式绩效"阶段。② 问题的核心不在于国家法治的整体主义路向上,而在于地方法治动力机制的主体单一化倾向和"主体的自主性增强带来差异性日益明显"③ 的问题,从而表现出区别于上级和公众意愿的差异化行为逻辑,无法有效地回应法律与社会的内在张力。

政府主体过于优位。我国国家法治层面采取的是建构理性主义模式,由国家"上层建筑"启动和推进,通过已有的国家权力组织体系予以实施。在法治启动阶段,国家与地方共同"推动法治建设,以获得更充分的统治合法性和社会秩序预期"④。法治的现实"悖论"⑤ 决定了国家权

---

① 参见《中国共产党第十八届中央委员会第四次全体会议公报》,http://www.gov.cn/xinwen/2014-10/23/content_2769791.htm,2019 年 12 月 23 日。
② 参见刘玉照、田青《新制度是如何落实的——作为制度变迁新机制的"通变"》,《社会学研究》2009 年第 4 期,第 133—154 页。
③ 刘亚平:《对地方政府间竞争的理念反思》,《人文杂志》2006 年第 2 期,第 78—83 页。
④ 马长山:《"法治中国"建设的转向与策略》,《环球法律评论》2014 年第 1 期,第 11 页。
⑤ 关于法治悖论的言说是学者们对于法治内在本质的现实思考,核心是关于公主体与私主体在法治发展中的作用问题。参见杨解君《法治的悖论》,《法学》1999 年第 6 期,第 11—16 页;刘湘琛《论法治的悖论及其超越》,《兰州学刊》2007 年第 1 期,第 123—127 页;张骐《论法的价值共识——对当代中国法治进程中一个悖论的解决尝试》,《法制与社会发展》2001 年第 5 期,第 7—23 页;等等。

力机构体系无法永远在法治场域中占据单一性主导地位。地方在国家法治战略目标与地方普通民众法治需求中处于夹心层位置，地方法治是一种由中央和地方民众共同赋权的双重委托结构。毫无疑问，在落实国家法治纲要的行动角色中，地方的国家机关（以下以广义上的地方"政府"作简称）是主导性力量，这是由宪法框架下国家治理的体制机制结构决定的。同时，在地方法治的自主性框架内，地方政府在多元主体结构中的不同阶段、不同领域、不同流程中也可以适当地发挥主导性作用。但就当下的实践而言，地方党委和政府在《法治江苏建设纲要》《法治浙江建设决定》《法治广东建设规划》等地方先行先试的法治目标设定与纲要规划的确定上，均占据绝对的主导性地位；中共中央、国务院发布的《法治政府建设实施纲要（2015—2020年）》后各地《××省（市）法治政府建设实施方案（2016—2020年）》也均由地方政府进行理性设计，有明确的路线图和时间表并几乎是国家纲要内容的简要调整。可见，政府依然是地方法治化的设计者和领导者。在地方立法规划中，应有多元利益主体构成的立法立项的来源渠道，变成"绝大部分立法立项都是由地方政府职能部门提出，由地方政府职能部门主导"[1]。地方政府甚至地方领导将地方立法作为政府性职权扩张的规范化途径，利用地方立法权主导政府行为的合法化，会损伤地方治理的法理根基。在市场机制影响下，各地"政策洼地""税收洼地"逐渐填平，部分政府在招商引资等方面利用自主性领域的利益填补政策和税收优惠取消的影响，从而导致地方出现恶性竞争。在重大决策事项上，地方政府"凝闭型"政策体制[2]的官方主导性，容易导致比如松江电池项目事件等地方公共冲突事件。[3] 在地方各类法治内容实施过程中，地方政府往往集中本区划内所有的经济、政治、组织和社会等资源，为实现节点性和临时性法治目标或指标而

---

[1] 田成有：《科学编制地方立法规划、计划之我见》，http://www.lifawang.cn/show-136-5447-1.html，2019年12月10日。

[2] 参见彭勃、杨志军《从"凝闭"走向"参与"：公共事件冲击下的政策体制转向》，《探索与争鸣》2013年第9期，第52—56页。

[3] 参见杨志军、靳永翥《"凝闭型"政策体制下地方治理的现代化——以公共事件的地方治理为视角》，《吉首大学学报》（社会科学版）2014年第6期，第48—54页。

"集中力量办大事"。法治评估量化考核的制度创新,也是通过政府编制、政府实施、政府监督、政府考核并对政府进行评价。① 可以说,法治指数和法治评估具有鲜明的地方政府的行为色彩。地方政府这些自设的主角定位和主导性行为偏好,自然地以利益和效用为目标在地方法治中占据核心地位。在地方法治规划初定期和起步阶段,这种主体一元化的路向能够在短期内实现较好的法治效益,但是随着法治进程的演变,可能导致地方法治动力衰减、政府价值偏好迁移、目标与实效脱节和资源不可持续性等问题。②

其他主体整体缺位。社会为法治的基础,这是学界共识。法律既是从整个社会的结构和习惯自下而上发展而来,又是从社会中的统治者们的政策和价值中自上而下移动。法律有助于这两者的整合。因此,在地方法治的动力机制中,无论"政府推进型""社会演进型",还是"混合型"的法治道路,社会理应是"法治进路的根本面向和社会根基"③。在政府单一化的主体模式下,地方法治的内在结构是单向和封闭化的,导致了其他社会主体难以有效进入现有的体制机制体系,从而在较大程度上稀释了社会的法治效应。虽然地方市场机制活跃和信息化变革有效触动了传统格局,"以各级党组织、各级政府、各类企事业单位和各种民间组织为主体的多元治理格局开始形成"④,但地方法治的力量是顺着"体制管道"的路径"权力下沉"的,并没有横向扩展到更为广阔的经济和社会等领域,多元主体"法治赋权"未能有效实现。地方法治规范制定领域,除了立法专家参与设区市以上立法咨询活动外,鲜见利益相关者和普通公众参加程序性活动外的其他座谈或征求意见,地方性法规面向

---

① 参见钱弘道、王朝霞《论中国法治评估的转型》,《中国社会科学》2015 年第 5 期,第 84—105 页;钱弘道等《法治评估及其中国应用》,《中国社会科学》2012 年第 4 期,第 140—160 页。

② 参见何勤华、任超《法治的追求——理念、路径和模式的比较》,北京大学出版社 2005 年版,第 24—26 页。

③ 参见马长山《国家、市民社会与法治》,商务印书馆 2002 年版,第 40、147—190 页;马长山《法治的社会根基》,中国社会科学出版社 2003 年版,第 32—38、157 页。

④ 俞可平:《中国治理变迁 30 年(1978—2008)》,《吉林大学社会科学学报》2008 年第 3 期,第 5—17 页。

社会公开征求意见较少，尤其是政府规范性文件的制定程序，基本排除了社会主体在规则出台过程中的程序性参与。在行政执法和公共服务领域，基本能做到听取意见和沟通的形式参与，但是社会主体和利益相关者的实质参与依然不足，做不到主体参与地方行政管理活动的"广泛性"和"充分性"。截至 2018 年年底，在全国民政部门登记和管理的民政服务机构和设施共计 187.6 万个，全国共有社会组织 81.7 万个，基层群众性自治组织 65.0 万个。① 这些都是承载社会关系、提供社会平台的重要力量，本身也是多中心主义的具体实现力量，但政府在对社会组织错位进行监管往往采取一刀切的方式，阻隔了合法规范的"社会团体、基金会和社会服务机构"② 三大类社会组织主体参与公共治理的途径。随着公共服务市场化的展开，市场主体参与政府公共服务领域的机会增加，尤其各产品类和科技服务类企业最为明显。"只要能够公开地维持竞争性的压力，作为公益物品和服务的生产者的私人企业能够显著改善公共领域的效率。"③ 但是，仔细观察可以发现，市场主体几乎是完全根据政府的需求来确定产品和服务的规格，两者均较少贴近公众的需求偏好来对公共产品和服务进行精准遴选。数量更为巨大的富有责任感的社会公众尤其是新的社会阶层人士，有序参加地方治理的空间、渠道、方式、制度等均较为缺乏。"日益扩大的视野可能有助于参与者们找到共同利益，发现新利益"④，而目前更多的是政府主导和象征性的公众参与，网络参与的回应也不甚理想。显然，"政府、社会组织、企事业单位、社区以及个人等多种主体对社会生活、社会发展的不同领域、不同环节进行组织、协调、引导、规范、控制的过程"⑤ 恰恰就是地方法治发展的主体性和过程性动力机制之一。否则，地方法治将依然存续于单维的逻辑理路之下，

---

① 参见中华人民共和国民政部：《2018 年民政事业发展统计公报》，http://www.mca.gov.cn/article/sj/tjgb/201908/20190800018807.shtml，2020 年 1 月 15 日。
② 鲍绍坤：《社会组织及其法制化研究》，《中国法学》2017 年第 1 期，第 5—16 页。
③ [美] 迈克尔·麦金尼斯：《多中心体制与地方公共经济》，毛寿龙译，上海三联书店 2000 年版，第 128 页。
④ [美] 马克·E. 沃伦：《民主与信任》，吴辉译，华夏出版社 2004 年版，第 318 页。
⑤ 陈柏峰：《中国法治社会的结构及其运行机制》，《中国社会科学》2019 年第 1 期，第 75 页。

缺乏更为广泛的社会力量为其提供源源不断的资源和条件。

(二) 社会性要素发育滞缓

在地方法治动力机制的结构中，主体的自利性需求是主导性力量，而各种要素是协同性力量。改革开放后，市场化改革塑造出新型的经济秩序、复杂的社会环境和多样的文化形式，给地方法治生长带来了不同以往的新动力，却也因为发展不平衡、不充分带来了较为复杂的挑战。传统治理机制的历史惯性和社会结构的全新变迁，促使地方法治驱动要素的时代更新和变动，也表征着动力要素的社会需求呈现不同以往的时代气息。全领域、全要素的高效协同是地方法治理想化的动力机制，但不同法治要素力量的"资源与机会是不均等的，这不仅决定了他们在不断变动的情境中的相对权力，而且决定了他们影响未来发展的能力（的差异）"[1]。受客观机制和条件制约以及利益、命令和心理等影响，地方法治要素在国家机构体系、社会生活体系等方面的作用机理是不一样的。从法治实践上看，在"政府推进型"法治路向的影响下，政治性要素力量占据主导地位，市场性要素力量是重要推力，而社会性力量和文化力量的力度和广度尚未与其他要素力量形成互动机制。这种"斜曲线型"动力要素结构，无法形成动力集束效应，从而无法为地方法治提供最大源力。反观现有地方法治的状态，比如限购背景下摇号买房的房产企业与政府公职人员结成的内部"操作联合"等，都与要素利益的力量扩张和负向结合紧密相关。这些非制度化、法治化的力量不仅不能为地方法治提供有效的社会秩序，反而会影响地方法治的动力结构和法治目标的实现。在地方法治动力的资源要素支持机制中，政治性要素的主导性已经在前文政府主体性优位中予以描述，这也是动力要素不平衡中政治机制的扩张反应，其他要素间也存在不平衡的状态。

市场要素的强力扩展效应。地方法治秩序归根结底是市场经济力量的集中反映。改革开放后，市场的发育和逐步完善均从地方开始，并逐

---

[1] ［瑞典］汤姆·R.伯恩斯：《经济与社会变迁的结构化》，周长城等译，社会科学文献出版社2010年版，第217—218页。

步驱动了地方法治的进步。"经济发展内在地要求法律职业化,要求法律职业内部的分工,这是东部地区法治先行最为基本的动力"①,江苏、浙江等省域法治的先行先试则是市场要素对地方法治发展的动力实践证明。在市场经济体系中,市场主体、产权、资源要素、规则等对秩序、效率、公平等价值需求影响到政府和普通民众的法治理念和行为。通俗地说,地方法治的运行规则与市场经济的运行逻辑是基本一致的。市场机制的确立,冲破了传统中国社会的血缘宗族等关系,打破了传统的人身依附,促使各社会个体成长为独立的主体,完善了其法律人格,从而培养了地方法治实践的主体性力量,孕育和滋养了法治的现代价值理念,这是从人治迈向法治的突破性力量。在目前依然以 GDP 为导向的地方经济竞争中,地方政府对市场经济力量高度重视,以引进来、留得住为导向的政策机制,基本上在非法律调整领域依然以市场要素为主要的服务面向。因此,市场经济要素吸纳了政府力量的高度关注,影响并改变地方政府的行为取向,并促使地方政府对公共服务和社会资源的配置产生市场倾向性,从而削减了社会利益需求,压缩了社会自主空间。市场强力扩张的效应在房地产市场尤为明显,直接对以"土地财政"为主的地方政府形成了房价的压迫优势,从而与地方政府一起形成高房价的联合机制,影响地方百姓基础性生活权利。市场要素的强力扩张,不仅可能制囿地方政府的施政领域和方式,其不当手段还会造成腐败现象的产生,现有的腐败案例基本都有市场力量的渗入,严重损害了地方法治和国家法治的权威性。即使在经济领域,垄断性市场力量和违规的市场机制也会产生消极影响。诸如,"全民创业"导致资源浪费,则不利于可持续发展;产业结构不合理而产能过剩产生失业人口,从而影响社会稳定;违法市场行为导致地方食品安全事件和环境污染事件;等等。市场力量的负面扩张效应对地方治理提出严峻的挑战,为地方法治力量的纠偏发出警示信号。

　　社会要素发育的滞缓效应。在地方法治的动力系统中,社会要素具

---

① 孙笑侠、钟瑞庆:《"先发"地区的先行法治化——以浙江省法治发展实践为例》,《学习与探索》2010 年第 1 期,第 81 页。

有相当重要的位置。地方社会要素的合理化程度意味着在社会资本支撑下地方法治的成熟度。社会资本构成的社会多元要素能够推动协调和行动以提高社会效率，从而为地方法治提供规范、网络、信任和合作[1]，这是为国家和政府"双重失灵"问题下进行功能补偿的非制度化要素[2]。地方法治秩序是由国家法律法规和其他理性规则护佑的强制性规范秩序，除了国家法律之外，更多的"民间法"[3]和"软法"[4]等制度性关系应是地方法治社会资本的有效支撑。"非正式的制度化操作，其核心正在于确认和维系社会运行过程中的规范多元。"[5]受政府扩张和市场过度活跃的影响，根植于社会的民间规范如交易规则、习惯惯例、乡规民约、道德伦理等没有发育的土壤，呈现出式微的状态。社会规范生发力量的缺失，而法律的触角又无法延伸，直接导致社会自治领域内较多的事务无法通过自治规则进行有效调控，导致社会关系的"微粒子"的无序状态。基层社区与农村是社会最基础的自治性组织体，居民委员会和村民委员会的自治力量是地方法治秩序和效益的重要体现。随着社区和农村的"空心化"，"居民流动、业主维权、社区参与、街区自治到突发社会事件，以往的社区管理体制都难以及时回应"[6]，社区和村委会的力量难以应对信息化和市场化带来的社会复杂效应。与此同时，政府不断赋予社区和农村自治组织行政功能，导致自主性力量被严重削弱，如基层网格员虽然没有政府权力，但依然承载着诸多行政管理和公共服务的职能。除了行政授权性社会组织外，服务型社会组织参与公共事业服务力量不足，全国社会服务类社会组织只有49409个[7]，占比过小，无法承担起巨量的公共事务规范与治理职能。虽然司法是纠纷解决的主要渠道，但是大量

---

[1] 参见李惠斌、杨雪冬《社会资本与社会发展》，社会科学文献出版社2000年版，第31页。
[2] 参见马长山《法治进程中的"民间治理"——民间社会组织与法治秩序关系的研究》，法律出版社2006年版，第131页。
[3] 参见谢晖《民间法的视野》，法律出版社2016年版，第3页。
[4] 参见罗豪才《软法与公共治理》，北京大学出版社2006年版，第1页。
[5] 屈茂辉、曾明：《法治社会的基本构成与新时代我国法治社会建设的基本路径》，《湖湘论坛》2019年第6期，第117页。
[6] 马长山：《智慧社会的基层网格治理法治化》，《清华法学》2019年第3期，第19页。
[7] 参见中华人民共和国民政部《2018年民政事业发展统计公报》，http://www.mca.gov.cn/article/sj/tjgb/201908/20190800018807.shtml，2019年12月15日。

的民间纠纷需要社会治理力量在出现苗头的时候予以预警和解决。"枫桥经验"只是个别典型，替代性纠纷解决机制在近些年未出现较大进展，说明社会要素发育尚不成熟，没有机制性力量予以支撑。在网络社群发达的情况下，在网络意识形态的调控力量上，地方性社会要素几乎无太多作为，完全依靠政府力量在回应。当然，社会要素纷繁复杂，一一梳理不太现实，但是现有层面的要素力量在市场化、信息化等冲击下发育迟缓，无法形成有效的机制性力量，从而受到政治要素、经济要素等影响和制约，造成动力要素的结构性失衡。

二 权力纵横配置的内在关系失衡

法治的精义在于权力制约与权利保障。正如亚里士多德所言，"法治应包含两重含义：已经成立的法律获得普遍的服从，而大家所服从的法律又应该本身是制订得良好的法律"[①]。良法善治内涵的权力与权利的关系、权力与权力的关系、权利与权利的关系甚为复杂。这些关系是否能形成有效的制衡机制，能否提供足够的关系间动态平衡，直接关系法治目标能否实现、法治功能结构是否稳固衡平。在国家法治框架下，整体性的公权力制约与私权利保障是法治的价值追求，其内在的结构化、制度化的权力关系和权利关系受制于民族国家的政治体制、经济状态和文化传统等因素，法律框架内的权力与权利的重心向何处倾斜基本能够显示这个国家法治发展程度和社会文明水平。就当下而言，我国国家法治的发展水平正处于迈向现代化的进程中，表明权力与权利关系及其内在的关系尚未达到现代性治理的要求，还无法满足人民日益增长的正当权利需要。对整体性国家法治格局中的地方法治而言，显然其内在的各种权力和权利关系还处于不断完善的阶段。以"政府推进型"为主要路径的地方法治模式中的地方"法治悖论"[②]则是权力和权利关系的集中反

---

① ［古希腊］亚里士多德：《政治学》，吴寿彭译，商务印书馆1965年版，第199页。
② 国家法治中因缺乏社会和文化土壤，构建法治的希望寄托在国家身上，同时又要用法律来限制国家的权力，从而法治出现两难困境的悖论，地方法治也存在这样的问题。参见朱景文《法治中的悖论》，载夏勇等主编《法治与21世纪》，社会科学文献出版社2004年版。

映。但是，现有研究逻辑聚焦于地方政府的具体行为，"要么是不守法的'坏'政府，要么被默认为严格执法的僵化形象"① 和"权力的天然扩张"属性，从而对于政府权力在地方法治中的功能予以全盘否定。在市场化进程中，政府公共权力释放到了市场、公共和社会领域，已经带来权力资源配置模式的较大变化。目前大多数研究成果未能从微观层面求证政府权力体系内部配置、政府权力与其他权力关系以及权利内部关系来说明地方法治结构内在的权力关系，对于法律的剩余权力也未能引起重视。因此，当分析地方法治的转型要求时，需要深入地审视地方法治的内在权力关系，我们会发现"在法治的框架内还是出现了各种张力、机遇和期待，它们势必打破自治并使法律与政治和社会重新整合"②。不同的权力和权利在地方法治中的职责和意义是不同的，因此，内在性的权力关系分析尤为重要。

（一）纵向权力关系府际职责同构

公权力机关在地方法治建设中的主体性和功用是毋庸置疑的。尤其在不同类型地方法治建设中的作用几乎都是在政府主导下才得以发挥的，其内在权力关系状态直接影响地方法治发展和创新。在国家组织体系中，纵向维度的国家权力分布于各治理层级的国家机构之中，中央通过法律等各种机制赋权给地方并以组织和权力开展统一治理实践。在我国单一制国家的集权模式组织结构下，从中央到地方存在多种国家机构的层级，从而形成了较为一致的自上而下的"命令—服从"式政治性层级逻辑。在威权模式下，地方政府"被视作纯粹的政策接受者和执行者，乃至被动的客体或传送上级指令的中介，因而在权力和利益上处于从属地位"③，否则将面临各种政治上否定性的风险。因此，地方的

---

① 陈国权、陈晓伟：《法治悖论：地方政府三重治理逻辑下的困境》，《社会科学战线》2019年第9期，第198页。

② ［美］诺内特、塞尔兹尼克：《转变中的法律与社会：迈向回应型法》，张志铭译，中国政法大学出版社1994年版，第79页。

③ 赵全军：《中央与地方政府及地方政府间利益关系分析》，《行政论坛》2002年第2期，第17—18页。

权力组织体系无论机构的设定、权力的配置还是相关职能的匹配都与中央高度一致,即使在纵向的地方权力组织体系内,上下各级也基本形成了统一的组织机构、统一的职能、统一的责任、统一的评价等,从而形成了纵向权力组织的"职责同构"① 现象。但是,地方作为有着自身特殊"竞争"偏好目标的理性主体,往往会在法治实践中根据政治风险和地方利益的平衡中做出能动性的行动选择。在经济"锦标赛主义"的逻辑中,政府就如"政治企业家",会"力图把制度创新的空间推到中央治国者授权或默许的极限值上"②,在地方法治型变中虽然没有经济领域强烈冲动,但是也存在突破职责同构的实际行动。不同层级的地方权力会根据局势变更,在政治契机与地方利益的双重激励下,做出不同的行为选择,从而形成地方法治在纵向府际权力的差异性表达和层级间的权力失衡。

1. 权力偏好的层级差异

在纵向权力架构中,地方府际关系属于压力型体制③,上级地方政府通过威权和命令方式传导权力和责任。在省、市、县、乡镇的地方层级上,也就因为层级关系产生权力层级差异、权力配置差异、权力内容差异、权力取向差异等。受制于自上而下的授权机制和责任机制,一般而言,每个层级基于本层级的职责和上级下达的命令实施行为活动,因此,对权力的效用偏好存在较大的差异性。从权力和责任传递机制的角度而言,地方的上一级权力机构因具备人事和财力的主导权,容易将职责不明或新生问题的事项交由下一级承担,从而形成了压力逐级传递的过程,表面上是权力的逐级赋予,实际上是责任的下达。在权力的层级传递中,纵向权力层级低的地方几乎要纳受所有条线上的基层治理事务压力,而设区市以上地方政府的权力行使主要通过政策规划、规范性文件和跨地

---

① 参见朱光磊、张志红《"职责同构"批判》,《北京大学学报》(哲学社会科学版) 2005 年第 1 期,第 102 页。
② 杨瑞龙、杨其静:《阶梯式的渐进制度变迁模型——再论地方政府在我国制度变迁中的作用》,《经济研究》2000 年第 3 期,第 24—31 页。
③ 参见荣敬本等《从压力型体制到民主合作体制的转变》,中央编译出版社 1998 年版,第 17—27 页。

域重大项目决策协调予以实施,责任相对偏小。但是,基层地方尤其是县乡级政府的权力领域看似很多,但权力行使空间有限,权力对象纷繁复杂,权力运行直面矛盾,权力责任更大。这种权力层级差,一方面导致纵向权力层级间存在"分散的集权主义"[1]倾向,实际权力高度集中在上级,而权力责任集中在最基层;另一方面,则是上级权力行使几乎完全通过国家建立的权力下传体系,与社会间的交往机制缺失,同时,下级纳受上级的权力要求承担责任过重则将权力的触角伸向社会和基层自治领域,从而造成城乡社区自治的公权力加载,对社会有较大的侵蚀。[2]在权力效用的偏好层面,风险和效益比是政府权力行使考量因素中的重要变量。治理风险的最小化往往是权力行动的内在心理逻辑。一般而言,省级层面的立法、行政等活动的覆盖面在地方语境中最广,而县乡层面的权力行为影响面较小。为了实现权责统一和规避风险,在理论上省级的权力行使更为谨慎,而县乡级对社会转型变化和现实问题的嗅觉更为灵敏,更容易突破传统的权力体系框架开展试点创新。中间层的设区市的权力运行既要承担省级的权力要求,还要兼顾防止县市级权力的滥用,从而使权力运行机制更为稳重,因为要兼顾各县市的权力需求与市域内的平衡。"纵向间权力关系结构作为社会治理成长与发展的关键性制度因素,目前在很大程度上制约着社会治理机制的成长。"[3]在考核制和晋升竞争背景下,基层法治的行为选择可能更能显现"风险偏好"。因此,在地方法治发展进程中,省级到乡镇级的不同层级权力机制,导致在地方法治的各项领域中,都存在权力层级的差异和偏好,充分表明层级差异下的地方法治模式和路径会存在较大的差异性和流动性,无法实现真正规范意义的同构。

---

[1] Kenneth G. Lieberthal, David M. Lampton, *Bureaucracy, Politics and Decision Making in Post - Mao China*, University of California Press, 1992, p. 1.
[2] 参见汪锦军《从行政侵蚀到吸纳增效:农村社会管理创新中的政府角色》,《马克思主义与现实》2011年第5期,第162—168页。
[3] 汪锦军:《纵向政府权力结构与社会治理:中国"政府与社会"关系的一个分析路径》,《浙江社会科学》2014年第9期,第136页。

2. 权力效应的纵向差异

地方纵向府际权力与横向权力不同，具有鲜明的体制特征。但是，在权力的实际运用过程中，各层级的权力主体均希望通过权力实现应有的积极效应，从而在府际竞争和职位晋升中取得优位。在职责同构的地方权力组织体系中，每一层级的权力都期待在权力效力域内取得效益的最大化和风险的最小化。在理论层面上，影响地方法治的权力同构机制主要有三大类：强制性同构、模仿性同构和规范性同构，前两者强调权力行使的政治正当性和权力实施的大众趋同做法，后者则更趋向依赖制度的专业化。① 在纵向层级的权力机制中，越是基层越是习惯于权力的强制性同构、模仿性同构效应，而省级层面则因为治理的地域大、面广、领域宽，更为强调规范性同构效应。因此，在地方法治实践中，省市域的地方法治纲要、法治考评体系等规范性权力结果呈现较多；而在县乡领域，受行政偏好的影响，主要在于落实规划和应对考核机制。纵向权力效应除了权力整合同构效应差异外，还有价值层面的效应。在省市到乡镇的层级差异中，受体制内的权力融贯的影响，基于"命令—服从"的权威模式，随着市场化的加速，经济领域的分权较为常见，因此对于地方而言，存在上级政府的权威性和下级政府的自主性二元效应。高层级的权力行使的价值效应偏重法治的高层级的价值，比如公平正义；低层级的权力行使则侧重于秩序的稳定和效率。因此，县乡的权力机制受事务多的影响更能体会到权力机制中的弊端，从而有改革的冲动，于是权力的外泄效应产生于最底层，比如温州等地的法治发展。这种权力对基层产生的问题的态度取舍和政治策略，往往又由低层级的权力逐级向上请示或说服，从而转化为高层级权力推进改革的动力。"推进国家纵向治理结构的改进和地方的'在地化'治理，县域治理可以成为最好的突破口和改革平台。"② 在权力的社会效应维度上，层级性的差异也很明显。省级层面的权力机关与

---

① 参见［美］保罗·迪马齐、沃尔特·鲍威尔《铁的牢笼新探讨：组织领域的制度趋同性和集体理性》，张永宏主编，载《组织社会学的新制度主义学派》，上海人民出版社2007年版，第26—28页。
② 胡萧力、王锡锌：《基础性权力与国家"纵向治理结构"的优化》，《政治与法律》2016年第3期，第64页。

社会和基层接触较少，往往是上传下达的中介枢纽，在省级区划内的权力主要作用对象是下层级的权力及其规制事项，效应集中在公权力领域；而基层尤其是县乡级政府直面基层自治领域和社会公共领域，面临的社会性矛盾最多、问题最复杂，也无力推卸责任，因此权力的社会效应也最突出。而权力效应的层级差异也会导致权力的失序，表现为系统性腐败、选择性执法、行为联邦化、竞争无序化，根源均指向纵向府际权力机制运行逻辑的相对失衡。① 权力效应的纵向差异对于地方法治而言，主要是地方法治的权力关系在纵向多个维度存在差异，从而产生的差异性影响，而基层权力的调适也许是地方改革的重要突破口。

(二) 横向权力关系政府职权主导

1. 权力与整个人类社会存在着深层的密切联系

在福柯看来，"一切人类关系在一定程度上都是权力关系"②。"权力几近于无孔不入，权力是与社会实体具有相同范围的，在权力网络的空隙之间不存在任何原初的自由空间"③。迈克尔·曼直接确认"社会是由多重交叠和交错的社会空间的权力网络构成的"④。因此，"无论在某种确定的环境中还是跨越这种环境，可能都完全不存在任何脱离权力的解放"⑤。基于"知识体系"和阶层差异，权力总是在多元力量强弱对比或各种情势优劣关系中，产生不平等结构或非对称性力量。这种非对称结构力量将客观世界的平行差异转变为异质的等级秩序。由此可见，权力之于社会秩序的重要意义，不仅赋予秩序的前序环节，为不同的秩序提供构成基础，而且为秩序的实现提供有效保障。毫不夸张地说，权力散见于我

---

① 参见王频、陈科霖《我国纵向府际关系失序现象及其内在逻辑》，《学术论坛》2016 年第 6 期，第 26—30 页。

② Michel Foucault, *Politics, Philosophy, Culture: Interviews and Other Writings of Michel Foucault, 1977–1984*, Routledge, 1988, p.168.

③ [日] 樱井哲夫：《福柯——知识与权力》，姜忠莲译，河北教育出版社 2001 年版，第 142 页。

④ [英] 迈克尔·曼：《社会权力的来源（第 1 卷）——从开端到 1760 年的权力史》，刘北成、李少军译，上海人民出版社 2015 年版，第 1 页。

⑤ [美] 史蒂文·卢克斯：《权力：一种激进的观点》，彭斌译，江苏人民出版社 2008 年版，第 86 页。

们政治和社会生活的全部领域。在传统法理领域，权力历来被认为是与法治、法律相生相伴的。离开了权力谈法律的强制性属性是不可想象的。一方面，无论"主权者的命令"还是"适用社会强力的社会控制"，均是把权力当作法律产生的源泉之一；而另外一方面，法律又成为国家权力的工具。随着人类文明的发展，用权和限权成为法治实现的重要议题。在地方法治发展进程中，一般将权力理解为通过制度化机制和程序推动地方立法、执法、司法和守法的发展和转型，成为地方法治创新的重要动力；同时又通过法治方式和手段限定地方国家权力的有限使用以维护公众权利。其实，地方法治领域内的权力体系较为繁杂，远不止于这两方面将权力视为国家权力的概括性描述，忽略了普遍弥散于社会之中的、与国家政治性权力并行的各种权力事实。① 之于地方法治权力结构体系的考察，也不能忽略地方各项国家权力之间的内在关系和逻辑，尤其是国家权力结构中的结构性分权平衡问题，这将是一个观照地方法治发展问题的新视角。

2. 多元权力关系的公权主导主义

地方是最真实的社会，也是最复杂的权力场域。在传统计划经济时代，国家权力渗透几乎所有的社会毛细血管，地方与国家均采取"总体性结构"社会模式和"全能主义"管理机制，以高度集中的政治权力统管一切社会事务，地方经济和社会权力几乎没有生存的空间，形成了几乎一切社会主体都依附于国家和地方机关的局面。随着市场秩序的确立，地方资源配置的方式由地方国家机关转向了市场，从而高度集中的政府权力逐渐地将部分让渡给了市场和民众。这个过程一方面是地方主动性的权力释放，另一方面是在经济发展过程中"使真正使用资源进行经济活动的主体具有相应的经济权力，并形成与权利相匹配的权力结构，以释放经济主体的经济活力，提高资源配置的效率"②。市场涉及的产权与体制变化实际上是权力关系的调整。但是，地方经济权力偏重的核心是

---

① 参见胡水君《法律与社会权力》，中国政法大学出版社 2011 年版，第 83—85 页。
② 张卫东等：《经济权力、经济权利与资源配置》，《学习与实践》2018 年第 9 期，第 10 页。

国营企业和外资企业，而诸如民营企业和小微企业的经济权力很是薄弱。同时，地方经济权力大多数依然是中央权力经济体制改革的直接授权，而靠法律剩余权力范围内的自身与地方政治性权力博弈几乎很少有权力获得空间。在地方现有的制度框架内，经济权力主体要继续蚕食地方政府权力是十分困难的。而与此同时，地方政府权力这只看得见的"手"依然时常深入市场体系，滥用权力、选择性执法、执法不透明、不文明现象和腐败现象依然存在。比较而言，经济权力凭借地方政府参与 GDP 竞争等潮涌不断地取得权力广度和深度的扩展，对地方政府的权力限制进行了一定程度的调整，促进了地方法治的发展。在社会领域，虽然整体结构已经从计划集权体制的"总体性社会"转化为市场松散的"多元社会"，但受社会领域"碎片化"和传统政治权力侵蚀的影响，社会治理依然呈现为通过威权式和运动式途径，依靠体制力量来管控，这种"总体—支配"样式的治理实践，实际上依然是行政权力的社会化而已。地方很多社会治理的创新不仅是政府权力主导的，而且通过各种公权力机制进行社会资源的配置和调整，导致政府权力的触角伸向社会细胞中，从而"派生出更大规模的行政结构及其经营场域"①，在一定程度上也"为行政权力'寻租'和'越轨'行为提供重要的契机"②。政府权力对社会空间的延伸和挤压，则无法让社会结构的各个层面的力量有效组合成社会权力，形成对政府权力的平衡机制，破坏了法治应有的权力制约之意。当然，之于其他的更为隐形和稳定的力量，诸如文化力量等，与公权力之间无法形成匹配的力量关系。地方法治领域公权力的主导和威权化，导致法治权力关系横向的失衡，无法形成有效的监督和制衡，从而有损地方法治发展的基础性条件。

3. 政府权力横向功能结构的涣散

因为职责同构，地方权力资源的配置机制几乎与中央的架构完全一致。在当下治理体制中，地方具有国家权力性质的组织模式尚未完全摆

---

① 渠敬东等：《从总体支配到技术治理：基于中国30年改革经验的社会学分析》，《中国社会科学》2009年第6期，第104—127页。

② 黄毅、文军：《从"总体—支配型"到"技术—治理型"：地方政府社会治理创新的逻辑》，《新疆师范大学学报》（哲学社会科学版）2014年第2期，第37页。

脱传统官僚制的特征，理性化的权力组织样态和行为机制尚未完全成熟，"权力缺乏有效监督和制衡的现有体制的结构性缺陷，更使政府公益性与自利性的矛盾负效应无限放大，从而加剧了公权力滥用和腐败"[①]。在地方法治的理想语境中，地方权力尤其是国家性质的权力，应当是规范有序、持续合理地配置并运行的。离开了权力的规范化配置，就谈不上权力的规范化运行。因此，规范高效的权力结构是权力法治化运行的关键。地方的治理结构体系的法治化实际上是在横向层面党委、人大、政府、政协以及其他被授权的组织之间的权力关系平衡问题。根据结构功能主义的权力配置观，地方国家权力的横向配置将宪法和治理效能作为依据和目标，"强调将权力配置给在组织、结构、程序、人员上最具优势、最有可能做出正确决定的机关，同时要求承担某项国家权力的机关，在组织、结构、程序、人员上相应调整以适应职能"[②]。然而，在实践中基于宪法和中央顶层设计的权力结构框架，越是往下越容易在实践中导致各类国家机关的权力之间形成力量差，往往权力高度集中在党委或政府等机构内，造成基层权力非理性配置，浪费权力的结构空间，也容易形成权力专断和个人腐败。受行政区划的影响，省域内市与市之间、市域内县与县之间等在权力关系上往往是平等的，但是受地理环境、治理体制、传统文化等影响，相互之间的权力平衡是不一样的。例如，在"省管县""强县扩权""强镇扩权"等试点改革模式下，一方面，减少纵向权力治理的层级关系，提高治理的效率，利于基层运用权力机制推进改革创新；另一方面，在客观上造成地域和行政区划之间的权力等级内容和行使方式打破了传统的平衡关系，容易造成"衣不适体"的状况[③]，在扁平化的环境下造成单向度的失衡。而地方政府内部行政权力的配置与行使往往呈现"部门化"的特征，行政权力分散于各个部委办局和垂直管理部门，

[①] 陈剩勇：《官僚制、政府自利性与权力制衡——对行政权与立法权配置失衡问题的思考》，《学术界》2014 年第 4 期，第 24 页。

[②] 张翔：《我国国家权力配置原则的功能主义解释》，《中外法学》2018 年第 2 期，第 302 页。

[③] 吴兴智：《从扩权强县到强镇扩权：地方治理中的权力配置——以浙江省长兴县为个案的考察与思考》，《行政管理改革》2010 年第 6 期，第 48 页。

因为职责同构而产生了自上而下的线性权力结构，地方政府的权力散见于各部门，从而造成弱化。另外，部门之间的横向权力，受自利性影响会对收益性权力的相关资源事务个个想管，对于存在风险的领域则都不想管，造成了行政权力重叠事项和权力真空领域。对于强力行政部门权力膨胀，则会"造成部门主导的行政政策、部门利益凌驾于公共利益之上，致使公共利益大量地消融在'部门黑洞'之中，形成'弱政府、强部门'的倒置效应"[1]，从而影响地方行政权力的整体功能，形成权力消散。当然，地方权力的横向差异还体现在城乡差异等方面，均需要在地方法治语境中予以考察和改变。

---

[1] 石佑启：《论法治视野下行政权力的合理配置》，《学术研究》2010年第7期，第34页。

第二章　治理现代化语境下地方法治的合作型转向

对于我国这样一个巨型国家，地方的经济、民族、习俗、文化、环境等方面差异十分明显。地方法治也成为一个内容广泛且形式丰富的命题，其内涵的多样性足以让研究者和实践者从不同的角度和层次进行解读。在地方法治实践领域，各地根据本地需要印发法治纲要，确定法治目标，构筑发展路径，明确建设机制，完善评价指数，培育法治文化。尤其是党的十八届四中全会后，法治不再是个别地区"先行先试"的零散做法，已成为较为普遍的共识和治理准则，"更符合群众需求的地方法治升级版指日可待"[①]。然而，在地方法治建设热潮的背后，地方法治发展指数并未取得明显的进步[②]，省市域间的差异性较大，难点和痛点问题依然突出。基于央地关系的国家推进型的地方法治观"无法解释为何在法治发展实践中各个地方呈现出不一样的法治状况和结果，存在比较明显的差异性和不平衡性现象"[③]，无法真实而准确地描绘地方法治的现实状况和未来发展路径。虽然学界对地方法治的研究业已展开多年，规范性论证基本完成，但从法理意义上追问未曾停止——现有的地方法治论说是否触及地方法治的核心问题并提供了可供实践参考的基本原理？如火如荼的地方法治持续生发和创新的理论空间在哪里？有效的地方法治

[①] 李林、田禾主编：《中国地方法治发展报告（2014）》，社会科学文献出版社2015年版，第34页。

[②] 参见李林、田禾等主编《中国地方法治发展报告（2018）》，社会科学文献出版社2019年版，第27—30页。

[③] 朱景文主编：《中国法律发展报告——数据库和指标体系》，中国人民大学出版社2017年版，第58页。

模式应该是怎样的路径，其内在机制究竟如何运行？基于地域差异的地方法治能否以一个标准化的方式去分析和解读？站立在"有效地方法治"的语境中，本书通过梳理地方法治研究多元分析模式和实践类型，找出地方法治繁荣背后治理效果与可持续性不足问题的原因，期许能为地方法治的转型提供一个初步的理论分析框架。

第一节　基于"控制—依附"结构的地方法治类型

我国改革开放不仅引发了经济领域的巨大变革，也推进了政治和社会领域的深刻变化。国家治理方式转变引领法治成为法学研究的重要领域。基于现代化路向的"先发型""后发型"法治研究和基于"国家—社会"框架的"政府推进型""社会演进型"法治讨论，成为国家法治的主要研究理路。虽然学者们对法治的悖论有较为深入的探讨，但这些理论分析的模式和框架一直在法治建设的实践研究中被广泛使用。随着经济发达地区在市场化进程中对法治的实践探索，这些话语体系也为众多地方法治研究成果所沿用。作为一个地域差异特征特别明显的超大型国家，地方法治实践在国家法治框架内显然具有多元特征，造成国家整体主义分析方法不能完全适用于地方法治领域。社会转型期各地法治建设的特殊样态和经验吸引了学者们的研究目光，关注的焦点也逐步从法治的国家—地方关系维度转向地方法治的实践研究，以各种分析框架和方法总结地方法治发展的一般模式和动力路径，力图在学理上把握地方法治发展的一般规律。总体而言，这些分析模式以及对于地方法治的类型化论述，提出了一些富有启示意义的学理阐释，值得认真梳理并从中得出有益的借鉴。

一　国家试错分析模式的试验型地方法治

我国改革起点从安徽省凤阳县小岗村农民按下十八个红手印开始，源于基层社会突破阻碍生产力发展藩篱的自发性行动，是基于社会而产生的发展动力。确切地说,我国改革开放是在市场化进程中逐步通过中央宽容性试错逻辑中发展的,其改革机制和演进轨迹不但与我国市场和政治体制重大政策建构有关,而且与民间自生自发的改革意识和推动力量密切相关。在改革初期,陈云等同志就提出要"摸着石头过河"① 的试点改革。1978 年 12 月,邓小平同志在《解放思想,实事求是,团结一致向前看》中就提出:"在全国的统一方案拿出来以前,可以先从局部做起,从一个地区、一个行业做起,逐步推开。中央各部门要允许和鼓励它们进行这种试验。"对于"改革开放胆子要大一些,敢于试验,不能像小脚女人一样。看准了的,就大胆地试"②。国务院《关于实行工业生产经济责任制若干问题的意见》强调:"实行经济责任制,目前还处在探索阶段,各地区、各部门要加强领导,要摸着石头过河,水深水浅还不很清楚,要走一步看一步。"③ 从经济领域的政策性地方试错逻辑,逐步延伸到政治与社会领域,鼓励试点或先行先试。例如,在长三角区域,要"继续在体制创新上先行先试……率先在重要领域和关键环节取得突破,为又好又快发展提供制度保障"④;在金融领域,要"在金融企业、金融业务、金融市场和金融开放等方面的重大改革,原则上可安排在天津滨海新区先行先试"⑤。党的十八届三中全会依然强调"发挥群众首创精

---

① 1980 年 12 月 16 日,陈云在中央工作会议上说:"我们要改革,但是步子要稳。因为我们的改革,问题复杂,不能要求过急。改革固然要靠一定的理论研究、经济统计和经济预测,更重要的还是要从试点着手,随时总结经验,也就是要'摸着石头过河'。开始时步子要小,缓缓而行。"参见中共中央文献编辑委员会编《陈云文选》第 3 卷,人民出版社 1995 年版,第 279 页。

② 参见中共中央文献编辑委员会编《邓小平文选》第 2 卷,人民出版社 1994 年版,第 150 页;中共中央文献编辑委员会编《邓小平文选》第 3 卷,人民出版社 1994 年版,第 37 页。

③ 参见《国家经济委员会、国务院体制改革办公室关于实行工业生产经济责任制若干问题的意见》,http://www.chinalawedu.com/falvfagui/fg22598/36042.shtml,2019 年 12 月 29 日。

④ 参见《国务院关于进一步推进长江三角洲地区改革开放和经济社会发展的指导意见(国发〔2008〕30 号)》,http://www.gov.cn/zwgk/2008 - 09/16/content_1096217.htm,2019 年 12 月 29 日。

⑤ 参见《国务院关于推进天津滨海新区开发开放有关问题的意见(国发〔2006〕20 号)》,http://www.gov.cn/zhengce/content/2008 - 03/28/content_3848.htm,22019 年 12 月 29 日。

神""胆子要大、步子要稳，加强顶层设计和摸着石头过河相结合"① 是改革长期坚持的经验。党的十八届四中全会则在法治层面要求"实践证明行之有效的，要及时上升为法律。实践条件还不成熟、需要先行先试的，要按照法定程序作出授权"②。无论是中央领导讲话还是政策性文件均表明，中央对地方改革具有较强的包容性，并允许地方在各个领域开展试点改革，通过试错性的逻辑寻找适合推广到全国的普遍性经验以规避一刀切可能带来的重大风险。

在法治领域，与经济领域的试错性改革相同，因为市场化推进而产生了法治的改革试验。1978 年 12 月，也是在《解放思想，实事求是，团结一致向前看》报告中，邓小平同志指出，"有的法规地方可以先试搞，然后经过总结提高，制定全国通行的法律。修改补充法律，成熟一条就修改补充一条，不要等待'成套设备'。总之，有比没有好，快搞比慢搞好"③。在中央对地方经济和其他领域自主权扩张的默许下，广东省在 1980 年制定《广东省经济特区条例》④，首次以地方立法的形式推进特区改革；1981 年通过《深圳经济特区土地管理暂行规定》，果敢地将土地使用权和所有权分离，为国家法律调整提供经验；1993 年制定《广东省公司条例》，在全国率先以地方性法规的形式倡导产权保护和现代企业制度；1999 年又借鉴国外经验，在国内举行首次立法听证会；等等。⑤ 江苏省于 1994 年率先将"法制健全"列入现代化建设奋斗目标；1997 年做出《关于推进依法治省工作的决定》；2004 年出台《法治江苏建设纲要》，属于全国第一个省级区域法治建设规范性文件⑥；2004 年行政机关负责人

---

① 参见《中共中央关于全面深化改革若干重大问题的决定》，http://www.gov.cn/jrzg/2013-11/15/content_2528179.htm，2019 年 12 月 29 日。
② 参见《中共中央关于全面推进依法治国若干重大问题的决定》，http://www.gov.cn/xinwen/2014-10/28/content_2771714.htm，22019 年 12 月 29 日。
③ 中共中央文献编辑委员会编：《邓小平文选》第 2 卷，人民出版社 1994 年版，第 147 页。
④ 参见《广东省经济特区条例》，http://www.npc.gov.cn/wxzl/gongbao/2000-12/10/content_5009544.htm，2019 年 12 月 29 日。
⑤ 参见刘恒等《走向法治——广东法制建设 30 年》，广东人民出版社 2008 年版，第 2—3 页。
⑥ 参见桂万先《江苏法治建设的实践与经验启示》，《群众》（思想理论版）2020 年第 1 期，第 67—68 页。

出庭应诉制度的"海安样本"以及江苏检察公益诉讼试点；等等。其他省市，在简化行政审批改革等各个方面都有试点性质改革。随着国家赋予设区市立法权和中央的简政放权改革，地方自主的空间进一步扩大，推进地方法治试点的机会和空间也将愈来愈多。而地方的试点改革经验，很多成了后续全国性改革的经验和样板，转化为法律或政策经验，进一步推进深化地方法治改革，这种现象被学者们称为"先行法治化"现象。"部分地区先向法治转型，可以为全国积累经验，减少转型成本，也对树立中国式法治的典型样本具有实践理性的意义。"[①]

"先行法治化"或地方法治的"先行先试"，是由地方直接组织或间接引导的在政治体制框架内进行的法治改革试验，也是地方对经济市场化和社会发展需求的法治回应。这种"试验型"地方法治，虽然是由地方党委政府主动推进的法治领域的改革创新，带有鲜明的局部性改革试验特征，但也有背后中央政府对改革试错的默许以及对地方法治改革冲动的必要宽容。由于我国地缘辽阔，资源禀赋、经济条件、社会文化等差异极大，正因存在这种不均衡性，所以不宜由中央直接整齐划一地推进未经验证的法治建设规划，"在一个社会有效的制度安排在另一个社会未必有效"[②]，否则存在巨大的政治性风险和治理难题。因而，国家通过"试错策略"先在地方进行试验实践，允许地方根据经济和社会发展状况推进"先行先试"，在试验中解决是否可行、如何进行等问题，积累地方的改革试验经验，进而赋予其合法性后上升为国家制度。试验型地方法治改革，基本发生在"经济先发地区"，是因为其具备了"经济发达""主体特征明显""法治文化传统""公民精神气质"等条件。[③]

"试验型"地方法治以"自发—试点—总结—推广"为基本路径，以"默许—试错—改革"为基本的实践逻辑，具备以下几个基本特征。

---

① 孙笑侠、钟瑞庆：《"先发"地区的先行法治化——以浙江省法治发展实践为例》，《学习与探索》2010 年第 1 期，第 84 页。

② 林毅夫：《关于制度变迁的经济学理论：诱致性变迁与强制性变迁》，载［美］R. 科斯等《财产权利与制度变迁——产权学派与新制度学派译文集》，刘守英等译，上海人民出版社1994 年版，第 374 页。

③ 孙笑侠：《局部法治的地域资源——转型期"先行法治化"现象解读》，《法学》2009年第 12 期，第 18—23 页。

第一，地方法治试验往往是从基层主体或地方政府的"试错"尝试甚至"违法"创新开始的。在改革初期，地方法治改革的试验重心在于满足市场不断发展要求的制度性需求，需要突破影响市场发育的传统管理体制和机制。因而，地方在立法和机制层面的改革最为集中，部分甚至带有政府对内"自我革命"的色彩。典型的有"温州模式"的法治化试验改革，其既有"八大王""挂户""红帽子"等"违法改革"现象的紧张冲动，也有我国第一部民营企业地方性法规、第一张"个体工商户营业执照"、第一次地方利率改革、最早的股份合作制企业、第一个股份合作制企业章程等地方法治的制度创新。[①] 这些法治活动的优点在于事实、规范和价值之间维持着一种有序的张力，缺点在于"良性违法"可能依然存在，但对原有体制机制而言具有法治的创新性。

第二，"试验型"地方法治的成长过程较长，后续容易乏力。基于市场驱动或地方政府建构的地方法治，如果以20世纪与21世纪之交作为起点则已经过去二十年，要是回溯到改革开放之初，时间则更为久远。目前的市场体制已经基本成熟，而起步较早的广东省等地区的地方法治尚未发生真正的变革，依然处于逐步过渡完善阶段，社会法治依然未曾成熟。除了国家法治整体性推进尚未取得重大突破和市场创新进入攻坚期外，缺乏地方性知识支撑和社会动力的充分参与恐怕是地方法治试验重要的制约因素。可以说，改革包含一个核心领导者与其他社会成员之间相互作用的过程。[②] 通过市场力量和政府力量的地方法治试验，在地方法治初创期从"无"迈向"有"的过程发挥着重要的试错改革作用，但是一旦迈入深水区，缺乏宏观体制机制改革和社会资本的支撑，很难取得关键节点的重要突破。

第三，中央对地方自主开展的"试验型"法治的选择或默认。作为超大型国家的治理，显然不能通过"一刀切"的方式实现治理的现代化。经济领域的农村试点改革的破局、"苏南乡镇企业模式""珠三角外资模

---

① 参见方益权等《温州模式与温州区域法治文明研究》，法律出版社2013年版，第15—18页。
② 参见胡汝银《中国改革的政治经济学》，载盛洪主编《中国的过渡经济学》，生活·读书·新知三联书店、上海人民出版社1994年版，第74页。

式"以及"温州模式"等的成功，均是中央没有事先设计制度改革的方案，而是在保证国家统一性和政治稳定性的前提下赋予地方检验、测试的。这也为法治中国建设提供了可供参考的制度性治理变革的经验。因此，在地方法治进程中，典型的"枫桥经验""民主恳谈会"等均是地方或基层利用自身的资源条件所做的自主性探索。中央往往预留了较多的"政策留白"性的地方法治创新空间和改革领域，地方则可以享受相对宽松的制度环境开展"打擦边球"的试验。

第四，"试验型"地方法治往往享受了市场改革的红利，在地方经济法治等领域"先行先试"并取得较多成果，对法治政府和法治社会建设虽然有较大的促进作用，但受政府推进改革的主要目的是增长 GDP 的影响，依然未能呈现较多的创新性成果。因此，国家试错策略分析模式下的试验型地方法治是地方法治初创期和改革攻坚期的主要创新渠道，原初动力来自地方政府和普通社会主体的权利需求，试验发动具有内在渐进性的特征而后期主要由政府推进，缺乏多元力量的共同维持而缺乏后续改革的动力机制。

二 政府竞争分析模式的竞争型地方法治

竞争本属于经济领域，逐步演化为制度逻辑和治理逻辑。回顾改革开放四十多年的历程，其中充分激发地方的自主性和积极性、促进地域间的经济竞争是一条宝贵的成功经验。1978 年，邓小平在《解放思想，实事求是，团结一致向前看》中强调，"现在我国的经济管理体制权力过于集中，应该有计划地大胆下放，否则不利于充分发挥国家、地方、企业和劳动者个人四个方面的积极性，也不利于实行现代化的经济管理和提高劳动生产率。应该让地方和企业、生产队有更多的经营管理的自主权。……在经济计划和财政、外贸等方面给予更多的自主权"[①]，从而开启了中央赋权地方推进市场化改革的序幕。随着市场经济的发展，竞争

---

① 中共中央文献编辑委员会编：《解放思想，实事求是，团结一致向前看》，载《邓小平文选》第 2 卷，人民出版社 1994 年版，第 145 页。

不仅成为市场的主题,也成为政府治理状态的重要参考。在市场经济转型期、市场经济体制完善期、市场决定性作用期三个阶段的"放管服",纵向政府权力机构配置进行了7次重要调整,破除了利益固化的藩篱,从中央开始下放涉及地方竞争的经济管理权限、财政收支权限、人事管理权限等。① 特别是20世纪80年代末90年代初,资源权改革和财税体制改革后地方主体性竞争更为激烈,地方逐步享有"相对独立的经济利益和财政自主权,使之拥有了辖区剩余财政收入的控制权和竞争所需的各类经济资源,地方政府的竞争主体地位得以形成"②。可以说,中央的分权改革极大地驱动了地方政府间的经济竞争和治理竞争。地方政府由分权前纵向获取中央资源的竞争转变为对国内外各类资本、技术、人才等资源的横向府际竞争。地方为GDP增长而竞争的模式正是我国经济快速发展的重要动力和经济政治体制改革的重要缩影。在以资源竞争驱动经济发展的阶段,地方为取得竞争优势,往往利用各种地方政策强化对市场要素资源的争夺,招商引资的重心在于"提供更完善的基础设施和公共服务,在用能、用地、融资等方面给予政策性优惠"③条件。随着财税和政策空间的压缩,地方的竞争逐步转向制度和营商环境的竞争,逐步通过放管服改革和地方法治环境塑造赢取府际竞争胜利。随着经济转型,"能提供优越投资环境、能建立有效的产权保护制度、能建立严格约束政府权力的公法制度并能提供优质公共服务的行政区域,就会在政区间的竞争中取胜,从而吸引更多的资本、企业家和人才到本行政区域投资创业"④,地方也逐步从"发展快速度"转为"发展高质量",创新要素和制度环境成为竞争关键。

地方经济竞争主要受资源稀缺性、政务服务有效性以及中央考核机制等因素影响。在高质量发展背景下,法治是"最好的营商环境",也成

---

① 参见李军鹏《改革开放40年:我国放管服改革的进程、经验与趋势》,《学习与实践》2018年第2期,第29—36页。

② 杨宝剑、杨宝利:《委托代理视角下政府间纵向竞争机制与行为研究》,《中央财经大学学报》2013年第2期,第1页。

③ 杨振:《"重而不唯GDP"是地方高质量发展竞争的"指挥棒"》,《中国经济时报》2019年9月4日第5版。

④ 何显明:《市场化进程中的地方政府行为逻辑》,人民出版社2008年版,第35页。

为地方府际竞争的重要变量。随着我国社会主义市场经济的建立和完善，党的十五大《高举邓小平理论伟大旗帜，把建设中国特色社会主义事业全面推向二十一世纪》的报告中首次指出，"依法治国，是党领导人民治理国家的基本方略"[1]。1999 年《中华人民共和国宪法》修正案明确"中华人民共和国实行依法治国，建设社会主义法治国家"。此后，自 2004 年《法治江苏建设纲要》发布起，2006 年《建设法治浙江的决定》《创建法治云南的意见》、2009 年《法治湖北建设纲要》、2010 年《法治山西建设实施纲要》、2011 年《法治湖南建设纲要》《法治安徽建设纲要》《法治广东建设规划》等以意见、纲要、规划等规范性文件形式鱼贯而出[2]，各个层级的地方政府或相关领域均将"依法治×"转化为"法治××"形式，远早于中央关于"法治中国"建设的提法，不仅体现出地方法治理念的时代变化，也充分展示了地方竞争主义范式下的地方法治竞争趋势。云南省把解决实际问题、体现特色作为立法的总体思路，出台了全国第一部关于花卉和三七产业发展的地方性法规《云南省花卉产业发展条例》《云南省文山壮族苗族自治州文山三七发展条例》，制定了全国第一部藏传佛教寺院管理法规《云南省迪庆藏族自治州藏传佛教寺院管理条例》等[3]，强化具有云南特色和民族特点的地方立法竞争。上海将依法治市的根基落在基层，并以此作为城市法治状况、治理能力和核心竞争力的标志，制定"1+6"系列规范性文件；以自贸区立法引领改革、激发创新活力，并在 2004 年率先制定《上海市政府信息公开规定》的基础上开展专项政务公开的评估；等等，为上海当好全国改革开放排头兵和科学发展先行者提供有力的民主法治保障。[4] 全国各地众多地

---

[1] 参见中共中央文献编辑委员会编《江泽民文选》第 2 卷，人民出版社 2006 年版，第 29 页。

[2] 全国各省市以党委和政府联合下发规范性文件的形式推进省市域法治建设，不仅有经济发达地区也有欠发达地域，从其内容上看，虽然有较多的重述性条款，但也有不同地域的特色和创新，表明省市地域之间强烈的对比性竞争和发展差异较量，以及希望法治能为地方经济和社会发展提供有力的保障。

[3] 参见杨临宏主编《云南法治建设报告（2009—2010）》，云南大学出版社 2010 年版，第 4 页。

[4] 参见叶青等主编《上海法治发展报告（2015）》，社会科学文献出版社 2015 年版，第 3—9 页。

方法治实践改革的典型案例表明了在中央的纵向授权机制下，地方以一个相对独立的法治主体自主地开展地方法治的各项具体行为，通过建构地方的法治体系，理性选择法治发展路径和法治实践方式，呈现多元法治要素竞争的格局。

竞争型地方法治实际上运用了新制度经济学的政区竞争理论。"用脚投票"要求地方必须竭力提供最佳的公共服务和制度机制环境，否则会影响经济社会发展的资源，并且投资者会以"足"迁移，不去或离开那些区域。日趋激烈的地方政府横向经济竞争是地方选择法治作为竞争工具的重要因素，这也是地方法治竞争的内在动因。因此，一方面，竞争型地方法治努力为市场竞争性经济提供自主权限领域内的地方性法规和规范性文件，努力打造服务型政府，提供便捷高效的政务服务；另一方面，围绕经济竞争的指标体系和中央的法治要求，在立法、行政、司法和公共服务等领域展开制度和机制较量，为取得资源和投资者的脚步迁移而提供良好的环境。由于我国单一制国家体制和中央集权治理模式，地方开展自主创新的空间在于国家授权的领域，而且更多地集中在经济、政务和公共领域，因此，地方法治的竞争主要集中在这些方面。实际上，可以说，竞争型地方法治是体制内地方政府间经济锦标赛和体制外市场要素资源流动配置双重挤压的结果。随着营造良好的营商环境放权改革的逐步推进，地方政府的"绩效合法性"[①]将更为加强，从而基于自利性将会强化多种竞争要素的使用，逐步从政策和税收优惠等技术性竞争转化为法治制度和机制的竞争，提供优质的"非市场提供的产品与服务"和"政府供给产品与服务"[②]。但是，竞争型法治潜在的地方经济竞争的"工具主义"色彩依然存在，重复化的地方法治文本竞争会被竞争参与者模仿，从而失去竞争动力学意义上的地方法治创新性竞争的内在意涵和期待。

竞争型地方法治的类型化是依照"赋权—竞争—发展"的地方政府

---

① ［美］塞缪尔·亨廷顿：《第三波——20世纪后期民主化浪潮》，生活·读书·新知三联书店1998年版，第58页。
② 参见周尚君《地方法治试验的动力机制与制度前景》，《中国法学》2014年第2期，第56页。

行为逻辑衍生而来，由地方相对独立的利益结构和地方政府的主体性角色决定的。随着市场完善和社会发展，地方政府的角色发生重要变迁，从而对制度环境的需求越来越旺盛，通过"用来建立生产、交换与分配基础的基本的政治、社会和法律基础规则"[①] 竞争努力赢得优势。与试验型地方法治相比，竞争型地方法治除了学理基础和分析模式的差异外，特征也比较鲜明。

首先，竞争型地方法治动力来源于地方政府的自利性，以法治的经济效用最大化作为行动选择的基本逻辑。"政府机构有其自身的利益。这些利益不仅存在，而且还相当具体。"[②] 随着市场竞争，地方作为利益主体自主确定主要经济指标，地方府际竞争逐步从围绕资源要素的争夺等转变为提供法治的制度环境竞争，法治成为地方经济战略保障的重要路径。2009年，云南省《道路运输条例》《废旧金属收购治安管理》等立法、行政审批事项精简27%，把法院工作放在经济和社会发展中谋划推进等举措，主要是为"保增长""保稳定"服务提供法治保障。[③] 再以2013年为例，成都市出台《环境生态区保护条例》，在全国首次于城市近郊设立生态隔离区，保障投资环境；广东省首个电子商务发展意见出台；深圳市针对日益紧缺的土地资源，出台优化空间资源配置促进产业转型升级的意见；河南省高级人民法院出台专门意见，做好拖欠农民工工资案件办理工作；等等。[④] 地方政府自利性偏好，则以法治作为提升地方经济发展水平的一种方式和投资环境的制度要素，从而强化府际的横向竞争能力。

其次，竞争型地方法治主要以地方政府为推动力量，以市场要素的

[①] [美] L.E.戴维斯、D.C.诺斯：《制度变迁的理论：概念与原因》，载 [美] R.科斯等：《财产权利与制度变迁——产权学派与新制度学派译文集》，刘守英等译，上海人民出版社1994年版，第270页。

[②] [美] 塞缪尔·亨廷顿：《变化社会中的政治秩序》，王冠华等译，生活·读书·新知三联书店1996年版，第23页。

[③] 参见杨临宏主编《云南法治建设报告（2009—2010）》，云南大学出版社2010年版，第3—22页。

[④] 参见葛洪义主编《中国地方法制发展报告（2013）》，法律出版社2014年版，第288—294页。

流动作为政府行动的主要催生力量。地方自利性倾向并非主要因为民众的权利需求，而是地方追求显性成绩和利益最大化，从而获得竞争优势。"从竞争的角度讲，地方政府对经济资源的争夺就相当于行使企业家职能。"① 一方面，地方政府利用自己的信息优势，通过地方法治的治理业绩，在纵向层面获得上级政府的有限资源，从而实现体制内横向竞争；另一方面，以特色化法治建设的环境，通过制度化的竞争吸引流动性要素资源在本地域内的聚集。原来，地方往往通过"非正式""非正当"手段争夺资源和利益。随着法治的发展，政府之间逐步通过法律和制度约束开展良性竞争。因此，地方法治由地方政府逐步推动，并且不断在制度文本意义上推行法治的规划纲要，并在实践中采取各种具体化手段，营造良好的法治环境，从而满足市场要素落地的价值和制度需求。推行行政审批制度改革的领域是地方竞争最激烈的领域，浙江省的"最多跑一次"和"一窗受理、集成服务"标准化服务、江苏省的"不见面审批（服务）"改革、湖南省的"互联网＋行政审批"样本等，实际上均是地方政府营造良好投资环境对行政服务环境的程序进行标准化和简洁化的推动，确保地方权力运行的公开与透明。竞争型地方法治动力的政府推动和经济拉动双重机制，实际上促成的是政府之间的效益竞争。

再次，竞争型地方法治生发的基础是中央分权改革的权力地方化，地方具备自主权力和空间。府际竞争在计划手段下是没有自主性余地的。随着市场发展，国家赋予地方更多的人事、税收和财政等关键性权力，地方具备自主发展的政策和权力渠道，也具备了经济等条件。因为利益驱动和政绩展示，地方政府对竞争具有无法排斥的内在诱因。笔者统计了2017—2019年国务院关于简政放权的规范性文件总量高达45个左右，涉及修订行政法规取消行政权力、取消和下放行政审批权限、证照分离改革、简化公共服务流程甚至缩短企业开办时间等②，极大地释放了地方

---

① 周业安：《地方政府竞争与经济增长》，《中国人民大学学报》2003年第1期，第97—103页。
② 参见《简政放权这五年》，中国政府网，http：//www.gov.cn/zhengce/zhuti/2013-2017jzfq/zhc.htm，2019年12月28日。

行政权力的空间和权限。在央地关系的博弈中，地方对于中央权力下移往往会认真对待，以规范化制度及机制把行政权力用好，对于释放的制度空间则会充分利用，从而采取特色化做法吸引经济要素流动。例如，上海在自贸区制度创新方面，在中央的自贸区总体方案的基础上，制定《中国（上海）自由贸易试验区条例》，坚持以负面清单管理模式确立开放透明的投资管理制度，以贸易监管制度创新提高贸易便利化水平，以金融制度创新促进实体经济发展，加强事中事后监管以创新管理方式，充分发挥了地方的自主性，推进了新兴领域的依法治理，并将上海经验逐步推广到广东省、福建省和天津市的自贸区的法治改革。[①] 这种中央赋权后的地方法治竞争实则是地方自主性的扩张以及对地方效益追求的实践现象，在学理上尚须进行更多的理论廓清。

最后，竞争型地方法治容易出现"同质化"和"工具主义"倾向，影响地方法治的实效性。笔者在文献梳理中发现，地方法治规划和纲要等文本基本格式和框架、地方法治的目标原则、主要内容和保障措施等存在"同质化"倾向，甚至个别省市存在"复制"现象。这种地方法治建设的文本效应，直接引导地方法治建设的同质化建设，或者本身地方法治规划性文本就只是存在于书面的法治而已。文本上的地方法治永远无法真正产生竞争型的法治，更谈不上"有效法治"。法治本身是地方治理的主要方式，真正在实体和程序上成为地方治理的核心路径应是法治的应有之义。竞争型地方法治往往是由地方政府引发的，背后的逻辑力量是经济要素的集聚效应。一方面，从地方政府推动法治竞争的动机上看，主要是汲取上级政府资源和辖区外市场要素促成经济竞争优势，地方法治也就成为经济竞争的"附属品"，不可避免地成为"经济工具""晋升工具"。因而，如果动机和价值趋向发生异化，地方法治的路径必然跑偏，从而影响地方法治的实效性。另一方面，"同质化"和"工具主义"倾向可能形成地域保护，并且仅限于立法和行政层面的被动性法治改革，不能有效利用基层多元力量提升法治的功效。

---

① 参见叶青等主编《上海法治发展报告（2015）》，社会科学文献出版社2015年版，第260—270页。

三 压力发包分析模式的承包型地方法治

处于转型期的地方法治的类型可以理解为现有体制下的妥协性产物。受央地关系的影响，地方虽然在一定程度上具备主体性的要素，但地方法治特定的治理目标离不开国家和地方建构的激励机制和约束机制。因此，在确立地方法治分析模式时不能不考虑法治这种治理方式背后的国家体制机制、国家规模和治理负荷，只有这样才能挖掘出地方法治的组织机制和类型导向。因此，周雪光等学者认为，受物理空间和人口规模、治理内容、治理形式等因素影响，我国治理的规模不断扩大，治理负荷达到新高，付出的代价将体现在紧张的国家与社会关系上。[1] 受客观国家规模和治理负荷的影响，国家层面无法对基层展开直接而有效的治理，但受政治制度和历史文化影响，地方依然必须在中央集权单一制模式下进行治理。"后全能主义"的治理模式，地方依然沿用国家主义范式下的全民治理职能。因此，部分学者认为，地方虽然具有相对独立的利益结构，但是依然未能改变在权力结构体系中的地位。央地关系属于"行政发包制"[2]——发包人拥有正式权威和控制权力，而执行和决策权交由地方承包方，可以以自由裁量权获得实际控制权，这是基于结果导向的、人格化的责任分担。这种由上而下的层级间"发包—承包"关系，其实属于行政"委托—代理"模式的进化，是基于科层制结构中隶属关系嵌入企业化的市场关系。地方虽然作为双重委托结构下的中间层，但往往是中央在地方的代表和地方利益的代表，在治理形式上依然需要在层级和等级分明的组织体制内服从中央权威。这种"行政发包制"并非单向的体制内权力下放或授予，还有自上而下的各类组织激励考核机制和官员"晋升锦标赛"[3] 机制的配套，从而形成"压力型"治理模式。压力

---

[1] 参见周雪光《国家治理规模及其负荷成本的思考》，《吉林大学社会科学学报》2013年第1期，第5—8页。

[2] 参见周黎安《行政发包制》，《社会》2014年第6期，第8—9页。

[3] 参见周黎安《中国地方官员的晋升锦标赛模式研究》，《经济研究》2007年第7期，第36—50页。

型体制下的行政发包制实际是"命令+利益"的组合型上下级考核与激励机制。① 这种机制,一方面,上级政府在指标任务和权力的发包下,实现了对下级的基本控制;另一方面,刚性任务与权力恰会扩大地方自主性空间,强化了其塑造自身主体性的内在冲动。在国家与地方法治的框架内,部分学者认为也存在着压力型体制下的行政发包制,地方法治依此也可以被视作"承包型法治"② 或"体制内回应型法治"③,以弥补国家法治的固有不足,激励地方法治的创新。

"承包型法治"或"体制内回应型法治"主要将上级权威命令和地方及官员利益结合起来,解决了现有体制下地方法治发展的政治逻辑。在法治萌发的初期,一般承包回应型法治不会直接出现,往往在中央法治目标和规划已经确定的情况下,会促成省级层面具体法治任务的发包,而市县级政府往往会在体制内予以积极回应。党的十八届四中全会《中共中央关于全面推进依法治国若干重大问题的决定》出台后,各省市相继完善"法治××"纲要规划,迅速出台相关实施意见,如《中共江西省委关于全面推进法治江西建设的意见》④《中共浙江省委关于全面深化法治浙江建设的决定》(2014)等。中央《法治政府建设实施纲要(2015—2020年)》实施后,各省市法治政府建设实施方案按照层级几乎全部推出。这是在科层制体制内,下级政府对上级法治的责任要求的具体耐受和落实,属于体制内的消极回应。这种消极回应往往以规范性文件逐级转发,将中央政策一竿子落到底,几乎不需要做太多修正。从中央到地方,有系统化的法治建设任务的分解机制,层层下达到下级并在规定时间内进行考核。例如,中央层面,中共中央办公厅和国务院办公

---

① 参见杨雪冬《市场发育、社会成长和公共权力构建——以县为微观分析单位》,河南人民出版社2002年版,第107页。
② 参见丁轶《承包型法治:理解"地方法治"的新视角》,《法学家》2018年第1期,第18页。
③ 参见倪斐《地方先行法治化的基本路径及其法理限度》,《法学研究》2013年第5期,第63页。
④ 参见 http://cpc.people.com.cn/n/2014/1208/c64387-2616929;http://zjnews.zjol.com.cn/system/2014/12/15/020410998.shtml,2020年1月3日。

厅联合印发《法治政府建设与责任落实督察工作规定》[1];地方层面不仅有法治政府的实施意见,还有详尽的考核评价体系,《江西省法治政府建设考核评价办法》[2]、浙江省建德市《法治政府建设(依法行政)工作考核评分细则》[3]、江苏省无锡市《法治政府建设考核评价实施方案》[4] 等。《江苏省法治政府建设考核评价办法》着重强调县级以上人民政府负责对所属部门和下一级人民政府法治政府建设情况进行考评;《江苏省法治政府建设指标体系》则对"依法履职、制度建设、行政决策、行政执法、行政监督、化解矛盾、工作保障等7个方面"进行考核。[5] 这彰显了在压力型体制下,法治建设的多层次评价体系。这种"命令—考核"方式对政令的畅通无疑是有效的,但不足以有足够的激励机制,从而以政绩考核模式产生催化效应。例如,中央"把法治建设成效作为衡量各级领导班子和领导干部工作实绩重要内容,纳入政绩考核指标体系。把能不能遵守法律、依法办事作为考察干部重要内容,在相同条件下,优先提拔使用法治素养好、依法办事能力强的干部"[6]。江西省则将考评结果"作为考评对象的负责人职务任免、职级升降、交流培训、奖励惩处的重要依据"[7]。在明确的政绩激励目标引导下,地方政府官员会将地方法治建设的主要完成作为其重要的晋升业绩从而展开积极回应,力争在短时期内取得最大的法治效应。当然,承包型法治在风险社会语境下,除了经济压力外还有稳定压力,否则将产生"一票否决"的情形。当然,总体而言,承包回应型地方法治在中央的政策性分权引导下,地方及其官员

---

[1] 参见中国政府网,http://www.gov.cn/xinwen/2019-05/06/content_5389149.htm,2020年1月3日。

[2] 参见http://jx.people.com.cn/n2/2017/0508/c190181-30146109.html,2020年1月3日。

[3] 参见http://www.jiande.gov.cn/art/2018/9/3/art_1295236_20912361.html,2020年1月3日。

[4] 参见http://www.pkulaw.cn/fulltext_form.aspx?Db=lar&EncodingName=big5%25ode&Gid=6b360ae0ef3c3d64dd7ffcb733ae84efbdfb&Search_IsTitle=0&Search_Mode&keyword,2020年1月3日。

[5] 参见http://jsb.nea.gov.cn/news/2016-10/20161019140552.htm,2020年1月3日。

[6] 参见《中共中央关于全面推进依法治国若干重大问题的决定》,人民出版社2014年版,第36页。

[7] 参见http://jx.people.com.cn/n2/2017/0508/c190181-30146109.html,2020年1月3日。

都有较大的政治激励,通过法治建设取得更多的财权事权、更多的业绩和职务晋升机会等,功利性目标在一定程度上调动了地方和公务人员推进法治的积极性和主动性。

承包回应型地方法治从严格意义上说,是依照"发包—承包—激励考核"的分析模式确立的地方法治类型,其理论内涵依然是"命令—服从"的理论逻辑。在压力型体制中为政府间委托代理机制的政治承包化添加市场性的要素机制,"通过变通、共谋、运动式治理等机制在等级权威的正式制度与地方政府拥有实际控制权的非正式制度间不断调整权重和转化"[①]。这种类型的地方法治分析框架,尚未脱离传统的语境,所以它的特征依然具有央地特征。

第一,承包回应型地方法治实际是传统体制下国家回应市场快速变革的权宜性法治机制。随着社会主义市场机制逐步成熟和完善,我国传统治理方式和治理手段的国家主义模式无法完全胜任。经济体制改革的快速推进,带来了现代性的法治理念和思想,并促使社会和市场因素在一定程度上挣脱原来的带有计划色彩的机制,极大地增强了社会活力。包括地方政府在内的行为主体,都已经发育成为相对具备理性素养和控制能力的法治利益主体。同时,国家受治理负荷过重的影响,必然要将高度集中的权力部分授权,并采取"行政"方式"发包",前者代表体制上的集中统一,后者代表市场性权力利益赋予,从而形成了共同体,通过法律手段和宏观调控实现社会运行机制的良性运作。"行政发包制模型的关键是将激励权以及实施过程的控制权赋予作为承包商的中间政府。"[②]地方法治的中间层,尤其是省市级政府在地方法治的控制权中,相对具有典型的承包制意义,越是往下,尤其是乡镇层面,则越缺乏较多的动力来源。

第二,承包回应型地方法治的制度激励是自上而下层层传递的,并具备考核压力特征。行政发包制是从中央一直通向最基层,通过纵向权

---

① 周雪光:《行政发包制与帝国逻辑——周黎安〈行政发包制〉读后感》,《社会》2014年第6期,第50页。
② 周雪光、练宏:《中国政府的治理模式:一个"控制权"理论》,《社会学研究》2012年第5期,第75页。

力组织体系传递的。其内在的权力机制类似于结果导向的控制机制。上级政府在中央法治建设的顶层设计下，通过套用模式和复制路径等方式，将各类指标性的法治建设要求传达到下一级政府，并通过考核评价方式对地方法治建设状况予以制度激励和惩罚。在这个环境内，类似承包制中的没有刚性压力要求的领域则可以为地方开展制度创新。通常情况下，上级政府在地方法治实施过程中不会过多干预，只有存在一票否决等重大群体事件的情况下才会主动干预。行政发包制下的回应型法治"离不开对国家权力清晰而简洁的分类以及对各种权力之性质、内容、运作和相互关系的透彻分析"[①]。地方以执行上级命令性要求为基础，在体制框架内对地方法治建设的特色化工作和留白领域予以创新，换取在地方财权等方面的自主性，从而在新兴的法治领域尤其是经济和社会法治领域展开新一轮的竞争。而其他权力体系相对在政治性权力框架外，有一定的生存空间。

第三，承包回应型地方法治的分析模式属于央地关系，尚未进入社会领域寻找地方法治的内在动力。在承包回应型地方法治行政发包制模式下，虽然引入了市场化分析话语，但是不难发现所有的逻辑语境均设定在纵向权力结构体系内上下级的复杂关联中，依然是央地关系和上下级政治权力配置关系维度的考察。激励地方政府开展法治的主要因素无非上级资源和财权或个人职务晋升诱惑等，而对于社会性要素几乎未有考量。"强国家—弱社会"的关系在承包回应型法治中依然是一个难以逃避的内在症结。另外，在行政发包制中，作为发包人的上级政府一般不太考量下级政区内多样化的经济社会和文化生态，造成目标与属地内实际的差异性较大，往往给承包人造成一些执行上的困难和阻碍。在激励和考核机制中，尚未形成固定的对地方法治的制度化奖惩机制，尤其中间层地方政府往往留存中央赋予的权力和激励分配，但会保持绝对的考核评价权等。同时，承包型法治的政绩考核机制带有强烈的功利主义色彩，"从实证数据与制度规范层面的分析，都无法充分证明晋升锦标赛在

---

① 冯仕政：《政治市场想象与中国国家治理分析——兼评周黎安的行政发包制理论》，《社会》2014年第6期，第79页。

当代中国省级行政区域当中的存在"①，所以地方法治绩效与官员晋升之间并不存在完全的正向关系。承包型地方法治受换届等因素的影响，可能演变为任期政绩主义催生"届别机会主义"现象。

当然，有的学者以地方法治实践中的显性特征分析地方法治案例的类型化，指出有程序型法治、自治型法治、市场型法治实践模式的存在。② 但这并非对地方法治的法理意义上的一般性概括，只是对地方法治实践案例的特征性描述，即使在具体实践中也无法完全概括而被普遍适用。

综上，当下我国学界关于地方法治理论和实践的类型化概括主要有国家试错分析模式的试验型地方法治、政府竞争分析模式的竞争型地方法治和压力发包分析模式的承包回应型地方法治。以上分析，为我们关注地方法治实践展示了多种分析模式和类型化解释，有助于提供多元的理论逻辑和多元的思路路径。多元化的观点为地方法治现代化提供了可供参考的独特视角。但是，认真审视地方法治类型化理论分析模式和地方法治的实践类型，我们不难发现这些分析框架和类型模式还存在以下几个方面的问题。首先，国家主义逻辑依然在分析模式中居于决定性地位。无论是国家试错模式、政府竞争模式还是行政发包制，其中宏观国家层面也即中央成为地方法治绝对的决定性力量，而且几乎全部影响了地方法治建设的目标、内在动力、实施路径等方面，与学界承认的"国家—社会"二元分析框架相比，存在重要或显性或隐性的重大失衡。虽然有央地关系的较多分析，但表现出的是地方性话语不强，大多无法真正深入内核阐明地方性知识多样性背后的一般性地方法治逻辑，从而导致类型化后的发展路向无法普遍适用。其次，动力机制的政府主义色彩依然浓厚，社会渐进性要素分析较为缺乏。竞争型地方法治和承包回应型地方法治两种类型法治的动力机制基本是政府为实现既定政治性和经济性目标而通过公共权力推进的法治类型，而且面临着地方政府权力延

---

① 李晟：《"地方法治竞争"的可能性——关于晋升锦标赛理论的经验反思与法理学分析》，《中外法学》2014 年第 5 期，第 1290 页。
② 参见周尚君《国家建设视角下的地方法治试验》，《法商研究》2013 年第 1 期，第 3 页。

伸到社会领域的危险。虽然试验型地方法治在法治初创期带有因为市场等因素引发的渐进性要素驱动,但是又以经济发展的经验逻辑解释地方法治路径,忽略了地方法治发展期的多元法治要素需求。再次,地方法治分析模式和类型化演绎,未能站立在"地方"和"法治"双层的立场上展开融贯性的微观维度分析。上述关于地方法治的类型化研究,要么站立于国家层面,要么站立于政府层面,而未进入地方话语,迈入法治语境,在地方性知识和法治本质层面形成话语通约,尤其需要在主体关系和运作机制上展开理论求证。否则,地方法治依然在现有的逻辑框架中徘徊而无法取得突破性进展。最后,现有的分析方法基本围绕"核心—边缘"的路径展开,不足以为地方法治实践提供足够的理论支持,尚需要以"共在"思维,强化"信任—合作"模式展开考量,从而促进地方法治转型。显然,笔者用大量的篇幅对地方法治的类型化进行了充分描述,展现现有理论和实践类型的详细画卷,以便仔细审视其内在的理论逻辑,进而以问题为导向,在法治国家、法治政府和法治社会一体化背景下寻找地方法治转型的良策。

第二节 合作型地方法治:有效法治的可能范式

传统的地方治理基于"命令—服从"模式展开,影响到地方法治实践类型在实质上的政府控制主义,其他多元要素均被边缘化,从而形成影响地方法治繁荣的内在逻辑悖论。在超大型国家复杂治理的背景下,已有的政府控制主义地方法治,导致治理负荷依然重载,容易引发或大或小的公共危机和社会风险,不得不让我们重新审视"命令—服从"分析模式下地方法治类型,否则我们将在各种全新社会机制和社会问题面前踌躇犹豫,无法突破这种单一的思维框架从而错失解决问题和创新发展的最佳时机。[①] 国外在批判传统治理理论中,迈克尔·波兰尼提出"多

---

① 参见张康之《合作的社会及其治理》,上海人民出版社2014年版,第263页。

中心"① 一词，阿伦特的"公共性的复权"理论、罗尔斯的"交叠共识"理论和哈贝马斯的"商谈理论"等均对"中心—边缘"治理结构予以批判。随着新公共治理理论在各个领域的兴起，其表现出超越政府推进体制的局限，打破国家与社会、现实与虚拟、控制与对抗和权力与权利关系的矛盾阻隔，推进多中心主义、公私合作和公众参与的理论旨趣，直接推动地方治理体系与治理能力现代化进程。在批判的基础上，"多中心治理"理论出现，强调除政府外其他公共和私人机构只要得到认可均可以成为不同层次的权力中心，由社会承担越来越多的政府责任，在集体行动过程中形成权力依赖交换资源，通过全新的技术和方法形成一个自主控制的权威网络。② 从主体层面上看，其打破了以政府为唯一主体的格局，权力运作向度和方式上建立起了双向互动、上下联动的治理结构；权威形成机制建立在参与者的共识、共利和共同的目标基础之上。但是，传统的权力运作机制毕竟是根深蒂固的，治理的进展往往比较缓慢。前文分析的地方法治类型，大多充斥着政府全面控制、授权或者竞争的话语，虽然带有一些社会色彩，但毕竟依然处于较为边缘的境地。当下，后工业化迅猛发展，全球化的不确定性增强，网络公共空间扩张，行动者归来，民间社会组织兴起，"多中心治理"话语体系更为丰满而有效，逐渐为法治理论领域注入全新的内涵，国家主义范式下的法治话语和方式逐步被解构。在实现地方法治现代化之前的理论和实践中，则更需要以多元主体的话语方式逐步瓦解政府本位模式地方法治的"控制—依附"结构。地方法治的多元主体是当代后工业社会发展和消解法治悖论的现实要求，是对科层制逻辑下"行政傲慢"的权力结构调控。并非意味着地方法治无中心，而恰是地方法治的主体、权力和权威等的多元化。在实践中，需要引入"政府与社会之间一种新型的关系，即促进与被促进

---

① 参见［英］迈克尔·博兰尼《自由的逻辑》，冯银江、李雪茹译，吉林人民出版社2002年版。
② 参见［英］格里·斯托克《作为理论的治理：五个论点》，华夏风译，《国际社会科学杂志》（中文版）1999年第1期，第19—30页。

的关系，而不再是传统的限制与被限制关系"①，从而力促政府通过与他者合作来实现地方法治现代化，这便是合作型地方法治。

一 逐步趋向合作的地方法治

无论是先行先试的法治模式，还是地方竞争或承包型法治，地方政府显然是主导性推动力量，"命令—服从"关系较为普遍地存在于纵向权力结构体系中，并且自上而下通过内在直线型的政治关系将法治目标任务和资源要素传递至各个法治节点。如果绝对化地批判"控制—依附"结构的地方法治实践，则无法解释地方经济快速增长与法治相对滞后之间的悖论。已有研究表明，地方"通过完善规范性文件、提高行政效率、加强对刑事犯罪的惩治、改进地方司法等，使当地法治水平处于省市乃至全国前列"②，促进经济发展驶入快车道，从而赢得地方竞争。这种类似于国家动员机制下的地方法治发展模式，缺点虽然较为明显，但我们不能否认其功利主义目的下的法治建构努力，更不能忽略地方法治实践在事实上于短时间内缩短了与法治现代化区域的差距，降低了地方法治摸索的成本，确保了地方经济社会快速发展的相对稳定性。改革开放以来的探索证明，地方法治虽然带有较强的建构目标设定和政府强力推行的印迹，但无疑也是经济快速发展奇迹的一个有机组成部分。

更为重要的是，地方市场化改革塑造出来的经济发展方式、服务型政府、社会结构和公众权利意识等，逐步构筑了地方法治发展的内在动力结构的多元要素，同时培育了较多的社会力量积极参与。伴随着市场经济的完善、地方政府"刀刃向内"的治理机制改革、Web 2.0 互联网生态的驱动、社会结构的动态重塑以及公众主体意识的增强，法治社会建设逐步被地方列入议事日程，推动了地方内在结构关系的隐性调整、政府职能的转变和公众行为逻辑的变化。实际上，多年来的地方法治实

---

① 耿亚东：《服务型政府的促进型治理：在去中心化中谋求合作》，《治理现代化研究》2020年第1期，第67页。

② 万江：《中国的地方法治建设竞争》，《中外法学》2013年第4期，第824页。

践已经在政府和社会的双重作用下逐渐成长，正逐步演变为多元主体、要素和力量互动博弈共同推进法治现代化的变迁过程。只不过，在"强国家—弱社会"背景下，这种地方法治变迁的要素和机制散见于日常社会发展之中，隐匿于政府显性推动力量之后，较为微弱地呼应着地方法治变革和普通大众的权利需求。在多年来的地方实践中，地方市场配套立法的完善、行政审批制度改革、地方信息公开、阳光司法改革、网络问政、听证制度、公众参与、基层非诉纠纷解决等方面积累了较多的经验，并在实质上推进了地方法治的逐步完善。面对纷繁复杂的基层社会问题，江苏省苏州市吴江区"从 2017 年 10 月至 2018 年 6 月份，全区共受理各类社会治理事项 129.5 万余件，日均受理 4500 件"[1]。其基于大数据和"专职+兼职"互补共治的事实表明，基层各种力量在地方法治建设中发挥了重要作用，也表明基层法治建设中的各类主体和权力逐步切近合作型的友好伙伴关系，从而壮大和拓展了基层社会权力主体的力量和参与渠道。

（一）从"竞争"迈向"协同"：市场化的利益聚合效应

我国改革开放的成功经验之一是"发挥市场在资源配置中的决定性作用""激发各类市场主体活力"。[2] 广东省、浙江省、江苏省等地区市场体系率先发育成熟，以"外资经济""民营经济""乡镇经济"为地区标志的不同经济发展模式的市场化改革推动了本地区的经济发展走在全国前列，也奠定了"经济强省"的先发优势。这些地区市场化发育较早，率先确立了市场在资源配置中的基础性位置，带动了投资、人才、劳动力、创新技术和信息等要素的流动、交易和重组，极大地激活了要素市场的壮大，从而推动了地方政府职能转变。其中，这些区域弱化政府的资源配置功能，强化行政的市场服务和弱化行政权力对市场力量和经济要素的干预，成为行政体制改革的重要经验。改革中形成的地方内部经

---

[1] 王益冰：《深化网格联动融合 优化基层治理生态》，《群众》（决策资讯版）2018 年第 14 期，第 62 页。

[2] 参见习近平《在庆祝改革开放 40 周年大会上的讲话》，人民出版社 2018 年版，第 29 页。

济竞争逐步转化为各类要素间的紧密合作,从而催发了利益聚合的多元效应。

随着市场化的深入,市场力量尤其是市场的微观主体不再满足于自身产品生产和服务发展的目标,则会遵循优位效益原则,根据产业要素需求形成利益合作关系的产业短链,而地方敏锐地根据市场反应在政区内部接通产业间的短链,并努力形成优势产业的产业链,延伸并拓展产业要素的集聚和延伸。更具战略眼光的地方,则会根据强势产业的虹吸效应,释放大量的服务和制度创新条件,彻底打通上下游之间的价值链和产业链,形成产业集群。以最典型的深圳市为例,被称为20世纪中国最大的行政案件——深圳贤成大厦行政诉讼案,以深圳市工商局的最终败诉而尘埃落定。① 法治为深圳市企业和政府之间建立了一道防火墙,同时其通过"三来一补"和长期营商环境的塑造,直接吸引了国际化创新人才、创新技术和资本的大量聚集,从而成为当今中国最具创新发展潜力的城市,法治化程度也成为其最具竞争力的要素之一。这表明,地方政府调整自身角色定位并与政区内市场体系运作形成了一种良性互动机制,形成了地方政府与市场主体之间的良性合作机制,也从整体上保证了经济活跃度和政府角色在市场中的适位。

市场力量的利益合作往往是企业"用脚投票"策略的直接反映,是市场经济对主体平等、自由交换、规则法定和治理需求与地方组织体系、权力运行机制、发展环境等方面的理性博弈。原来的东西部差异随着高质量发展逐步出现了较多的市场纠正,后发地区抢占新兴产业高地,通过优质环境吸引产业聚集,如西部的贵州省大数据产业蓬勃发展、湖南省长沙市的文创产业领跑全国。随着市场发育基本成熟,市场自由秩序的规则系统逐步与地方政府的治理体系形成了内在的契合点,从而在法治要素上形成了较多点线上的合作。

从市场整合而成的主体体系来看,从集体企业、国有企业的单调逐步迈向国有公司、外资企业、私营企业、个体工商户等多元类型的市场

---

① 参见夏莉娜、张维炜《罗豪才:见证中国行政诉讼制度的发展历程》,《中国人大》2011年第24期,第48—50页。

主体力量从而支撑起了地方市场的繁荣。以浙江省为代表的民营经济从家族企业转向合伙企业和股份合作企业并优化为现代公司制的历程，恰是在体制外的市场循环中谋求市场主体合作力量壮大从而与政府和社会展开合作。主体力量的多元化驱动市场主体和市场环境的发育，从而直接影响了地方的制度变迁。回顾市场体系的发育历程，每个地方都有典型的演进逻辑。市场形态从零散到聚集，从实体到网络交易，背后是市场要素的聚集和利益关联方的共同推动。一般而言，"有利于公平竞争的经济法律制度、低的政府管制程度、高效而廉洁的政府行政机构等有助于创造公平竞争的经济环境，吸引企业向区内聚集"[1]。以众多专业市场为例，往往是零散商户的初期合作聚集，逐步演化为产业链的分工合作，进而政府推进产业集群发展，市场空间秩序不断拓展。除了市场主体之间的利益整合取向和产业链与集群的集聚外，地方政府对市场力量往往通过主动和被动两种方式对待市场的合作需求，在逐步转变政府职能中形成相对良性的合作机制。阻隔政企合作之间容易出现腐败的灰色地带，则需要地方以法治方式不干预市场主体的活动，主要面向市场提供优质的营商环境。当下，营造稳定、公平、透明和可预期的国际化营商环境已经成为地方政府与市场合作的典型。市场经济的聚合效应不仅促成了主体合作和市场环境，同时也催生了政府、市场间的社会领域的多样合作，典型的是商会和行业协会。截至2019年第四季度末，浙江全省设立运行的社会组织不到6.9万个，其中民办非企业单位达43096个，占比较大。[2] 这些社会组织成为市场秩序中的重要主体力量，发挥着地方政府与市场主体之间的桥梁和纽带作用，促进政府、市场和社会的多元合作。

由上可见，在地方法治发展进程中，市场发育的经济力量通过市场主体自利性和利益聚集促使产业聚集，传递市场群体的利益诉求，形成倒逼机制，谋求政府的被动性合作；到成熟期则较多的是政府主动配合市场力量营造市场环境，顺应市场体系完善和秩序有效。市场经济活跃

---

[1] 戴卫明：《产业集群形成和发展规律研究》，博士学位论文，中南大学，2005年，第52页。

[2] 参见浙江省民政厅《2019年4季度民政统计数据》，http：//mzt.zj.gov.cn/art/2020/1/23/art_1674069_41852951.html，2020年1月25日。

和聚拢效应，促使市场主体多元化、市场形态现代化和政府治理有效化，有效勾连起了社会主体之间的多元协同和社会秩序的规范化，从而促成了地方法治内部的合作趋向。

（二）由"我在"转向"他在"：服务型政府的当代改革

作为一个超大型国家的内在区域，治理负荷是地方政府必须面对的结构性难题。传统的"政治集权＋行政集权"的模式，强调权威的政府绝对化，政府统筹几乎所有资源和领域。但是，这种管制型政府无法破解地方发展中不断出现的内在矛盾[①]：一是地方各类硬件和软件资源的有限性与区域发展内部社会主体需求多样性的矛盾，导致所有治理压力全部集中在地方政府身上，从而只能通过纵向获取或横向截取去部分满足巨量的异质化的需求偏好，不但冲击了原有治理秩序，还会因为资源供给不平衡而产生矛盾。二是地方政府治理依赖与治理机构膨胀之间的矛盾。地方内在的巨量事务和过于集中的政务管理服务，导致地方各类社会主体遇到社会问题和矛盾时自然求助于地方政府，因为政府的力量不足，从而只能通过扩编实现，导致地方治理机构组织臃肿。三是经济社会自治或共治需求与政府公权力对社会管控之间的矛盾。市场发育逐步成熟催生社会不断壮大，多元权利要求更为复杂，自治性和共治性参与需求增长较快，而与维护权威的公权力管控内在地产生了冲突点。在地方政府传统治理方式下，政府和社会的合作是捆绑式的，而且主要是行政权力侵入社会领域进行管控实现的，这种机械的合作是控制性的威权机制。所以，面对这些超大型国家特有的治理问题和矛盾，地方政府在化解这些冲突过程中，以政府职能转变为主要内容，主动适应复杂治理需求，将政府治理的目标圈定为服务型政府。政府职能的职能转型，并非只是自我职能的简单规范性调整，暗含地方政府"我在"的行政傲慢逐渐转化为"他在"的社会集体逻辑，从而逐步消融政府与社会的隔阂。

服务型政府是行政体制改革主动回应社会转型的结果。随着改革和

[①] 参见郑智航《超大型国家治理中的地方法治试验及其制度约束》，《法学评论》2020年第1期，第39—50页。

开放进程的加快,地方经济和社会领域发生了深刻变革,异质性和多元性成为复杂治理必须面对的问题。以浙江省杭州市为例,2018 年杭州市新设各类市场主体 22.57 万户,在册市场主体总计 111.5 万户,"最多跑一次"实现事项 9593 项,接收应届高校毕业生 8.14 万名,接待游客 18403.4 万人次,轨道交通客运总量达 52985.2 万人次,通过网络实现的商品销售额达 638 亿元,快递业务总量达 25.9 亿件,医疗卫生机构总量达 5366 个,电影院放映 253 万场次……[1]这些大数据是杭州市经济社会领域不断增多的治理要点,也表明了背后不同的社会主体渐次增强的多元权利需求,而杭州市以全国地方政府标杆性的数字治理"城市数字大脑""数字口岸"等方式予以有效回应。杭州市通过服务型政府建设,有效激发了主体活力,从而成为全国营商环境城市榜的首位城市。[2] 服务型政府建设面临的不只是这些冷冰冰的数字,更多的是社会公共领域千头万绪的具体事项,而这些事项往往涉及民生的难点和痛点,比如医疗服务质量、食品安全、生态保护、就业网络、文化服务,甚至共享单车、快递外卖、小区物业管理等细节事务。传统管制型的公权力看似可以直接通达,但是受人员和力量等资源约束,实际上是无法实现全面、全程、全时段治理的。服务型政府一方面将更多的行政性服务性事务通过购买服务交由更多的市场主体承担相应的职责;另一方面主动与基层自治组织和社会组织联动在基层展开协同化机制,"满足社会的需求""尽可能地为社会提供满意的公共物品"[3]。部分地方出现的一些社会公共事件,不只是市场负向后果或制度规范偏离问题,更是服务型政府面对复杂治理没有有效供给与社会变革相匹配的治理机制。在基层矛盾和问题出现的情况下,多元治理力量没有充分发挥,基层纠纷未能有效解决,对公共领域问题的地方治理没有进行复杂调适,从而导

---

[1] 参见《杭州市 2019 年政府工作报告》,http://www.hangzhou.gov.cn/art/2019/2/14/art_1256298_30215018.html,2019 年 12 月 14 日;《杭州市 2018 年度统计数据》,http://tjj.hangzhou.gov.cn/col/col1653173/index.html,2020 年 1 月 13 日。

[2] 参见全国工商联《万家民营企业评价营商环境报告(2019)》,中华工商网,http://www.cbt.com.cn/jj/201911/t20191102_144746.html,2020 年 1 月 13 日。

[3] 詹国彬:《从管制型政府到服务型政府——中国行政改革的新取向》,《江西社会科学》2003 年第 6 期,第 145 页。

致合作链条断裂。但是，这并不意味着服务型政府的合作努力失败，而是社会在更高水平和更高质量层面提出的更高要求，需要循序渐进地予以化解。

服务型政府的现有体制回应，是对"经济人政府"以主导经济发展为重而忽略社会公共事业和社会服务路向的纠偏。应该说，是适应深化市场改革、社会转型和政府改革的多重需要。[①] 之于地方法治发展，服务型政府建设的主动型变具有多层面的合作价值趋向，主要体现为以下三点。

第一，通过回应地方多元的社会需求，主动将政府服务职能的重心逐渐下移至社会生活。这就在一定程度上调整了传统型的政府与社会分离的治理模式，为区域社会提供优质而均衡的基本公共服务。深圳市五年内（2014—2018年）公共财政支出的统计显示，用于社会公共事业如科学技术投入增长486%、社保就业投入增长167%、城乡社区事务投入增长234%等[②]，足见作为改革开放前沿的服务型地方政府在经济高质量发展情况下公共服务领域的服务高质量和创新转型，以财政重点支持的方式促进公共服务事业的发展。在地方法治现代化进程中，地区城乡差异、阶层差异、人群差异以及财富结构差异等均会诱发社会的不稳定，服务型政府致力于民生保障，主动回应社会的不同诉求，从而与社会之间建立了联系的规则和通道，在一定程度上弥合了政府与社会的分离，以公共领域的服务改革来回应社会的自主性要求。政府与社会的体制内合作，可以部分地化解经济发展与社会力量发育暂时不足和公众主体意识不强的内在矛盾，从而增强政府的社会感知和社会的政府吸纳，避免割裂两者的互动机制。

第二，公共服务领域多主体合作，基层社会组织功能逐步壮大。公共服务市场化是多中心理论倡导的公共领域治理的网络化要素，其实是政府公共服务职能适当的社会化改革。随着我国行政领域购买服务的发

---

① 参见魏爱云《服务型政府：政府改革的目标选择——专访北京大学政治发展与政府管理研究所所长、教授谢庆奎》，《人民论坛》2006年第5期，第18—19页。

② 参见《深圳统计年鉴（2019）》，中国统计出版社2019年版。

展，地方政府基本卸下了行政服务职能的担子，充分发挥了市场和社会的服务功能，通过规定的条件和程序，交由具备法定条件的社会力量承担公共服务事项。行政服务承接主体力量迅速壮大，不仅有市场化企业，还有改制的事业单位、社会组织，以及能独立承担民事责任的其他机构等。因此，以地方政府为主导的公共服务供给合作路径就促成了"多元互动"。在这种多主体互动机制中，政府的服务型职能部分地转授给了企业和社会组织，从而实现了各种资源之间的相互衔接，各种力量整合起来共同提高公共服务和社会治理水平，以满足社会多样性的需求。在政府与公众的公共领域和社会生活中，有巨大的空间和复杂的事务是地方政府无法全部控制和接纳的，服务型政府在转变职能的过程中逐渐将相应的功能交由社会组织承担，从而促进了社会组织力量的壮大。有两项权威统计比较能说明问题，一是设置于县域和市域的社会组织占全国所有层级社会组织总量的70.82%；二是浙江全省的社会组织总量从2014年的32941个飞速增长到2019年的68994个[1]，新增总量位列全国第一。这表明大量的社会组织存在于地方，在基层社会的资源配置、弥补政府服务力量不足、纠纷化解、构建沟通平台等方面发挥了重要的作用。规范性社会组织发展得越快，说明所在地域的社会治理需求越大，政府权力限制性越少，而服务型政府建设成效越是显著的地方，社会组织发育的土壤就越是深厚，通过社会组织的耦合机制，政府与公众信任与合作关系更为紧密。

第三，主动接受社会监督，引导公众有序参与。在有限政府、回应型行政建设逐步推进和行政决策与行政服务大量存在的情况下，解决"民主赤字"[2]问题成为有效提升地方政府的行政正当性的重要路径。最大限度地保障社会的合法知情权，能够有效解决政府行政内容和形式"神秘性"与社会期待了解行政信息内容过程间的不对称性问题。服务型政府建设进程的关键在于打造责任政府、透明政府、法治政府和有限政

---

[1] 参见中国社会组织公共服务平台，http：//data.chinanpo.gov.cn，2020年2月13日。
[2] 参见王锡锌《当代行政的"民主赤字"及其克服》，《法商研究》2009年第1期，第42—52页。

府，这不但能够回应社会对地方政府重要的现实性需求，而且有利于自身治理水平的提高。在此过程中，地方政府采取的"信息公开"和"公众参与"机制成为化解鸿沟的两条重要路径。地方政府的信息公开，不仅打通了地方政府上下级和政府部门之间的信息关联，提高了行政效率，更促进了行政内容和程序公开化、规范化，方便公众及时平等地了解本地的政务信息。2015 年，上海市对各区县政府信息公开工作进行了全面的评估，通过 101 个观测点评价信息公开的治理和效率。结果表明，得益于权力清单制度和信息技术支持，各区县政府的权力运行指标得分最好，信息规范性和更新及时性也较好。虽然在公共服务信息和资源配置整合信息等方面还存在不足，但足以表明上海市地方治理中的信息公开工作成为服务型政府保障公共权力公开透明的良好状态。① 可以说，信息公开制度成为服务型政府与社会合作的前提条件，有利于构筑地方行政的合法性，提升行政民主价值和政府公信力，提供公众参与的信息保障。同时，服务型地方政府建设也会在实施重大行政决策和提供公共治理服务时，通过开放的路径从公众、利益相关者、专家或社会组织等方面听取意见和建议，主要有公开征求意见、座谈会、听证会、专家咨询论证会和民意调查等形式。广东省广州市以完善重大决策的公众参与机制为抓手，制定《广州市重大行政决策听证试行办法》和《广州市重大行政决策程序规定》《广州市重大民生决策公众意见征询委员会制度》；佛山、顺德两市实行参与式预算模式探索，取得了良好成效。② 公众参与机制的不断发展，促成了地方政府封闭的决策体系，逐步向政府和公众共同合作的体系转变，营造了良好的地方公私伙伴关系。服务型政府治理理念的他在性，强化了多元主体的共治，有利于权力的规范使用和公众有序参与权利的实现，增强了地方政府的有效回应。

---

① 参见叶青等主编《上海法治发展报告（2015）》，上海科学文献出版社 2015 年版，第 77—96 页。
② 参见《广东公众参与重大行政决策的探索与实践》，载李林、田禾主编《中国法治发展报告（2014）》，社会科学文献出版社 2014 年版，第 303—314 页。

(三) 从"制度"趋向"行动":社会力量的嵌入性成长

社会是个复杂网络体系,只言片语无法详尽解释其发展的内在支撑力量。对于地方而言,推动其发展的应当是众多社会要素组成的合力。只由地方政府的强力推行,地方法治不仅无法实现还有可能出现建设路向上的跑偏。区域内的社会力量不只是地方法治政策实施的对象,于实践中恰恰是内在的驱动源泉和主体性力量,能够反向影响地方政府的法治能力和法治实效。在我国法治建设进程中,"全能主义政府"推进的法治出现的较多问题成为地方必须面对的重要方面:如地方法治规划与域内法治施行各行其是的"两张皮"现象依然,地方政府与属地公众因城市化进程而产生了两者关系的疏离和连接关系的弱化,市场化导致社会资源配置的零散化削弱了治理组织的整合能力,等等。党的十九大将社会组织纳入"五位一体"的总体布局,这个新时代的新定位,促使社会组织的地位和作用进一步彰显,逐步成为我国各级治理体系的重要主体和各项建设事业的重要力量。在社会结构日益复杂化和社会互动全面网络化的时代,地方政府对社会力量的态度也发生了巨大转变,各类社会主体性力量成为地方治理中不可或缺的一部分。2017年《中华人民共和国民法总则》施行,其直接规定"非营利法人包括事业单位、社会团体、基金会、社会服务机构等",在法律层面确定了这些社会力量的法律属性,确保了社会力量在法治层面的制度需求。随着《慈善法》《社会团体登记管理条例》《关于进一步加强和改进社会服务机构登记管理工作的实施意见》《关于规范基金会行为的若干规定(试行)》《慈善组织认定办法》等一系列法律法规和规章的出台,地方配套性的立法活动也纷纷展开,社会力量的制度化机制逐步在实践中建立,如《郑州市资助民办养老机构实施办法》《郑州市政府购买社会工作服务资金管理暂行办法》《济南市行业协会商会负责人任职管理规定(试行)》《济南市社会团体换届选举工作指引》等。① 随着地方法治的深入，一个开放而规范运作的社会体系不但需要地方政府的转型，而且需要社会力量的集体合作。在国家法律和地方性法规与政策性文件日臻完善的情况下，社会力量逐步从制度变革转向了集体行动。

在地方法治进程中，不难发现在实践中，地方的法治规划、法治内容、法治方式、法治指标、法治考核等方面均有社会力量的参与，表明社会领域的多元力量逐步在地方法治发展中形成结构性和行动性嵌入。社会力量的嵌入表现在较多的层面。

首先，地方社会组织发展呈现快速增长态势，成为地方治理体系不可或缺的重要力量。根据我国民政部门和中国社会组织公共服务平台的统计数据显示，2014—2018年我国社会团体、民办非企业均以超过30%的年增长率快速增长，尤其民办非企业更为迅猛，如图2-1所示。这与我国地方法治发展进程中公共服务领域逐步对社会力量开放的态势紧密相关。

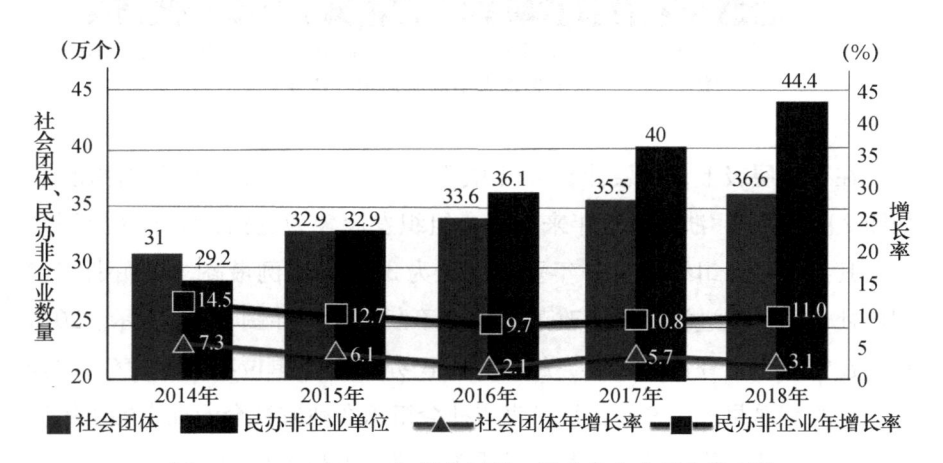

图2-1 2014—2018年社会团体、民办非企业单位情况②

---

① 参见郑州市民政局信息公开网，http://public.zhengzhou.gov.cn/info/index.jhtml?a=theme&d=12，2020年2月13日；济南市民政局信息公开网，http://jnmz.jinan.gov.cn/col/col30776/index.html?number=A06，2020年2月13日。

② 参见中华人民共和国民政部《2018年民政事业发展统计公报》，http://www.mca.gov.cn/article/sj/tjgb/201908/20190800018807.shtml，2020年2月13日。

在社会组织的地方分布方面，华东地区的社会组织总量总计为329993个，以占全国38%的比例遥遥领先，见表2-1。在省市域层面，则是江苏省、广东省和浙江省等地的社会组织数量较其他地方总量要多出一个层级，如图2-2所示。

表2-1　　　　　　　　社会组织区域对比情况①

华北地区	东北地区	东北地区	华中地区	华南地区	西南地区	西北地区
社会组织总量	社会组织总量	社会组织总量	社会组织总量	社会组织总量	社会组织总量	社会组织总量
84709（个）	58799（个）	329993（个）	110769（个）	106899（个）	101607（个）	74321（个）

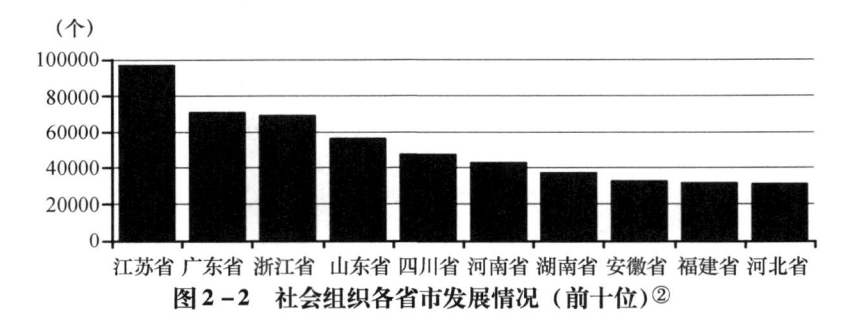

图2-2　社会组织各省市发展情况（前十位）②

在行政层级上，基层社会组织占据大多数，县级为主要登记注册地，如图2-3所示。浙江省近年来的社会组织发展较为迅猛，增速居全国第一，其县级社会组织最近一年登记占比为36%，比例最高，表明浙江省利用社会力量推进社会服务改革的力度不断加大，如图2-4所示。2019年，在宁波全市登记法人社会组织中，民办非企业单位有7365家，占全部社会组织总量的74%③，足以表明社会组织在地方社会治理中的主体地位更高，功能更为灵活，满足需求更为多样，发挥的作用也更大。

---

① 参见中国社会组织大数据，http：//data.chinanpo.gov.cn，2020年2月13日。
② 参见中国社会组织大数据，http：//data.chinanpo.gov.cn，2020年2月13日。
③ 参见《2019年度宁波市社会组织数据报告》，http：//www.chinanpo.gov.cn/3501/123487/index.html，2020年2月13日。

县级：544965个 (41.45%)

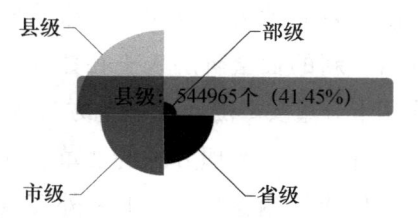

图2-3 社会组织各层级占比①

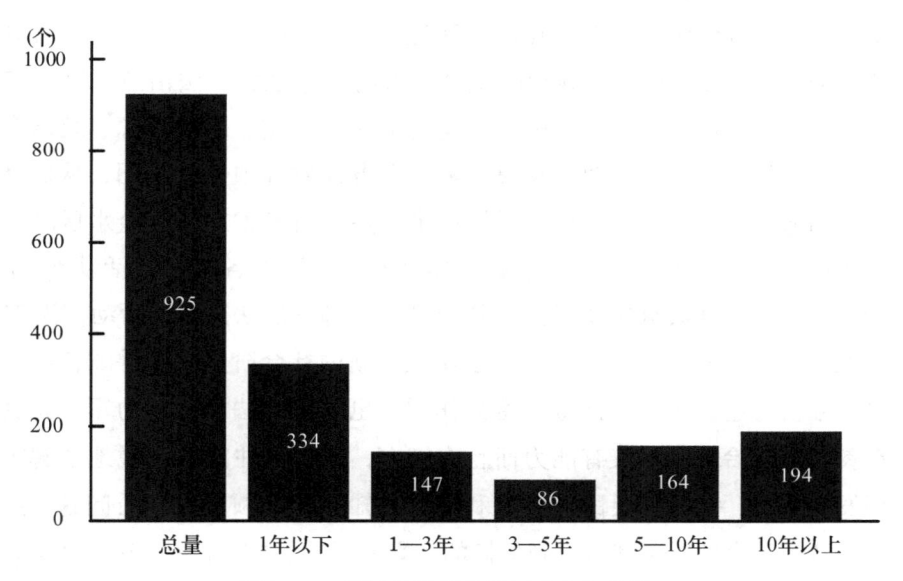

图2-4 浙江县级社会组织成立年份②

（总量 925；1年以下 334；1—3年 147；3—5年 86；5—10年 164；10年以上 194）

由上文可知，最近几年整个社会对社会组织的认可度、接受度和需求程度快速提升，并且改善了社会领域的"放管服"和优化了社会力量的发展环境。社会力量的快速发展显示了经济发展程度、政府开放程度和社会发育程度的关联性。这也显示了地方法治在制度较为完备并契合社会发展要求的情况下，法治社会的主体性要素必然较为活跃，并展现出与社会文明水平的正向关系。

---

① 参见中国社会组织大数据，http：//data.chinanpo.gov.cn，2020年2月13日。
② 参见中国社会组织大数据，http：//data.chinanpo.gov.cn，2020年2月13日。

其次，新的社会阶层发展壮大，成为地方法治发展不可忽略的重要力量。从个体力量而言，新的社会阶层人士在数量上并非最多，但在地方治理领域发挥的作用十分重要。随着我国地方市场化改革的深入推进，经济所有制形式的多样化、地方治理方式的变革、社会结构分工的调整以及事业单位的改革等促成了涵盖私营企业和外资企业的管理人员和技术人员、中介组织和社会组织从业人员、自由职业人员、新媒体从业人员四大类社会群体的新生力量。此类社会群体有着较其他社会个体更为明显的社会合作优势，因此在地方治理实践中，因其知识水平高、管理能力强、分布领域广、思维活跃度高、参与积极性大、法治意识强等特征而在各自的社会分工体系内发挥着行业标准制定、供给资源、政治参与、舆情引导、社会扶助以及慈善福利等方面发挥独特的作用，从而承担起沟通政府、市场和社会的桥梁纽带作用。河南省郑州市金水区引导新的社会阶层人士建立"志愿者工作站6个，开展各类主题活动60余场，服务辖区群众4000余人次；引导知名律师开展法律援助活动，为91名农民挽回损失600余万元"[1]。事实上，新的社会阶层人士并非仅在各自的社会行业领域内发挥着独特的作用，也是地方法治的生力军。尤其在参与地方治理中不仅有能力而且有实力，他们往往能够敏锐地了解市场发展动态，掌握基层民众的权利需求，知悉社会领域的矛盾问题，所以在各类社会领域中都能见到他们的身影和行动。"近年来，新的社会阶层人士积极投身脱贫攻坚、救灾济困、慈善公益等公共领域，运用新媒体新技术参与塑造舆论生态，与其他各类社会治理主体良性互动，推动社会治理由行政主导结构向政府、市场、社会等多元治理结构转变。"[2]这表明了新的社会阶层人士正以各自熟悉的形式和不同的途径参与地方治理，其中律师等专业人士还在地方法治活动中作为立法专家，参与行政咨询等。可见，在制度化机制指导下，新的社会阶层人士有序参与地方法治，通过阶层的集体行动为地方治理现代化而共同努力做出贡献。

---

[1] 《郑州金水区探索"四化"模式打造新的社会阶层人士志愿服务新格局》，中共中央统一战线工作部网站，http://www.zytzb.gov.cn/xdgzjl/308887.jhtml，2020年2月13日。
[2] 潘岳：《新的社会阶层人士是建构社会治理共同体的重要力量》，人民政协网，http://www.rmzxb.com.cn/c/2019-12-05/2480238.shtml，2020年2月13日。

除主体嵌入地方法治外，社会力量参与地方法治的方式和内容也呈现出时代特征。地方法治的关键在于，以法治方式和法治手段让"法"成为地方治理和社会生活的引领和指导，而仅靠地方国家机关单一主体是无法实现的。随着地方社会治理法治化进程的加快，在"多中心治理"模式下社会力量逐渐成为地方治理活动的"常客"，公众逐步从"搭便车者"转变为"守门人"；地方国家机构通过社会力量的有序参与，提升法治的有效性和创新性。地方立法参与成为当下最为常见的公众参与方式之一，这是地方人大和政府提高立法质量，保障立法科学民主的重要路径。四川省在《四川省村镇供水条例基层》立法过程中，不仅在水利系统和相关机关部门征求意见，还专门召开立法听证会和专题论证会，邀请用水群众、供水企业、人大代表、社会团体、供水及法律专家就焦点问题和主要矛盾听取意见和建议，同时，在媒体和互联网公开征求意见。利益相关者、社会力量等主体的有效建议均被吸纳。[1] 各地的立法参与实践方式多样，特征鲜明，表明了地方立法的社会参与机制不仅成为一个立法公开和汇聚民意的过程，更是畅通渠道和保障公众权利的重要途径。这种参与机制同样在地方政府依法行政过程中逐步完善，地方政府重大决策、政府惠民服务项目等均有专家、利益相关者、普通民众参与进来。例如，福建省厦门市法律咨询室进驻行政中心；深圳市社会组织总部成立运行；广东省县级以上政府设立"首席政府法律顾问"；安徽省法律援助纳入政府购买；上海市首次电视直播政府听证会；等等。[2] 在公众参与地方政府行政活动过程中，更为注重代表性和平衡性，强化了反馈意见建议的信息梳理和吸纳制度建设，探索利益群体的代言制度和民意联系点建设，等等。这些地方改革尝试和完善参与机制的努力，不仅在参与制度基础上做出了较为详尽的规定，同时更加强调社会力量参与地方行政活动的有效性和共识凝聚，有效提升了公众参与的正当性和实效性，而社会力量参与最多的是基层社会治理和网络参与领域。基层是社会的

---

[1] 参见《四川省人大立法的实践与启示》，载李林、田禾主编《中国法治发展报告（2015）》，社会科学文献出版社2015年版，第295—296页。

[2] 参见葛洪义主编《中国地方法制发展报告（2014）》，法律出版社2015年版，第224—247页。

基石，而基层治理是地方治理中最基本的保障。随着"个体人"向"公共人"意识转变，尤其是新兴领域的发展，创新社会力量参与社区等治理的方式，如上海市浦东新区引导商户参与地区搭建的企业文化、民生需求和问题导向等平台，形成"商区社区紧密型"的公众参与形式；浙江省温州市则通过"行业商（协）会承接政府职能转移"，在鞋革等五个行业商会协会开展综合和单项接转政府职能参与试点工作，形成了具有市场特色和社会灵活特点的机制。[①] 这些参与创新，促成政府、市场、社会组织和公众之间的互动，不但有利于提升政府的公信力，促进政府职能转型，还极大地增强了公众的治理信心，保障了社会权利。

综上，市场关系从"竞争"迈向"合作"引发的市场化的利益聚合效应，地方政府从"我在"转向"他在"促使服务型政府推进改革，以及社会关系从"制度"趋向"行动"驱动社会力量嵌入性成长的多维度的地方法治内在主体和动力关系的变革，使地方法治不断由政府中心范式切近政社共同合作，从而在开放性的逻辑体系中实现地方治理现代化的多元平等合作。地方法治的合作化转型也成为众多动力要素共同促成的重要结果。

二 合作型地方法治的法理证立

当下地方法治发展正处于一个激变的时代，其复杂性和现代性达到前所未有的程度。面对社会变革，一方面，社会复杂化与网络化促使地方治理的任务激增，政府的法治责任逐渐扩大，导致政府部门职责界限的较大变化和公私关系边界逐渐模糊；另一方面，社会承担了较多的公共服务职能，改变了全能主义政府的治理模式，逐步打破了"控制—依附"的社会结构。在这样的环境下，地方法治再也不可能在单一的地方国家机构体系内实现，必须实现法治权力的"跨界"，以能够应对时代的不确定性和社会的复杂性。上文已经对多种地方法治的类型化研究进行

---

① 参见王礼鹏《社会治理创新的地方经验及启示》，《国家治理》2016年第21期，第22—32页。

了剖析，在多元挑战叠加的现实背景下，以市场为导向、以政府为主导的地方法治探索被实践证明难以解决地方法治的悖论和重大难题。因此，基于原有分析范式的地方法治类型需要理论再造，架构更趋合理的分析框架，以修正官僚制地方法治的固有缺陷。合作型地方法治提出的制度设计与行动安排，能够有效化解传统集中管控方式与现实不确定性之间摩擦产生的地方法治失灵，形成一种社会多元主体信任、社会资源整合协同、政社沟通协商的法治体系。

（一）合作与合作治理的学理基础

1. 合作

合作一词，是个较为泛化的概念，从不同的视角会有不同的解释。《新华字典》将该词解释为"互相配合做某事或共同完成某项任务"。一般在学理意义上，合作被视为各种社会主体之间为达成共同的目标，互相协调配合完成任务的行动或方式。"合"代表了多主体间目标、力量与资源等要素的联合，"作"则代表了群体之间为实现目标而彼此配合的努力或行动。

从"合作"一词的内在意蕴可以看出：第一，合作存在于多主体之间，可以是个人与个人、个人与群体间，也可以是群体与群体之间的联合。这种联合一般会产生临时性或固定性的群体组织，固定化的组织会形成法律意义上全新的社会组织体，如公司、合伙等。第二，合作的产生往往是基于多主体之间一致的长短期目标，这些目标往往基于共同的物质利益，或是共同的精神价值。短期目标完成后，一般合作群体会暂时解散；长期目标的合作群体将形成制度化的行动机制，作为合作的统一规范。第三，合作的根基是主体间的合意，这是共同行动的信念基石，一旦合意分离则会导致合作组织的溃散。这种信念的动力来源于不同主体间的互相信任，通过相互理解、尊重和彼此信赖、支持等方式产生远超越于单主体的群体力量而达成既定目标。第四，合作的关键在于行动，也即主体之间基于彼此的合意和规范，为达成目标而共同尽力作为。这种行动通过已有和合力创造的条件，具有行动计划、具体分工和行动机制等要素。第五，相较于协商、协同等概念，合作更具有现代特征，具备复杂条件下以信任为契机的网状行动模型的效益最大化趋向。①

2. 合作治理

合作广泛存在于公共治理领域，是新公共治理理论的产物。20 世纪七八十年代，随着政府管理与公共领域的"棘手问题"撞了个满怀，单一的地方政府体系已经无法常态化地有效解决不确定的公共性复杂问题，使得传统的政府治理模式遭遇极大的"不适配"挑战。基于"法团主义""多元主义"的政府组织导向的治理制度模式，无法化解政府权力导向和命令控制带来的潜在矛盾，更无法契合复杂社会的系统和有效治理需求。因而，"合作治理"被较多学者视为解决政府治理危机的合适路径，在理论上成为超越传统公共管理理论的全新范式，同时在实践中"也是一种值得发掘的再造政府，再造公共治理结构的契机"②。

在合作治理的理论谱系中，"国家—社会"二元范式依然作为分析的主要工具，通过"合作"的方式实现"治理"的目标，合作经由主体力量聚合成为解决地方公共问题的主要路径，治理强调主体平等与民主合作的社会价值，这样结合便实现了解决复杂公共事务的工具性和价值性的内在统一。虽然不同的解说基于不同的立场和语境，但合作治理均指向通过政府、市场和社会等多元主体的联合，共同解决后工业社会所涌现的高度复杂性公共问题。③ 作为当下流行的治理话语形式，其应用的实践场景非常多，既适用于处理国际关系中民族国家关系、区域关系和国际组织关系，也用于宏观层面解释国家与社会关系的内在联动的国家治理模式，以及发生在地方的复杂公共事务过程中的具体操作机制等，有时候跨域或跨层级的府际治理也加以运用。多场景的运用一方面说明合作治理之于当下问题解决的契合性和有效性，另一方面也表明合作治理内涵的丰富性并与后工业社会的复杂性相伴相生。

在对合作型地方法治做出概念性判断之前，非常有必要对合作治理

---

① 参见颜佳华、吕炜《协商治理、协作治理、协同治理与合作治理概念及其关系辨析》，《湘潭大学学报》（哲学社会科学版）2015 年第 2 期，第 14—18 页。
② 蔡长昆：《合作治理研究述评》，《公共管理与政策评论》2017 年第 1 期，第 85 页。
③ 参见柳亦博《合作治理：构想复杂背景下的社会治理模式》，中国社会科学出版社 2018 年版，第 9 页。

的内涵性特征进行廓清并加深了解，否则容易导致概念的拉伸和异化。在本书现有语境下，合作治理是基于"国家—社会"分析路径存于复杂公共领域的治理方式和治理模式，并不涵盖国际关系领域的治理，涉及但并不主要研究宏观国家治理制度结构和互动机制，主要面向地方治理的具体实践领域，涉及政府治理、社会治理和基层治理等方面，也偶尔会在跨域内的重大事项中予以理论关注。合作治理一直是与后工业社会的多元主体相伴而生的，因此主体多元化是合作治理的首要特征。与传统治理领域内主体单一性无法应对复杂动态公共问题相比，合作治理不再由政府单独控制，而由政府、市场、社会和公众共同组成治理主体网络，也即在治理进程中，除了必须由单主体执行的法定权力外，政府组织内部部门之间、政府与其他社会主体之间、社会主体之间均可以展开合作，尤其是在政府与社会之间的重要问题的处理上实现主体共在，从而由"零和博弈"发展到"正和博弈"。[1] 多元主体的平等性是合作治理的另外一个特征，表明多元主体在商议和决策时均有较为均衡的机会和权力。在其他治理模式中，多少存在政府绝对主导的范式，因此政府往往是治理的中心，其他力量只是过程或形式参与，属于边缘配合性力量。尤其在社会合作治理和基层合作治理中，较多复杂治理领域和治理事项均由社会性主体合作完成，政府只承担监管或配合性职能。与纯粹的公众参与不同，合作治理强调主体的参与性和自愿性，参与过程和内容对利益相关者和其他主体开放，并且在关键性社会领域等注重主体的实质性参与，每个参与主体均应当对治理事项产生的后果有担责能力，"共享决策权力，共担决策责任"[2]。合作治理的另外一个特征则是主体之间的彼此友好型伙伴关系，而非"控制—竞争"的主体关系。如果说熟人社会是建立在伦理和情感维度上的合作关系，工业社会是建立在契约和制度上的主体关联，那么后工业社会的合作治理则是基于信任和行动"在

---

[1] 参见汪锦军《合作治理的构建：政府与社会良性互动的生成机制》，《政治学研究》2015年第4期，第99页。

[2] Chris Ansell, Alison Gash, "Collaborative Governance in Theory and Practice", *Journal of Public Administration Research and Theory*, 2008, pp. 543–571.

自主、平等的基础上开展合作的新型社会治理方式"[①]。合作治理的运行机制要素较为复杂，其中系统性的治理环境、目标共享、动力机制、动态合作的信任建构、共同的行动动机和能力、结果影响和互适性等都是考量的重要方面，这些合作机制性要素决定着合作治理是否有效和可持续。

在我国地方治理中，合作治理已经逐步成为一种重要的治理方式。虽然在现有体制框架内与合作治理理论存在一些差异，但是在社会和基层治理领域已经具备了本土适应性。"合作治理的适用性在公共政策的制定领域表现较低，在公共服务的提供领域表现较高"[②]的事实表明，当前依然是总体性政府主导型的治理层次和治理阶段，尚未上升到"平等—信任"的全面合作治理层面，需要从知识和资源相互依赖逐步转向主体信任和行动的彼此促成，从而更好地应对全球化、信息化和现代化社会的复杂性和动态性特征。

(二) 合作型地方法治规范性证成

伴随我国迈入法治现代化的征程，地方法治进入多元和复杂的全新的社会体系。全球化引发社会分工、生产方式和生活交往等发生巨大变化，任何社会主体都不可能不受其影响而孤立地固囿于地方社会体系内，地方法治运作体系需要处理的各类社会事务必然不可逆地被裹挟于全球化浪潮之下，需要集体面对高度不确定性的空间拓展风险。以信息化为代表的后工业社会，带来了完全不同于传统时代的瞬息万变的社会环境，对以维护制度和促进发展为目标的地方法治带来了极大的冲击。社会主体身份和地方社会关系的高度复杂性、地方社会变化的不确定性和动态性以及政府权力在地方治理领域的部分失效，直接挑战以线性规范、确定性预期和稳定性秩序为基础的地方法治类型模式。

地方法治的政府控制威权模式，无法独立应对时代日新月异的变革，

[①] 张康之：《合作治理是社会治理变革的归宿》，《社会科学研究》2012年第3期，第35—42页。

[②] 王辉：《合作治理的中国适用性及限度》，《华中科技大学学报》(社会科学版) 2014年第6期，第16页。

在"分工—竞争"式的地方法治实践中也未能有效回答在高度不确定性和高度复杂地方社会中化解地方法治的"政府—社会"悖论和新兴矛盾问题。"每一个社会皆为复杂的系统,这就是为什么仅仅凭借一项决策……无法令社会发生根本性的变革,或让社会得以更新。"① 当地方法治趋向于型变时,一定会指向追求合乎社会物质生产条件、当下我国地方发展状态和法治的内在本质要求等规律。这在第一章复杂背景地方法治变革的内外动因中,已经做了详细阐释。基于前文对外源性时代变革要求、内源性法治结构平衡期待以及地方法治实践的合作切近,意味着面向未来的地方法治体系必须"摒弃传统的'控制追求'和'竞争逻辑',转而在'多元合作'和'共生共在'的维度上寻求变革的答案"②。如果说地方法治的型变必须有个逻辑指向,那么它无疑是朝向"合作"的,这是法治本质、社会变迁和地方知识复杂性和公共性扩张等因素共同决定的。"每一个人的福利都依靠着一个社会的体系,没有它,任何人都不可能有一种满意的生活。"③ 这个地方的社会体系就是合作的地方法治体系,它让"参加社会合作的人们通过一个共同的行为,一起选择那些将安排基本的权利义务和决定社会利益之划分的原则"④,也即只有通过合作才能祛除地方法治政府命令控制和建构理性主义自身无法跨越的排异性,否则无法构筑起地方法治逻辑上的正当性,进而削弱地方法治的社会性力量和资源等基础性条件。

虽然地方法治的先行化和法治试验在一定程度上呼应了国家法治顶层设计,并通过法治竞争优化了投资环境,增添了地方法治建设的主动性和积极性,取得了一定的法治实效。但是,合作型地方法治依然成为现时代最佳的发展路向。高度概括合作型地方法治的概念是一件十分困难的事情,倒不是因为前人尚未有所论述,而是由于地方法治理论体系

---

① [法]米歇尔·克罗齐耶:《法令不能改变社会》,张月译,格致出版社2007年版,第1—2页。
② 柳亦博:《合作治理:构想复杂背景下的社会治理模式》,中国社会科学出版社2018年版,第1—9页。
③ [美]约翰·罗尔斯:《正义论》,何怀宏等译,中国社会科学出版社1988年版,第103页。
④ [美]约翰·罗尔斯:《正义论》,何怀宏等译,中国社会科学出版社1988年版,第11页。

本身尚显稚嫩，地方实践形式和模式较为多样，对其抽象和凝练出带有规律性可广泛适用的概念的确存在较多障碍。在地方领域内，毫无疑问，地方法治或多或少的要素在逐步切近合作，也在一定程度上为地方法治发展提供了进步动力，但合作型地方法治"规范的证立和适用是存在区别的"[1]，仅凭经验描述无法澄清合作型地方法治的法理正当性。为了便于本书的继续展开和学界有更多商榷的资源，不妨做法理上的简要规范性证成，回答为什么地方法治应当是合作型的而非竞争模式的或控制模式的。

首先，地方性事务的平等治权提供合作型地方法治的法理正当性。地方法治的正当性基础来源于国家法治的统一性和地方治理多样性之间的差异，即国家主权与地方治权有限分离是地方法治概念赖以存在的根基。在国家权力体系架构以及央地关系法治化实践中，主权关系逐步在内部通过宪法和法律转化为地方的治理权限。[2] 虽然在地方，国家法治框架内的主权逻辑无疑必须维护统一性要求，但不可否认，对于通过宪法法律纵向授权并赋予地方的自主性治理权限已经成为实践常态[3]，是可以由地方发挥能动性进行自主支配和使用的。这给地方法治开展试验、竞争和合作提供了法理上的可能。

竞争型和试验型地方法治的治理，是围绕地方 GDP 竞争的政府治理的一种手段和途径，并未解决地方法治的主体性功能需求，造就了一个法治只是地方政府市场化法治的镜像。正如前文所言"政府命令控制"类型的地方法治在实际运行中，地方政府是绝对的主导者，所谓合作的参与者只是形式参与或象征参与，无法阻止地方政府通过虹吸效应吸纳社会资源并且将权力之手伸向社会的每一个角落，权力的限制成为泡影。与政府对应的社会组织和个人在地方法治体系中处于从属地位，只能在法治的边缘游走。这种主体和内容结构上的不平等，无法发挥法治的权

---

[1] ［德］罗伯特·阿列克西：《法　理性　商谈：法哲学研究》，朱光、雷磊译，中国法制出版社 2011 年版，第 43 页。

[2] 参见倪斐《地方法治概念证成：基于治权自主的法理阐释》，《法学家》2017 年第 4 期，第 120 页。

[3] 参见陈新民《论中央与地方法律关系的变革》，《法学》2007 年第 5 期，第 64—66 页。

威效应，因而实效性大打折扣。

在时代变迁的背景下，地方社会已经成为一个开放的体系。传统金字塔体系的科层制已经转变为网络结构的扁平化治理。原来依据国家权力的地方法治"政府权威"已经被多元化和复杂化的社会事实打破，地方成员对地方事务的处理更为依赖"法理权威"，期待在法治框架下解决本地区的复杂公共事务。在地方治权自主性框架内，具备"地方性知识"的权力主体凭借法律上的平等人格、地方治理上的平等身份和行动中的平等主体地位等多元化角色在具体的公共事务中形成彼此高度信任和平等的合作关系，从而确保地方治理权限为地方公共决策和公共事务所用，为公众权利保障所实施。

这种治理权的平等性体现在四个方面：第一，主体的平等性。强调地方治理权限主体的平等参与，也即普通的公众、社会组织与政府在非国家统一性主权范畴内的地方治理活动中人格和身份平等，不存在孰优孰劣的差异性，参与地方法治是根据具体事项的性质和内容进行主体性参与。第二，地位的平等性。无论在立法、行政或司法领域，平等地接受国家法律和地方性法规以及规范性文件的平等调控。尤其在社会治理和基层自治领域，治理主要依靠社会组织和大众，更加要求地方政府以平等性地位共同推进社会法治化。第三，权力的平衡性。地方治权事实上就是地方治理的权力，法治的"公权力—私权利"模式中缺乏中间过渡层次，个体的私人权利无法对抗强大的公权力，需要赋予社会权力平等地位，并形成与政府权力间的动态平衡，从而在地方法治领域内发挥有效参与和监督作用。地方治权的扩散，促成地方治理权力更为均匀和分散，激活了地方内在权力体系的互相制衡效用。第四，责任的平等性。地方治权不仅让主体平等地参与其中和平等地配置地方资源，也基于平等协商进行平等的决策和执行，所产生的治理结果当然需要地方主体成员平等地承担。

地方治权的平等性衍射出的主体多元化打破了政府控制模式的非平衡地方法治的理论解释，也否定了"社会中心论"的自治主导演进路径；地位和权力的平等性破解了"国家—社会"模式下政府主导的非均衡性，赋予地方社会权力平等的生存空间；责任的平等性则通过实践结果的检验方式，强化地方法治主体的责任意识和权力控约。可以说，合作型地方法治的正当性来源于地方治权的平等演化出的多元社会主体的治理体系和治理结构的平等性，是随不同的权力主体在法治实践中获得的。实质上，地方治理权力的良性分散和主体平等使用，是合作型地方法治的正当性来源。

其次，宪法与法律规定为合作型地方法治提供合法性依赖。依照法治的本质而言，宪法和法律是地方法治的最高准则。法治的生存和发展涉及公众日常生活的各个方面和社会活动的各个领域，是由众多的点、线和面构成的有机体系[1]，因而地方法治必然是具体而实在的。地方法治的类型化尤其是合作型地方法治，虽然具备了地方治权平等的规范意义，但必须在法律的统一框架内搭建，否则将突破法治的内在框架而归于违法或无效。无论是国家法治还是地方法治，均需遵循"法律至上"和"法的统治"原则，也即任何类型的地方法治的主体和行为均受宪法和法律的制约和保护。只有在宪法与法律的框架内，地方法治的类型化才具备合法性要求，才能被证成是可以存在于不断动态变化的社会之中的。否则，合作型地方法治的变迁引发的主体力量成长、合作领域的扩张以及合作责任的承担等将突破现有的宪制框架和法律调整，从而破坏主权结构和法治的本质要求。

在社会结构发生较大变化的时期，基于公权力控制的法治权威模式往往滞后于市场和社会领域的发展。被动地开展地方法治试验和法治竞争，实质上依然是在已有中心主义框架内的调整，并未在制度设立和机制完善之前将地方多元主体和多元权利要求纳入整体性和预先的统筹设计，往往顾及市场而忽视了对公众私权利的保障。即使先行先试的地方法治形式，也是在"违法"的边缘游走，伺机突破现有的制度和政策框架，并未取得实质上的宪法和法律授权。法治的本义在于法律的中心主义而排斥公权力机关的中心主义模式。因此，地方法治实践类型的变革，其正当性的基础应当是宪法和法律以及其背后活生生的社会物质生活条件。在社会转型期，合宪性和合法性尤为重要，只有促使民众产生和坚

---

[1] 参见姚建宗《法治的生态环境》，山东人民出版社2003年版，第14页。

持的制度机制才能为转型提供最合适的制度保障。① 否则，地方法治的思维依然围绕着公权力运作机制而挣脱不掉中心主义权威的掣肘，从而依然在法治的边缘徘徊。

合作型地方法治与其他类型地方法治差异的核心在于，政府不再是地方法治主体的全部，所有主体依据事务性质和属性都可能成为网络治理的中心节点，而且法治事务的行动过程、内容和结果并非单一向度的，而是所有主体共建共治和共享共担的。因此宪法和法律对主体权力和治理事项是否有制度性赋权是合作型地方法治的制度正当性的主要方面。梳理目前较为完备的法律规范体系，基于合作权力以及合作内容的制度正当性体现在以下几个方面。

第一，宪法规定。

《中华人民共和国宪法》第二条明确规定："中华人民共和国的一切权力属于人民。人民依照法律规定，通过各种途径和形式，管理国家事务，管理经济和文化事业，管理社会事务。"直接赋予了地方辖区内的人民按照法定的条件和程序合法参与国家和社会治理的权力。第二十七条则规定："一切国家机关和国家工作人员必须依靠人民的支持，经常保持同人民的密切联系，倾听人民的意见和建议，接受人民的监督，努力为人民服务。"第四十一条规定："中华人民共和国公民对于任何国家机关和国家工作人员，有提出批评和建议的权利。"这就在宪法条款中限制了公权力，并赋予地方民众批评权、建议权、监督权等。第三十五条"中华人民共和国公民有言论、出版、集会、结社、游行、示威的自由"，则赋予地方民众具有结社的自由，公民有权"为了一定的宗旨并按照一定的原则，自愿结成不以营利为目的的社会组织"②，从而把部分的公共权力让渡给民间社会组织，有利于权力制约和权利保障。第一百一十一条"城市和农村按居民居住地区设立的居民委员会或者村民委员会是基层群众性自治组织"，则划定了基层群众自治组织框架，赋权村委会和居委会

---

① 参见［美］西摩·马丁·李普塞特《政治人：政治的社会基础》，张绍宗译，上海人民出版社1997年版，第55页。
② 马长山：《法治进程中的"民间治理"——民间社会组织与法治秩序关系的研究》，法律出版社2006年版，第10页。

作为基层社会力量参与的自治性组织属性和自治的权力。应该说，无论是宏观的国家权力属于人民的基础性规定，还是具体政府与社会的联动机制，以及公众的各种对公权力的制约机制，都在最高法律效力层面给予地方政府与社会之间的合作以宪法为支撑，确保合作的正当性和合理性。尤其在自治领域，更是以开放性的视角，交由社会力量在法治框架内自主治理，实现自主发展。这样，合作型地方法治就具备了宪法支撑，从而具备了宪制合法性。

第二，法律规定。

合作型地方法治在法律上的正当性体现在较多的法律当中，从中选取部分内容，我们不难发现法律赋予地方社会力量与政府力量之间合作的法定性。《中华人民共和国立法法》第五条"立法应当体现人民的意志，发扬社会主义民主，坚持立法公开，保障人民通过多种途径参与立法活动"，明确了立法活动的公开性和人民参与的保障。《中华人民共和国行政许可法》规定："公民、法人或者其他组织可以向行政许可的设定机关和实施机关就行政许可的设定和实施提出意见和建议。"第四十六条又规定："行政机关认为需要听证的其他涉及公共利益的重大行政许可事项，行政机关应当向社会公告，并举行听证。"这样，在行政许可领域确定了社会公众提出意见、建议的权利和依法举行听证的权利。尤其在《中华人民共和国环境保护法》第五十三条规定："公民、法人和其他组织依法享有获取环境信息、参与和监督环境保护的权利。各级人民政府环境保护主管部门和其他负有环境保护监督管理职责的部门，应当依法公开环境信息、完善公众参与程序，为公民、法人和其他组织参与和监督环境保护提供便利。"为公众参与地方环境治理提供了法律依据。特别是第五十八条对污染环境、破坏生态、损害社会公共利益的行为，明确了符合条件的社会组织可以向人民法院提起环境公益诉讼，全面肯定了社会组织在公共治理中的合作意义和主体资格，从而保障了社会力量合作的正当性。《中华人民共和国人民法院组织法》在第十一条明确规定："人民法院应当接受人民群众监督，保障人民群众对人民法院工作依法享有知情权、参与权和监督权。"同时，"人民陪审员依照法律规定参加合议庭审理案件"。从而在司法领域畅通了地方公众参与司法的法律渠道。

《中华人民共和国民法总则》首次明确将"事业单位、社会团体、基金会、社会服务机构等"主体列为非营利法人,从而在民事基本法层面确认这些社会组织可以成为地方社会治理中具备独立法律人格的法人。《中华人民共和国教育法》在教育领域明确了"鼓励企业事业组织、社会团体、其他社会组织及公民个人依法举办学校及其他教育机构",从而为地方公共事务中的教育发展提供了合作可能。《中华人民共和国老年人权益保障法》第三十三条明确指出,"鼓励、扶持社会组织或者个人兴办老年福利院、敬老院、老年公寓、老年医疗康复中心和老年文化体育活动场所等设施",也为社会组织和社会公众合作从事社会事业提供了法律框架。《中华人民共和国慈善法》主要面向社会,在第八条明确慈善组织的法律属性:"指依法成立、符合本法规定,以面向社会开展慈善活动为宗旨的非营利性组织。"《中华人民共和国城市居民委员会组织法》《中华人民共和国村民委员会组织法》等是保障城市居民和农村居民实行自治的系统性法律,为基层治理提供了合作的全面法律保障。以上只是选取了法律条款中各种基本规定,不难发现,在国家法律层面的制度设计中,政府、企业、社会组织和公众个体均是地方法治不可或缺的重要力量,不仅具备合作的主体性法律要求,也可以在合作中推进经济社会的发展。

总而言之,宪法的根本性规定与法律的基本规定从制度机制的维度赋予地方法治建设进程中多元主体合作和多种社会力量合作的合法性基础,也即合作型地方法治具备了现有宪法法律体系要求应该遵循的行为规范。另外,在宪法与法律框架内,还有众多行政法规、规章、地方性法规等均设定了相关的制度条款,从而确证了多元主体合作的可能。恰恰在这一点上,试错型地方法治或竞争性地方法治缺乏法理上宪制和法制的合法性根基。

最后,地方社会的信赖机制是合作型地方法治的实效性源泉。考察地方法治合作转型的正当性问题,更需要考察中国地方场景中合作是否能对地方治理发挥重要功效,抑或是能否取得地方不同主体的信赖而成为主要方式,从而为其构筑地方社会公众心理的正当性基础。这是对目前治理体制下的地方治理功能正当性的证立。因为,之于当下后全能主义时代,虽然中央和地方政府已经不再包办所有社会性事务,但依然在后工业时代不断促成社会发生变迁的进程中发挥主导性作用,一直试图通过威权形式取得政府推进地方法治的正当性。然而从建设的实效来看,现有地方法治的类型虽然在实践中有一点儿效果,但离制度理性设计的效用目标相去甚远。在地方法治领域,用法治思维和法治方式来处理地方治理领域的各项复杂和不确定事务,应当是地方法治类型的主要方法论。主体间"通过持续的互动式行动来实现公共利益目标"[①],是治理民主和地方法治的共同路径。完全运用政治权力的方式处理地方法治问题,显然会与不断趋于突破的治理民主之间发生冲突,从而导致地方法治以试错或竞争形式一直游离在实效性之外,一旦单一主体出现决策失误或腐败等现象则会失去集体行动背后的心理信赖。

无论何种类型的法治,其赖以发挥实效的根基是信任。试错型地方法治和竞争型地方法治的推行,往往地方政府以具体指标(等级、资历、年限、声誉)等作为评价标准并依照这些细化的观测要点遴选合作对象、购买服务、赋予权力和采信建议等。这种对社会主体历时态的身份与资格的信任,往往导致地方政府政策和其他资源集中于较少的专家和具有合作历史的市场主体手中。一旦遇到更为复杂的新型动态社会治理事务,则只能凭借已有的样本和合作伙伴去应付,无法实现地方法治的实效性。从另一个层面而言,无论是先行先试地方法治,还是试错型地方法治,抑或是竞争型地方法治,主要推动力量是地方政府,属于地方国家机关,普通民众对其威权天生具有敬畏感,在地方公民意识尚未发育的情况下,缺乏对地方政府行动的支持度和参与度。在地方法治实践中,公众参与的广度和深度不足也是一个共性问题,表明了公众对对方政府决策和服务领域的信任度并不是很高。没有信任或浅信任度的合作,对地方法治变革而言是无法达到其已经设定的目标的。体制内的地方法治类型,在纵向层面地方的上下级之间是通过政治信任达成合作的,相对下级层面的自主性很弱;横向层面是地方政府主导的,受职能鸿沟影响,部门之间的合作广度和深度受控于上层政治权力干涉;地方政府与社会之间的

---

① 何显明:《治理民主:中国民主成长的可能方式》,中国社会科学出版社2014年版,第104页。

合作，完全取决于政府的意愿，"选择性"意味更为浓郁。

竞争型地方法治之所以缺乏信任的基础，在于竞争逻辑破坏了地方公共服务领域的公共性关系，以企业家精神对待公众顾客的交换关系显然不适用于地方治理。这种"交易取代关系"[①]，极易破坏社会的价值基础，从而导致社会主体都变成自利性的市场角色，显然是不恰当的。合作型地方法治以多元复杂社会和多元主体为背景性特征，相对于私人领域的情感合作和市场的契约合作，后工业社会的地方法治是以普遍信任为合作转型的前提，同时通过彼此信任合作扩大合作的心理基础。合作型地方法治是地方政府、市场主体、社会主体和个人主体间的合作，这些主体在社会属性上几乎完全不一样，既有自然人也有法人，既有国家机构又有社会团体，既有市场组织也有普通公民；在利益诉求上差异性较为复杂，但是在秩序、效率和公正等法治价值上较为一致。信任来自对历史的熟知同时又指向未来。[②] 因此，合作型地方法治得以存在的前提在于主体之间的信任。原有地方法治类型之所以未能产生实效，原因在于政府基于政治信任的单向性合作路径，导致其他地方社会主体的动力不足。合作型的地方法治是基于现实社会制度和法治价值的社会交往主体共有的信心或认知。基于双向信任的合作，有利于地方法治主体的内在团结，有利于治理关系的稳定，有利于地方法治应对不确定的社会发展，更有利于生产出更多的"地方性知识"。信任的合作一般而言是平等的合作，因此在政府与社会力量之间的合作促成相互之间形成双向的监督机制，防止权力的滥用，降低治理的成本。试错型地方法治和竞争型地方法治实效性低迷的核心问题在于现有地方法治基本上是文本上的法治，是靠政府单一推动落实的，背离了国家社会语境下社会权力的重要主体作用，缺乏政府权力对社会权力的平等信任和尊重。合作型地方法治并不等于完全的合作自治，两者之间差异的关键在于自治领域之外公共事务的合作是需要权力关系多维运行和制约的。除了主体信任、双向

---

① 参见［美］乔治·索罗斯《开放社会：改革全球资本主义》，王宇译，商务印书馆2011年版，第111页。

② 参见［德］尼克拉斯·卢曼《信任：一个社会复杂性的简化机制》，翟铁鹏等译，上海人民出版社2005年版，第26页。

信任、平等信任外，信任场域也是合作的重要元素。除了地方公权力独立运行领域需要合作信任偏少外，其余更多领域的主体合作都具备了信任场域。在地方法治实践中，正式制度和互惠规范，快速发展的社会组织成为构筑多元主体信任的重要场域。这些社会组织的非官方属性，能够在较大的范围内培育社会合作力量，逐步衍生出社会权力。"人们参与多种社会活动，普及共同体生活各个领域。"[①] 基于多元信任，地方法治领域的主体和各种要素形成了以普遍信任为核心的社会资本与权力资本的合作关系，从而诱致社会民主化、法治化。

综上所述，在单一制的框架内，对地方性事务的平等治权使得合作型地方法治具备了法理上的正当性；宪法与法律对主体间合作的规定，赋予了合作型地方法治合法性；地方社会主体和社会资本建立的信任机制，确保合作型地方法治具备实效性。日益切近合作的地方法治实践，也在日益证明合作型地方法治是可行的。合作型地方法治应当也可以是地方法治现代化的必然要求，也必然会成为地方法治实践领域新的发展路向。

三　合作型地方法治的内在特征

通过上文的分析，合作型地方法治在学理上被证明是可行、可信的一个法治类型模式。在理想意义上，合作型地方法治尝试在扬弃政府主导法治的基础上，融合地方法治与合作治理的典型优势，将多中心主义渗透于法治的权力体系中，打破政府绝对主导地位的强政府弱社会格局，壮大社会力量尤其是社会权力，形成平等合作的法治力量结构。这种旨在实现地方法治内在结构、作用力量和运行方式衡平有效的合作化努力，体现了适合于现时代的可持续发展逻辑，也能够为地方法治创造更符合社会现实的变迁模式，提供更为有效的实践路径，这表明了合作型地方法治可以成为一种新型的地方法治可能范式。

---

① ［美］帕特南：《使民主运转起来》，王列、赖海榕译，江西人民出版社 2001 年版，第 215 页。

(一) 合作型地方法治的内在意蕴

作为与现有其他地方法治模式具有较大差异的地方法治新范式，内在意涵是其得以存在并发挥作用的关键。在现时代法治语境中，合作型地方法治意指具有相对独立地位的社会权力和政府权力都以信任为基础，充分运用已有的资源和社会资本，通过平等合作和交织互动，发挥多元社会主体结合而成共同体的能动作用，有效实现权力制约和权利保障法治目标的地方法治模式类型。这种类型模式，着眼于地方法治实践过程中驱动力量的单一性和不平衡性，通过主体和力量关系的调整，充分发挥社会在法治中的基础性作用，超越中心主义法治范式的掣肘，提供了较为可行的"有效法治"的实践类型模式，从而在多元性和多样性意义上为复杂社会治理提供有效方式。从地方法治实践路径角度而言，合作型地方法治并非现有地方法治发展模式的方式变化，也非地方法治变迁的策略调整，而是在继承法治的基本逻辑基础上打破原有内在权力关系和运行结构的变革，具有较大的创新性。它不仅需要具备法治的一般性条件，如权利保障、社会基础、公平正义等，而且需要基于合作和地方多样性的特色要件。

与其他法治类型不同，合作型地方法治立足于自身的属性，需要具备以下几个方面的要件方能实现其功效。首先，合作型地方法治必须具备多元主体要件，即除了地方政府以外，社会组织、社会群体、自治组织以及其他市场主体等均可以根据具体治理事项的要求成为地方法治的主体力量，并且根据自身独立的利益结构，确定相对具体的法治目标，共同实现。合作意味着主体的多元性，并非一个单一的政府主体便可以满足地方法治的功能要求，而需要多主体的信任和联合方能形成合作。其次，合作型地方法治的多元主体具有独立性和平等地位，这是内在的合作要件。地方法治主体的多元化，是主体层面的形式化要求，而内在的要求则是主体具有互相平等和独立性。只有主体独立并且具有平等的法治地位，方能形成主体性的法治力量，才可以结合成合作共同体。现有的地方法治类型，多元主体也是存在的，但是除了政府主体以外，其他很多主体在地方法治变迁中的地位具有从属性而不具备独立性，并且未能在法治建设中具有与政府权力主体相对平等的法理地位。再次，各种主体具有实现地方法治目标的自主能力。在合作型地方法治中，政府与社会组织等主体，不仅作为一个独立的社会存在组织体，而且需要成为合作主体，必须具有按照自身意志并通过自身的能力制约政府权力和保障公众权利。尤其社会权力的行使需要具备诸如集聚社会资源、承担公共服务等能力，是必备性条件，否则将无法承担起法治责任。再次，合作型地方法治需要集聚较多的社会资本和社会资源，为法治变迁和主体合作提供较为丰厚的社会土壤。合作型地方法治的关键在于社会基础，在于社会力量的壮大。只靠政府资源和经济资本，无法架构起法治的根本要件，因而需要社会的充分支撑，依赖社会力量和社会资本。最后，合作型地方法治需要具备合作的空间、平台和场域等。主体要件、属性条件、资源条件和能力要件，需要一个开展法治合作的平台和空间。如果空间和平台都掌握在政府手中，那么无法取得实质上的较大进步。合作型地方法治需要具备社会权力和政府权力合作的共同空间领域，形成平等的交往互动，解决实际的社会问题。合作型地方法治，只有具备了多元合作主体、合作条件、合作方式、合作平台等构成要件，方能成为有效的地方法治。

（二）合作型地方法治的法理特征

显然，合作型地方法治作为新型的地方法治实践模式，核心要义在于多元主体力量的合作互动促成社会权力成熟并形成与政府权力制衡互动的机制。从纯粹字面意义来看，合作型地方法治区别于其他类型地方法治的最重要方面是合作。但实际上不仅如此，在内涵层面，合作型地方法治的内在性特征更为丰富，也是区别于其他类型法治的关键性特征。这些特征可以表明，合作型地方法治更加契合地方的多样性和时代的复杂性。与其他法治类型相较而言，合作型地方法治的特征，见表2-2。

表2-2　　　　　　　　　合作型地方法治的主要特征

特征维度	现有地方法治模式	合作型地方法治
存在前提	强政府—弱社会	强政府—强社会
法治主体	地方政府	政府、社会组织等多元主体
权力类型	政府权力	社会权力与政府权力
政社关系	控制—依附	平等—合作
价值导向	秩序与效率	公平与正义
治理方式	政府全能主义	多中心主义治理
动力机制	政府推进	政社合作演进
资源要件	政策与经济资本	社会资本
过程机制	政策目标执行	信息、目标和资源的交互
组织形式	单独行动者	合作共同体
主要路径	自上而下主导	多元主体多维集体行动
治理目标	政府间制度竞争	行动中的有效法治

由表2-2可见，合作型地方法治模式相较于现有的试错型地方法治或竞争型地方法治模式在各个不同的方面具有较强的法理特征。第一，现有的地方法治模式，均存在于"强政府—弱社会"语境下，而合作型地方法治必须建立在"强政府—强社会"的土壤中，否则将不具备合作的前提条件或无法实现地方法治的社会目标。这是合作型地方法治的前提，也是基础性特征。第二，合作型地方法治不仅将地方政府作为法治发展和变迁的主体，同时，更强调社会组织等社会性主体的重要地位，通过多主体的方式解构一元主体的方式，便于形成网络化的治理结构。这是地方法治的主体性特征，是区别于其他法治类型最鲜明的特征。第三，合作型地方法治的权力类型以社会权力和政府权力为主，形成相互制约、相互促进的良好权力生态，由社会权力的法治功能促成政府权力的正当使用和社会公众的权利保障。这是合作型地方法治的内在权力关系特征，也是最为根本的结构性特征。第四，在合作型地方法治中，因为主体的多元性和权力的多样化，社会权力主体与政府权力主体之间呈现出平等的法律地位和信任的法理关系，形成了"平等—合作"的关系

架构，明显地区别于政府主导法治的"控制—依附"关系结构。这是合作型地方法治的政社结构特征，也是内在的关系性特征。第五，合作型地方法治的法治价值或法治功能，以秩序和效率作为基础而实现法治意义上的公平和正义，秩序和效率需要以公平正义为前提，而竞争型法治等则以秩序和效率为主，有时候会忽略公平等价值。这是合作型法治的法理价值维度的特征。第六，合作型地方法治因为主体多元和治理复杂性，从而更为强调多中心合作治理，根据具体治理目标和事务采取动态网络模式，从而有别于以全能主义政府为主要方式的治理。这是合作型地方法治方式上的特征。第七，合作型地方法治在动力机制层面政社信任合作演进更为凸显，这样双向贯通了政府和社会权力机制，从而上下融贯，改变了政府单一动力源的"火车头模式"，形成了地方法治动力的"动车组模式"。这是合作型地方法治的内在动力机制特征，具有较为明显的差异性。第八，合作型地方法治依赖于信任、规范、网络等动态社会资本形成合作，不再以政治资本和经济资本为主要的资源要件，便于社会成为法治的重要场域。这是合作型地方法治的社会性特征，也是资本条件特征。第九，合作型地方法治不再仅存在于地方法治文本目标中，并非仅贯彻落实政策和规划，更是地方法治的信息、法治目标和法治资源的内外动态交互的过程机制，方便应对动态治理和复杂治理。第十，合作型地方法治以项目绩效共同体为主要组织形式，不再仅以社会公众个体或政府组织为形式，而从单独行动者转变为合作共同体的组织形式。这是合作型地方法治的组织特征。第十一，与政府主导自上而下的落实机制不同，合作型地方法治更为强调多元主体在地方法治中的集体行动，路径不再单一和线性，更为强调多样的和复杂的关系网络。第十二，合作型地方法治的目标显然是法治实现，是在行动中形成"有效地方法治"，而并非只作为政府竞争的制度性机制。

　　合作型地方法治的法理特征是其内涵和性质的外在表征，也是区别于试错型、竞争型、承包型等地方法治模式的重要方面。这些特征不仅表明合作型地方法治与其他类型法治的差异，也展现了在实践中的可行性与针对性，更可以明确合作型地方法治的重要作用机制和法治功能。

第三章 社会权力的法治合作及其法理意蕴

遵从并获取权力，在传统东方社会是一个重要的价值信仰和普遍的社会现象。因此，"权力"（Power）往往与"统治""支配""控制""权势"等联结在一起，属于一种重要的政治和社会资源，成为人们竞相争夺的重要对象。在传统的社会结构体系中，权力几乎被视作政治地位、政治力量和政府利益的代名词。所以，在法治理论的分析语系中，权力与权利总是代表国家与社会、公私的二元对立关系。受权利主体主要为个体的影响，在地方法治实践中，个体权利难以抵抗政府权力，无法对政府的权力行使形成有效制约。合作型地方法治引入社会权力作为地方法治内在的权力对应机制，在动态的社会发展中将个体性的部分同类的权利集合并通过转化机制形成具备维权和控权影响的社会权力。前文已经表明，社会权力之于地方法治的权力在场，并且与政府权力可以基于信任而开展法治合作。必要性和可行性的论证，并不能完全说明社会权力"何谓"，以及在合作型地方法治中"何为"。因此，需要理解和廓清社会权力在合作型地方法治语境中的内涵，领会其法治层面的主要功能。鉴于此，本章将围绕本体意义上的社会权力，在法治的语境中分析其内涵、特征、功能和作用路径等，从而为社会权力的作用机制和实效性发挥奠定分析基础。

第一节 合作型地方法治的社会权力在场

基于治权集中的"命令—服从""控制—竞争"模式的地方法治类型，无疑是稳固的中心化。地方政府处于治理的中心位置从而具备了地方治权的核心权力,意味着可以通过制度化的机制控制其他主体的生产生活方式和社会存在形式,从而产生一种相对稳定的结构机制。其他的社会主体也习惯了这种平衡状态,基本上遵循原有的机制,服从决策或在体系内有限竞争。因此,公权力也就成为"能够用以有效地决定事件的发展过程,甚至是决定他人在何处能争夺这种决策权的能力"[1]。所以,在权力格局中,居于中心的政府权力与处于最边缘的社会权力之间的差异远比身处其中的人感受到的要大。现存的地方法治类型虽然已经从管控方式逐步转向竞争参与,但依然维护着公权力的中心位置,决策与执行的两极分化依然是常态,所以未能有效提供多元主体的法治价值实现的路径,在治理实际中依然以中心主义范式将政府权力延展到社会领域,导致社会部分失范。在全球化和信息化等冲击下,地方各类主体在新兴社会要素的催促下主体性逐步觉醒,在追寻自己显性利益的过程中,逐渐关注公共领域隐性的社会性权力,在法理的框架内主张政治参与、公共合作、沟通协商、社区自治等。虽然地方政府在法治竞争中引入诸如评估和参与等机制,但这些尝试依然无法真正改变权力势差和阶层压制的固有不平等的结构。只有通过多元的地方主体基于信任逻辑平等地展开合作,方能破解当下政府主体单一化、权力机制单一化、治理路径单一化和价值导向单一化的矛盾问题。合作型地方法治通过主体多元、信任联结、互惠行动、平等合作来消解复杂的社会矛盾和法治悖论,在开放共生的社会系统中形成"信任—合作"的话语体系,通过灵活弹性的自组织决策机制,从而实现地方"有效法治"。合作型地方法治的内在意蕴决定了其区别于其他类型地方法治的自在逻辑结构,这恰是我们研究主题的特征导引。

一 政社关系结构网络的社会权力实践连接

几乎所有的法治理论都将"国家—社会"的关系视作解决法治悖论

---

[1] [英]安东尼·吉登斯:《民族—国家与暴力》,胡宗泽等译,生活·读书·新知三联书店1998年版,第9页。

的重要路径。"强国家—弱社会""弱国家—弱社会""弱国家—强社会""强国家—强社会"等分析模式,渗透在国家法治研究的内容之中。在现代民族国家下,单一制国家的中央集权在法治主权和法治的统一性上,无疑必须是强国家的模式,国家法治的顶层设计由中央确定,并通过国家理性建构的形式描绘法治的蓝图和实现路径。整体性社会也处于以宪法为准则的民族国家掌控之下,不断地随着时代的变化与国家法律之间形成良性的互动。这一理论逻辑在国家法治层面无疑是合理而有效的。《中共中央关于全面推进依法治国若干重大问题的决定》在总结我国法治经验的过程中,做出"中国特色社会主义法律体系已经形成,法治政府建设稳步推进,司法体制不断完善,全社会法治观念明显增强"的判定;普通公众也在纵向的比较中,深刻地感受到法治国家建设的伟大成就以及权利保障的实现。

受本书选取"地方"是与中央相对应的地域概念影响,政区的划分往往成为重要考量因素,但在具体分析时往往采取模糊话语逻辑。从省市到县乡甚至村居等均可以作为范围考量。因此,分析地方法治,应较多地站在与国家相对的角度去探讨。地方法治虽然在国家法治的框架中实施,但其实际上是国家地域内具体的法治,承担着将国家法治设计转化为法治实现的重要环节。尤其是很多基层的法治领域直面社会领域和各类社会主体,仅以国家力量来强制推进,一旦超过必要限度,要么勉强服从和不予接受,要么遭到激烈反对,严重的甚至会危害地方稳定和国家安全。第一章论述的先行先试地方法治、试错型地方法治和竞争型地方法治类型中的"控制—依附"范式,实际上就是地方政府(与前一致,即掌握国家权力的地方国家机关)占据全部地位,基本拒斥地方社会主体和社会力量进入法治的多元领域,造成地方法治政府权力无限扩张与法治本质要求限制权力之间的矛盾愈加深化,极大地影响了地方法治的"政府"与"社会"的有限制衡和动态平衡。合作型地方法治主要是为破解这一理论悖论和实践矛盾而生的,目的是在现有体制框架内调和两者间的关系,促成合作机制的有效生成与效用发挥。

与国家法治领域分析市民社会不同,笔者更愿意将社会视作一个正在变迁的结构域来分析,去除了较多的政治性因素和对抗性要素,从而将社会细胞纳入整体性社会网络中予以参照。在多元化逻辑下审视地方的政社关系，需要在不断变化的复杂性社会机制中考察。依据不同层级、不同类型权力运行和各种地方事务的不同属性，分门别类地考量不同的政府社会关系，形成不同领域的信任机制，从而确保地方法治的合作是有效的。这样的细化有助于避免对地方法治的分析依然站在高位的宏大叙事，从而更接近地方法治实践和社会正在发生的事实。

（一）公众参与机制中社会权力的合作

地方作为一个法治概念，并非特指自然意义上的传统地域，必须将其放置于国家政治权力结构体系中予以观照。这样，地方必然带有国家权力属性的符号特征。在宪法框架下，除了中央国家机构外，其余所有国家权力的载体基本上都在地方。《中华人民共和国地方各级人民代表大会和地方各级人民政府组织法》明确了地方人大和政府的组织体系以及职权，从而依据职权法定原则，地方人大和政府直接代表国家行使立法和行政权力。《中华人民共和国人民法院组织法》《中华人民共和国人民检察院组织法》赋予了地方审判和检察机关相关的司法权力。这种明显带有国家权力属性的职权领域，一般而言由地方国家机关直接负责相应权力的行使，在需要公开、征求意见、听证、民主协商等时，则通过相应的方式由公众参与。这些领域的合作受民族国家权力机制的影响，是通过政府逐步向社会边缘扩散而发挥作用的。

1. 立法领域主导和参与机制

《中华人民共和国立法法》确定了设区市以上的地方各级人大及其常委会以及地方人民政府具有地方性法规和地方政府规章的立法权。设区市的立法权限定在城乡建设与管理、环境保护、历史文化保护等领域内。显然，立法属于地方法治的基础性制度机制，其效力涉及所在政区的地域和各类主体。但是，受代表制的影响，地方立法难免在地域内对公民的意见建议表达存在较大限制；"厅堂议事"也排斥了代表外其他主体的自主表达。而网络化则打破了集中讨论和立法权代表单一商议的局限，方便公众参与讨论。《中共中央关于全面推进依法治国若干重大问题的决定》明确了"发挥人大及其常委会在立法工作中的主导作用"。因此，设区市以上的地方的人大及地方人民政府成为应对社会变化和立法透明公开要求的主导力量,严格科学地履行职责。因此,立法参与成为地方民主立法和"开门"立法的必然要求,也是科学立法、提高立法质量的重要保障。立法参与的主体为地方政府部门、人大代表、利益群体代表、专家学者和普通民众等;形式为专家起草草案、专家咨询会、座谈会、听证会、网络公开征求意见、公示、旁听等。立法的人大主导能够改变以政府申报为主的模式,能有效防止单纯从管理和执法角度设计法律制度和夹带政府部门利益,也能规避社会权力过于集中带来的负面影响,从而确保地方制度机制的公平公正和科学高效。公众的参与,不仅推进了立法民主,也能汇集民智,为地方性法规施行的有效性奠定良好的基础。在地方立法实践中,几乎所有省级层面的立法活动都有不同的主体、不同的方式和不同的平台进行多元合作,从而提高了立法质量。应该说,地方立法的政府主导公众参与模式不仅让立法的主体力量从立法机关扩展到了社会力量,而且使立法不但根植于社会基础,还能够更好地吸纳社会意志,比较真实地反映社情民意[1],较大幅度地提高了立法质量和立法效果。

2. 行政领域主导和参与机制

按照《中华人民共和国地方各级人民代表大会和地方各级人民政府组织法》第五十九条的规定,法律赋予地方人民政府十项重要职责。前五项基本是行使国家权力的职责,后五项属于保障公民权利和服务公共领域的职责。不同类型的职责规定,对政府与社会合作机制而言,具有不同的主导性。基于行政的内容、程序和方式的差异,行政领域的政府主导主要存在于行政立法、行政执法等领域。行政立法的合作机制与人大的立法基本一致,逻辑上依然是以地方政府为主导,社会公众广泛参与。在行政执法领域,地方行政机关的执法活动必须严格履行宪法和法律规定的职权,依照法定的条件和程序开展执法活动。因此,地方政府的相关执法部门享有执法权力,并且具有相对的自由裁量权。因而,地方机关开展具体行政执法行为时,法定性成为最为严格的要求,严禁进

---

[1] 参见宋月红、方伟《城市立法与公民参与》,中国社会出版社2010年版,第368页。

行权力自由扩展和随意授权。在行政执法领域，政府权力基本处于绝对主导地位，一般只赋予相关当事人程序性权利予以对抗，参与者往往是评估者、律师等社会主体。在查处危害安全生产、食品药品安全、自然资源和环境保护等案件时，会引入专家和公众参与程序性的相关机制，从而确保公共执法的正当性。相对于行政执法尤其是行政处罚等领域，行政许可领域的改革则相对宽松一些。在中央政府的主导下，地方政府已经深入推进服务型政府建设，通过"放管服"取消和减少了行政审批领域的较多事项，从而提供了市场主体和社会公众较多参与行政治理的领域，减少了较多义务性的程序和条件，提高了社会主体参与社会治理的积极性，同时也提升了政府的公信力。例如，山东全省覆盖"法律专家库+法律顾问"模式，以制度形式促进法律专业人士在行政立法与执法领域贡献专业知识，警示法律风险和解决法律问题。广东省中山市则在行政复议中成立相对独立的行政复议委员会，除常任委员外，还遴选了学者、律师、医生、人大代表、政协委员和村委会主任等作为非常任委员，从而超脱于政府部门利益，大大提高了社会公信力。[1] 行政领域的政府主导和公众参与机制，也是基于政府权力的法定性而生成的，为防止权力滥用或权力扩张而赋予公众一定的参与性权利，对于规范行政权力运行和建设法治政府都有重要的意义。

3. 司法领域主导与参与机制

《中共中央关于全面推进依法治国若干重大问题的决定》对司法改革的目标非常明确，提出"确保依法独立公正行使审判权、检察权"。司法作为地方法治的兜底性活动，依法独立行使审判权力，坚持法律至上，维护社会公平正义。"法律必须被信仰，否则形同虚设。"[2] 为确保司法独立公正，审判和检察活动除了为保障当事人的合法权益由律师等法定人员参与司法过程外，一般不吸纳社会人士进入司法活动。只有专业司法力量专门从事案件审理等工作，才能及时高效地化解各类社会矛盾，维

---

[1] 参见《山东省2013—2014年法治发展状况》《法治中山建设调研报告》，载李林、田禾主编《中国地方法治发展报告（2014）》，社会科学文献出版社2015年版，第38—72页。

[2] ［美］伯尔曼：《法律与宗教》，梁治平译，商务印书馆2017年版，第7页。

护社会稳定和高效运行,确保司法活动具有公信力。但是,在传统"命令—服从"的模式下,司法活动依然受到地方其他权力的不当干涉和影响,增加了司法权力运行不规范的可能性。从表面上看,是个案因各种权力干涉受到不公正的审理,而实际上是地方的司法未能履行独立公正职能损害了司法公信力,导致地方社会对司法活动不满。当下,司法领域依然会偶尔出现一些诸如云南孙小果案等司法枉法裁判和司法腐败等问题,极大地损伤了司法信任和司法公信。虽然司法活动是专业性活动,但对司法权力的有效制约也是必须而且正当的。在法律设计中,除了律师等专业人士的常态参与外,人民陪审员制度也是公众参与审判的制度性设定,有利于公众代表参与司法、监督司法。根据案件审理、矛盾化解等实际需要,在司法的非核心业务环节如调解、听证、涉诉信访等环节,往往会由地方各级人民法院和检察院主导吸纳社会各类代表性人士参与,保障基层社会群众和利益相关者的参与权利。确保司法权威的关键在于,让普通百姓全面了解司法依据、程度、流程和结果,司法公开则是地方社会公众直接参与的重要形式。因此,司法机关主动提高司法透明度和公信力,利用多媒体、公众开放日等手段构建开放透明的司法环境机制,将司法活动置于地方公众的广泛监督之下。

(二)活跃于公共服务领域的社会权力

在复杂的社会网络中,无论何种社会主体均不能脱离社会关系而存在。社会主体的"共在"是无可辩驳的社会事实。"不在一个直接或间接地证明他人在场的世界里就没有任何人的生活是可能的。"[1] 在共在的地方社会关系中,各种社会主体只是维持社会网络运行的一种基础,社会的主客体关系往往受到公权力威权的干涉而导致社会公众成为地方法治客体的现象。在合作型地方法治中,任何合法的社会主体都能够成为合作关系的主体之一,并且在合作关系中朝向平等互动。这种平等合作关系,并非地方政府的主动推动,而是当代社会结构变迁的产物。"政府与社会组织之间那种'控制'的依附性互动将失去生长的土壤,转而朝向

---

[1] [美]汉娜·阿伦特:《人的境况》,王寅丽译,上海人民出版社2009年版,第14页。

'平等'的合作性互动演进，即由共在关系转变为共生关系。"① 地方法治在这种共在共生关系下，各种主体基于信任而展开多元合作，除了政府根据法定原则必须占据主导地位之外，而其他领域则更多的是平等互动的合作场域。

与政府主导公众参与的场域不同，平等合作的共生场域广泛地存在于政府服务、公共治理领域和基层自治当中。不同的社会主体承担着不同的地方法治功能，因一致认可的目标内容、方式路径等形成友好型伙伴关系，从而共同参与地方治理。无论哪种主体，均以共同的法治价值作为精神纽带，形成或固定或松散的内在合作。这种地方法治的共生合作，并非通过权力或制度就能实现的，否则极易陷入中心主义的怪圈而依然无法脱离"命令—服从"的传统逻辑，即使竞争性机制也只能在政府权力范围以内产生。所以，合作型地方法治的重心在于这种共生关系下的"信任—合作"，而这种政社关系是平等的和可持续的。这就与此前研究中"国家优位"或"社会优位"地方法治的法理言说有着不同的视角，并且真切地在地方法治实践中发生着。

在地方行政领域，政府权力的法定性和固有性决定了行政活动一般由行政权力占据主导地位。在实践中，随着地方治理复杂化和治理负荷的膨胀，以及法治政府的建设，较多行政权力延展到公共领域或社会自治领域，从而产生了权力扩张现象。同时，地方较多的行政活动受公权力自身控制属性的影响，侵害了属地公众的正当权益。因此，随着行政民主化和法治化的推进，部分行政领域职能与社会产生不可分割的联系，由原来的命令转化为合作关系，从而产生了较多共生性的结构领域。地方行政决策因涉及本地域内重要的经济社会事项和人民群众的切身利益，因此影响面甚为广泛。众多地方群体事件的发生，往往与地方政府行政决策不合理或决策封闭相关。地方国民经济和社会发展规划、空间产业规划、重要建设项目、政府投融资、资源开发与生态保护、重要民生项目、多领域改革等，无一不是与社会公众的切身利益紧密相关，一旦发

---

① 朴贞子、柳亦博：《共在与共生：论社会治理中政府与社会组织的关系》，《天津行政学院学报》2016年第4期，第15页。

生决策偏差将侵害社会主体的群体性利益，造成较大的社会反响，影响社会稳定和政府公信力。因此，地方行政决策领域的公共性决定了并非个体性或形式化的公众参与便能形成地方社会对政府权力的有效制约。地方重要行政决策事前、事中和事后均不能由政府权力占据主导性地位，需要根据重大事项的性质和涉及的地域领域而适时进行动态调整，并与社会力量之间形成广泛的动态的平等性合作。除了一般意义上的信息公开、征求意见等普遍参与外，需要全过程将专业论证、风险评估、利益相关方座谈、合法性审查等作为必备条件和程序，对焦点问题和重要意见需要全面准确地予以反馈回应。对教育卫生环保等重大民生事项，可以委托专业机构进行民意调查，并将结果公开。当然，行政决策领域的事项几乎每天都在频繁地发生，所有情况都有社会力量参与是不现实的，只有涉及重大影响和重要民生事项的重要决策，需要平权关系下由政府与社会共同合作。这样的衡平结构，一方面可以防止地方政府权力的任性作为，另一方面也确保了社会公众的主体地位，从而更为积极主动地参与行政决策活动。因此，平等的合作社会结构则能够促使重大行政决策事项科学民主有效，导引地方政府与社会基于平等关系共在共生。

社会复杂程度超乎任何人的想象，也真实地运行着。与传统权力配置不同的是，较多社会事实与社会事务发生在政府与私人之间的领域，这就是公共领域或"第三域"。对这个领域的理解，虽然存在是否属于传统市民社会领域的争议，但均没有否认这是联结和沟通国家与社会的重要空间。公共领域具有"公共性"和"同一性"，"把我们聚在一起，又防止我们彼此竞争"[1]。在哈贝马斯看来，公共领域就是"和公共权力机关直接相抗衡""使得公众能够对国家活动实施民主控制"[2]。随着信息化、网络化的发展，我国社会公共领域逐步发达，承担了重要的历史使命，在拒斥公共权力的社会泛化、抵御市场力量的逐渐侵蚀、培育社会

---

[1] [美]汉娜·阿伦特：《人的条件》，竺乾威等译，上海人民出版社1999年版，第40页。

[2] [德]哈贝马斯：《公共领域的结构转型》，曹卫东等译，学林出版社1999年版，第2页；[德]哈贝马斯：《公共领域》，汪晖译，载汪晖、陈燕谷主编《文化与公共性》，生活·读书·新知三联书店1998年版，第126页。

公众的公民品格等方面发挥了重要作用。往往公共领域被视作公众社会的"舆论场",实际上,它还因社会主体的自愿合作而承担着较多公共事务的治理功能。地方政府职能转变后,原来较多行政包办的服务型社会事务逐步进入社会领域,由公共领域的社会组织或个体承担较多的任务,以弥补政府资源和能力的双重不足。在公共事务领域,地方政府与地方社会各类主体的合作途径主要有两个:一是政府承担的行政服务通过社会化形式与社会在多领域展开平等合作,政府通过竞标、外包和购买等形式确立符合条件的市场和社会主体承担公共服务职能,而企业或社会组织则在相对平等的条件下履行相应的义务,形塑了一种契约化的政府社会关系结构。二是市场和社会主体——主要是企业和社会组织在法律的制度框架内,自主开展相关公共事务治理和志愿活动,政府承担着监督和指导职能。受地方人口众多、治理负荷较大的影响,政府的有限性与社会资源的丰富性在公共事务领域形成了有效的政社合作关系,这种结构要么是契约关系的社会市场化,要么是公共治理的社会化,往往政府权力的作用发挥在遴选和监督层面,而市场和社会力量主要承担实施和反向制约职能。由此,在一些广受关注的公共事务领域,诸如非义务教育、科技创新、文化服务、环境保护以及其他的社会服务等方面,市场和社会力量发展较为迅速,有效提供了公共服务并且弥补了政府权力的缺失。在彼此的分工合作与信任联动中,稳定了双方的合作结构,维护了社会多元权力的生存空间,整合与兼容了多元利益和价值诉求。在社会公共事务领域的合作中,政府权力往往无力全部承纳,而社会力量具备了发展空间,两者间产生了复杂社会变迁下的合意共生,从而在合作型地方法治领域有利于阻却公权力的滥用,并对私权利予以保障。

宪法与法律赋予了社会基层自治的权力。城市的居民委员会和农村的村民委员会是法定的自治性组织。但是,随着农村城镇化的发展和城市小区楼宇的人际隔离,新生了大量传统治理中不会出现的社会问题。从学理上而言,自治领域政府一般不会全面控制。在实践中,虽然政府权力干预已经逐步减少,但地方法治往往为了社会控制网络而将权力触角延到每一个社区。城乡社会利益结构多元化、社会资源的分散化和人口的流动化,的确给治理带来了较大的难度。因而,实际上的社区治理依然属于带有权力色彩的自治。本来社区村民和居民对共同体内公共事务的直接治理，是最符合法治和民主本意的实现形式，但在实践中，社区往往存在着政务化与自治化的冲突。因此，在社区的基层法治中，恢复自治领域，保障社区居民的权利，改变"被治理"的习惯心态，需要在行政权力与自治权力之间形成制衡性合作关系。在现有的体制框架下，基层党组织依然需要发挥重要作用，而社区决策、管理和监督作用需要社区内的全体人员共同实施。除了公共事务领域普惠政策的社区落地可以允许行政权力适当进入末梢外，其余的社区治理应当以自治为主。浙江省涌现出的村务监督委员会、重大村务公决制度和自治五步法等经验，均是有效提升自治水平、防止社区组织行政化的重要参考。在社区内，如物业管理、宠物管理、村居修缮、河道整治等工作，完全可以由平等自治主体参与合作。自治领域的公权力有限渗入，政府主要以平权姿态出现，采用的是保障居民公共服务性权利的方式。因而，政府权力与自治权力可以在社区形成交互式的共在，并通过居民权利保护的方式有效制约行政权力的社区扩张。

二 社会权力对法治合作机制的内生要素扩展

缺乏社会的法治是无以生成的。无论是市民社会理论还是社会资本理论，无疑均以社会范畴指向法治的国家层面，试图用社会体系与政治国家的矛盾运动阐明法治运行的基础和界限。从学理上看，法律至上、权利保障、理性秩序、公民意识等均是法治运行的必备条件，无疑具备理论的自洽性。法治理论、法治设计文本与法治实效是三个不同的法治议题。在实践中，何以将这些社会要件转化为实效的法治一直是理论的难题。在整体性的社会分析范式下，在地方法治的实践中如何化解政府与社会内在紧张的焦点问题，是合作型地方法治必须面对的问题。在"控制—依附"的模式下，地方法治往往是由政府推进，其他社会主体属于治理对象或应付参与，因此社会基本被淹没在公权力的影响之中，通过命令的控制方式使得社会几乎完全处于边缘状态。究其原因，在于政府权力充斥在全部的社会生活之中。

在学理上"权力—权利"结构的衡平关系中,权利往往主要掌握在地方公众个体手中,在庞大的权力体系面前,几乎没有任何招架之力,根本无法回答权利对权力的制约问题。期待地方政府权力与社会公众个体权利之间的平等对话与合作,那无疑是纸上谈兵,只能存在于理论的假设之中。要促进地方法治发展,必须同时考量两个变量及其相互关系:一是政府权力的改造,二是市民社会的重新建构。[1] 法治实效性的关键是两者之间在实践中的互促与制约关系。只有真正意义上的平等权利关系,才能形成对政府权力的有效制约,否则私人权利只能根据政府权力的自我革命来得到保障。所以,合作型地方法治破解的就是"权力—权利"关系的结构性难题。通过真实发挥作用的社会权力形式制约带有强制功能的政府权力的扩张,从而在"政府—社会"的框架内赋予社会权力体系。行动中的社会组织与群体只有同地方政府的权力相呼应,方能具备社会资本的地位和力量,形成彼此信任,从而展开有效合作。否则,一切学理上的社会均是空中楼阁,只能散见于不同的公众个体的权利期待中,见不到政府与社会结成共同体而产生地方法治的集体行动。

(一) 社会权力要素在隐匿中生发

回顾现有地方法治的实践,地方政府的控制性追求成为其自我价值确证的重要方式。无论是试验型地方法治、竞争型地方法治还是承包型地方法治,都热衷于以政府为主导的治理结构,在地方法治设计、推进力量和实现路径上,均将高效的控制作为价值诉求,从而与其他社会主体架设了较大的权力鸿沟。这样的法治资源的配置方式,直接决定了地方法治本质上是政府权力威权主义,而其他的任何权力或权利均处于边缘地位。事实上,每个地方内部差异都较大,社会阶层分化加剧,地方各群体和个体的利益需求又极为复杂,个体权利需求其实蕴含其他更为深层的政治、经济或社会矛盾。[2] 往往地方政府权力容易察觉表面性的群

---

[1] 参见 [英] 戴维·赫尔德《民主的模式》,燕继荣等译,中央编译出版社 2008 年版,第 312 页。
[2] 参见顾培东《试论我国社会中非常规性纠纷的解决机制》,《中国法学》2007 年第 3 期,第 3—19 页。

体权利要求，而忽略政府权力运行造成的社会问题和社会矛盾。在服务型法治政府建设的进程中，一方面地方政府在政策制度中将各种社会主体视作地方法治建设的共同体，另一方面则在法治实践中秉持权威者的姿态将社会关系中的其他主体作为被治理的对象。

现实中，地方政府在重要经济项目落地、强制性征地、新区建设随意配置公共资源等方面展现了较大的权力任性，从而吞并了地方社会的较多资源和公众的权利。这也就造成了地方政府会一边随着社会变化和权利需求限缩权力边界，一边在控制性社会领域逐步扩张权力的矛盾状态。这种困境内隐含的恰恰是传统地方法治类型中政府绝对控制主义范式下，公权力支配社会造成的社会空间极度压缩。往往地方政府通过地方性法规、地方政府规章和其他规范性文件将政府需要扩张的权力固化在制度机制当中，让不当权力直接获取了制度意义上的形式合法性。一旦处于边缘的社会主体对这些权力产生否定或挑战的趋向，则会直接被公权力确认为违法。一方面地方政府权力不仅没有被有效制约，另一方面因为这种格式化，社会权力和公众权利往往会隐匿和退缩。当社会对于结构化了的地方政府权力制度习以为常时，也就被淹没在了远离中心的边缘状态中而自认为那就是稳定的平衡状态。

因此，在现有地方法治实践类型中，当社会权力没有正式的制度性规则予以确认时，只能以边缘隐匿的形式发挥一定的作用。这种隐匿有的是主动退隐，有的是被动隐藏，所以无法发挥制度性机制力量代表社会与地方政府权力之间形成必要的衡平机制。随着时代进步和社会发展，地方政府权力控制主义模式逐步被社会变革打破，逐渐生发的权利意识和民主意识正在调整"命令—服从"关系。梳理现有的地方法治实践内容，我们可以发现社会权力存在或发展的一些要素逐渐发育并成熟起来。

1. 社会阶层逐渐复杂化和社会化

市场化和网络化发展，促使经济和社会的利益分化加速，新的社会分工领域越来越多，涌现出大量新的社会阶层。区别于传统的公务员、知识分子和工人、农民等分类，互联网企业高管、律师、职业规划师、策划营销人员、网络主播、自由职业者等，活跃于各地方社会利益分化的场域之中，逐步形成体系化的运作机制，直接超越于地方公权力控制之前调整资源配置和利益分配，大大改变了传统的地方法治资源配置模式。社会权力在市场变革的前沿缝隙中占据了主动生发的位置，从而影响了地方政府权力的运作。

2. 社会资源配置逐渐市场化和社会化

随着市场在资源配置中决定作用的发挥，地方政府权力干预资源配置的领域越来越少。除了国有或集体所有的自然资源如土地等的配置外，其他资源在市场是自由流动的，根据各自偏好在地方之间流转。资本、人才、技术等要素市场，往往根据产业集群和社会需求而流通。即使在公共服务领域，也交由市场主体和社会组织等承担，促进了社会权力的增长，改变了政府独揽资源配置权的垄断地位。

3. 网络平台的民主进程推动社会权利意识和价值观念的多元化

与传统权威统一性在于地方政府不同，网络提供了个性化、平等化和多样化的合作平台，普通公众均可以通过自媒体形式发布文字、图片和视频等，完全打破了传统的权力本位和等级保守，直接参与地方各种突发事件和个体或群体维权。社会力量展现出的利益诉求、权利保护意识以及平等自主和开放自由等精神，大大促成权利主体之间的价值共通和契合。

不难发现，虽然社会权力在现有的地方法治实践中尚未形成制度化的力量，但其生长的经济、社会和观念要素已经开始消解地方法治背后政府权力扩展的土壤，并逐渐塑造了多元化主体的社会结构。主体和权力要素生长积累到成熟，则社会权力将从现有夹缝中破壳而出，成为地方法治变革的主导力量，从而由边缘转化为网状合作结构中的重要节点，与政府权力一起动态地应对地方复杂治理的合作要求。否则，地方政府的权力依然占据控制地位，无法化解地方法治的核心问题和主要矛盾。在合作型地方法治权力结构体系中，要维持动态的平衡，必须将社会权力作为与政府权力相对应的合作对象，进而维持两者间的双向良性互动，才能构筑稳固的均衡互补力量关系结构。

（二）公私领域中社会权力彰显

信任是一切合作得以产生和持续的根基。这个起于个体心理学的概念，逐步演化到经济学、社会学和政治学领域。新公共治理领域，信任往往运用在社会公众对政府治理的合法性和有效性层面，以支撑政府改革的深化。无论信任被视作"契约""信念"还是"工具""行为"①，它都是社会公众和国家政府之间的重要联结。在帕特南看来，信任是社会资本必不可少的部分，社会信任长期以来一直都是伦理道德的核心组成部分，确保了政府的绩效。在一个共同体中，信任水平越高，合作的可能性就越大，通过合作又会带来信任。② 可见，信任是政府与社会两者协同关系的纽带，并且是维持政治和社会秩序的重要方式。脱离信任关系而只通过权力强制控制的治理方式，往往会被社会和时代抛弃。因此，信任之于社会公众和地方政府的意义在于，一方面，社会公众通过信任确认地方政府在治理中的主体正当性，从而支持政府的合法履职行为；另一方面，地方政府以信任互动机制谋求与社会公众的在复杂治理中的合作，从而实现政府权力的公众采信。在正式与非正式的地方治理网络中，只靠政府权力构筑的政治性网络节点和连接是无法面对当今多元化和信息化的治理需求的，而内在的信任关系仅依靠政府权力是脆弱的，无法抵御不断变化的社会风险。"风险与信任的根据在做任何事情之前都被理性地权衡。"③ 因此，在地方法治中，规避法治风险的重要前提是政府与社会之间产生信任互动，在社会公众与地方政府之间通过社会资本联结形成合作关系。信任适用于法治领域，是解决政府权力自利性与社会权力公共性之间矛盾的重要方式。

当下，我国地方相对稳定的政治社会状态，得益于中央和地方改革开放以来在市场领域取得的重大成就，为社会公众与地方政府之间形成较好的利益关系，从而构筑了充分信任的经济基础和心理基础。同时，传统计划时代政治权力无所不管的状态已经发生较大改变，政治民主已

---

① 柳亦博：《简化与元简化：信任在国家治理中的两种功能》，《学海》2017年第2期，第141—147页。
② 参见［美］罗伯特·D. 帕特南《使民主运转起来——现代意大利的公民传统》，王列、赖海榕译，江西人民出版社2001年版，第199—200页。
③ ［德］尼克拉斯·卢曼：《信任——一个社会复杂性的简化机制》，瞿铁鹏、李强译，上海人民出版社2005年版，第31页。

经取得较大进步，社会公众感受到的是社会秩序稳定和权利保障更为切实，因此对传统手段的信任受惯性的影响依然在持续和改观。但是，受传统地方法治类型中政府绝对控制的影响，在"控制—竞争"模式导向下，地方政府处于主导性地位，政府权力往往基于风险防控而对社会权力不予信任，从而其权力延伸在现实中并未得到有效控制和制约。因此，在实践中，政府部门和政府官员权力滥用、权力寻租、蚕食公共权力空间、侵害百姓合法权益的事件屡屡发生，贫富差距、食品安全、医疗卫生等社会矛盾加剧，破坏已有的政治信任基础，从而引发不同的权利抗争和社会群体事件。如何判定地方法治现有信任机制的合理性和存在的问题，并以"信任—合作"为准则重构地方政府与社会之间的高信任度关系，则是法治转型首要面对的核心问题。合作型法治究竟是通过何种主体、何种方式和途径形成信任关系并以此为基础展开合作，成为其能否转型成功的关键所在，也即政府和社会的信任机制成为合作的中轴，也是重塑地方法治权威的要义所在。

地方与中央不同，往往直面地方公众的私人领域和社会公共领域，多样性地方事务处理的复杂程度远超想象。因此，地方政府往往在回应社会需求的过程中，引入公众参与机制，吸纳地方社会个人主体参与法治的具体事项。这种个体性参与主要保证了地方政府公权力框架的稳定性，同时展示了政府吸纳民意的合法渠道，从而取得个体信任。但是，这尚未从根本上解决权力制约不够和权利保障不足的主要问题，主要原因在于地方法治领域缺乏与政府权力相对应的权力，无法形成动态平衡的权力机制，社会资本尚未进入地方法治的通道。合作型地方法治将"信任—合作"作为主要范式，并且在去中心化中追求多元权力的平等互动。当社会权力进入地方法治领域，并作为多元权威中的社会权威形式与政府权威之间形成权力的合作与制衡，具备了较多的信任意义：第一，社会权力能够协同解决高度复杂化的地方社会治理问题。地方政府权力资源有限性与社会事务复杂性之间的矛盾，是当下地方法治类型无法解决的重要问题。仅靠地方公众主体的消极参与和形式参与，无法真正从本质上化解矛盾和危机。因此，合作型地方法治则在社会权力与政府权力之间形成相互信任机制，基于公众信任联合的社会权力能够代表地方社会进入治理通道，与政府合作，直面重大社会问题，确保在复杂事务面前多元权力共同参与并形成化解合力。第二，政府权力对社会权力的信任促进了地方社会民主化进程，也增进了社会对地方政府权力权威的认同。地方政府在法治规划、法治社会建设和基层治理中单向性自上而下的掌控，将权力的政治威权直接插进可以由社会自主的领域，造成社会反向的警惕和抵触，从而影响公权力应有效应。一旦社会权力得到政府权力的信任并广泛地服务于社会领域尤其是公共事务领域，则必然可以提升公众的参与感和自主感，以及主体意识萌发从而促成社会内循环的规律而高效。在以社会多元主体构成的社会权力在自身权威生成的过程中，更对地方公权力的收缩报以敬意从而更为遵从政府权力的施行。第三，通过社会权力的信任合作保障公众权利免受侵犯，从而有效制约了地方政府权力的任性扩张和滥用。合作型地方法治政府权力与社会权力的信任合作，其实是"政府机构与非政府机构的合作、公共机构与私人机构的合作、强制与自愿的合作"[①]。通过社会公众的权利约束形成社会权力，社会有了集体力量而非个体力量，并具备了与地方政府权力对话的社会资本和制度资本，从而在社会群体利益保障过程中可以形成合力，在法定限度内与公权力形成有限对峙，确保权利从立法一直到司法过程中均得以有效保护。对于权利的保护，则将政府权力阻却在合理的边界之外。否则，地方社会权力将会选择对政府权力的惩罚机制，抽离社会信任资本，形成各种资源的紧张和冲突，导致公权力运行的治理系统缺乏社会基础而归于无效。这样在纵向的政治权力体系中，地方政府会陷入被动地位，从而在政府竞争中失去优势。

如果竞争型或承包型法治社会权力式微，依然由政府权力作为中心支点，缺乏社会信任的地方法治注定是无本之木。在已经形成相对稳定秩序的状态下，这种运行机制尚能借助已有的政治信任形成社会行动惯例，但一旦发生风险事件，社会公众个体可以蜷缩在自己已有权利的空间内消极抵御或寻求传统权威的地方政府，而政府权力必须迎面解决从

[①] 俞可平：《治理和善治：一种新的政治分析框架》，《南京社会科学》2021年第9期，第41页。

而保证自身的合法性和合理性。因此，社会权力在地方法治中的地位是不容缺失的，信任是能够在地方法治合作中抵御系统性和复杂性风险的。

（三）政社权力的集体行动合作

地方法治是个高度复杂的组织体系，内在结构根据不同的性质可以有不同的类型产出。合作型地方法治的权力结构体系业已被证明需要政府权力与社会权力的共在共生，只有信任合作方能面对未来不确定和复杂的社会变迁。在地方法治的信任机制当中，除了主体信任、关系信任、权力信任外，还有行动信任和结果信任等，核心是对权力关系和权力主体的信任。政府权力与社会权力的互信关系，"总是以社会生活的不确定性和风险为立足点和实践归宿的"[①]。在复杂的社会关系中，信任往往被视作一种简化机制，通过主体间合作从而应对不断变迁的社会和冗沉于基层的复杂事务。合作型地方法治领域，基于信任的社会权力直接从最基础的社会中产生，由社会权力背后的各类社会组织和个体直接应对动态出现的复杂社会问题，借助政府权力和基层自治解决公共治理领域的公共事项。政府权力在多样化的治理领域和治理事务中，通过信任将较多社会治理和公共服务的内容交由社会权力的各类主体参与，可以抽身专注政府在法律框架内的治理内容，提高服务效能和社会公信力。这样，两者在信任关系中形成了有效合作机制，从而服务于全体社会公众，同时保证在相互制约关系中不至无序扩张，实现地方社会秩序稳定、社会自律自由和权利保障有效。地方法治也不再只是政府的法治、书面的法治，而是生动地作用于社会的法治，是多元主体、多元权力和多元方式的集体合作的法治。

社会权力与政府权力在地方法治领域要形成集体实践和行动，信任是前提，合作是关键。往往社会公众对于法治的感知直接来源于地方政府和社会生活，因此在多元的信任关系中，核心关系在于社会公众对地

---

① 李艳霞：《何种信任与为何信任？——当代中国公众政治信任现状与来源的实证分析》，《公共管理学报》2014年第2期，第19页。

方政府权力和社会权力的信任,因为这直接影响个体权利的实现。在多元信任关系中,影响政府、社会和公众形成集体合作的信任主要有以下几个方面:首先,是对未知事业的相互信任。虽然信任建立在熟知的世界和历史的经验基础上才是可能的,但不只是来自过去的推断,需要超越所收到的信息冒险去界定未来,给他人提供一个明确的未来和共有的未来。① 当代地方法治的不可预期性正好需要多元权力及其主体基于未来指向形成共生的合作共同体,以应对不断变动的风险社会。其次,是对主体的相互信任。在集权模式下,政治权力依靠威权统治社会,因业已建立起来的合法性从而忽略对其他任何社会主体的高度信任,虽然吸纳了部分参与,但本质上依然是单线的自上而下的管控权力。合作型地方法治面对的是主体多元的多元社会,以合作为导向赋予主体的治理地位。因此,地方政府、公司企业、社会组织、其他群体和社会公众之间需要在流变的社会秩序中,逐步形成他在的心理立场,充分考量不在场的因素,发掘各类主体的治理优势,通过多种信任联合产生权力关系的合作,从而形成多元互动和合作机制,以主体合力推进权利实现和防止权力觊觎私人和公共领域。再次,是对合作制度的信任。合作型地方法治中的主体或权力关系的稳定机制必定来源于合作制度的稳定性和实效性。法治的本质在于法的至上,其实践过程也应当是合作制度至上性,这暗含信任和合作在法理上的正当性。无论哪一种地方法治实践的信任关系,都需要将制度设定为互相合作的机制保障,将规则作为限定权力僭越的必要手段。"制度可以稳定合作者的未来预期,发现和限制信任风险。"②所以,多元主体和权力进入地方法治领域之前,无论是在地方立法还是在规范性文件制定中,都需要通过对话协商机制确定合作的主要规范,形成对于信任的沟通和监督制度,防止权力滥用进而损害公共利益,也为长期稳固的权力合作提供稳定可预期的价值关切。最后,需要对合作结果的信任。无论是政治权力还是社会权力,都是对确定或不确定的未

---

① 参见[德]尼克拉斯·卢曼《信任——一个社会复杂性的简化机制》,瞿铁鹏、李强译,上海人民出版社2005年版,第26页。
② 欧黎明、朱秦:《社会协同治理:信任关系与平台建设》,《中国行政管理》2009年第5期,第119页。

来治理而开展合作的，主要目的是防控社会风险和防止治理失败。但是，现代社会风险的因果链条错综复杂，基于合作的有效治理大大超过了单一专业机构应对能力。[1] 因而，与其焦虑不堪不如强化政府和社会权力的信任关系，增强各种资源的整合能力，提高对风险的防范能力，从而保持对结果的高度信任，维护地方法治的有效合作。

合作型地方法治的"有效"，以政府和社会的信任作为前提，以政府权力和社会权力合作作为路向，但是如果静止地作为一项制度，无法应对不断变换的社会结构，当然是没有任何治理实效的。有学者指出，孤立静态的社会权力，将只能是理论研究和法治文本的状态而已。合作状态下的地方法治，它在社会力量的平等参与下，告别长期以来形成的控制和竞争逻辑，实现由封闭走向开放，由控制走向合作的转型。[2] 由此，我们不能孤立或静止地对待社会权力在地方法治语境中的作用，而必须与国家权力一起形成集体行动中的合作世界。我们不妨以集体行动的逻辑来审视社会权力的应有实践价值。社会权力之于地方法治实践的意义已经明确，而跨越"信任"到"合作"的关键在于形成主体和权力集体行动的逻辑和机制，有几个方面是可以也应当确立的。

首先，在地方法治实践集体行动中，社会权力平等性的地位和效用。集体行动有多种资源和权力配置逻辑，中心主义也可以由政府权力号召边缘力量展开集体行动，如当下行政权力需要强力推进过程中的公众参与，座谈会和听证会代表选任过程中刻意挑选非利益相关者等。在合作型地方法治建设中，地方政府与社会组织、公众代表处于平权型合作关系，根据身份平等、地位平等、权利平等、作用平等、话语平等的要求，从意见表达到决策执行全领域实现社会权力与政府权力的平等合作。除法定领域外，社会权力通过高质量的理性沟通与协作，充分发挥社会的基础性作用，为法治提供源源不断的基层理性和民主根基。这就创造了

---

[1] 参见［德］乌尔里希·贝克《风险社会》，吴英姿、孙淑敏译，南京大学出版社2004年版，第191页。

[2] 参见柳亦博《合作治理：构想复杂性背景下的社会治理模式》，中国社会科学出版社2018年版，第195页。

社会交流的新形式,对重建社会团结可能是一个实质性的贡献。① 这种权力关系的动态平衡促成社会公众更加信任政府和社会组织的努力和合作。

其次,多种权力集体行动指向的是合作的公共性。应当说,信任是需要有利益合意基础的。因此,在社会权力与政府权力合作共生关系的背后,是政府权力对政府治理的合法性与实效性的需求和社会权力对有效保障公众权利的期待,从而在相互让渡的基础上形成的合作机制。不同的利益价值导向很有可能发生权力间的效应消弭现象,从而产生不了合力。因此,无论哪种形式的权力,都是在达成共同法治价值指向的前提下展开合作的。无论是政府权力还是社会权力,均是超越个人主义的。因此,面向政府与公众共同指向的公共社会领域应当具有合意基础,从而公共性便成为两种权力共同的指向。一方面政府获得了社会的信任与支持,另一方面社会取得了权利和发展空间,从而多元权力在合理的范围内实现了利益的同构性,同时,又新生了更多的公益,支撑合作可持续发展。否则,如果任由权力只满足于自身的自利性,那必然损害另外一方合作的利益基础,依然会走向中心主义的范式。

最后,社会权力在集体行动中是多向度开放的。时代发展是多维度开放的,这决定了地方法治领域的权力关系也应是开放性的信任与合作。竞争型地方法治实质上是政府间的竞争关系,并非政府与市场、社会的竞争。因此在合作型地方法治中,政府权力与社会权力之间的关系不能固化在政府主导和社会参与的固有维度。开放性的路径可以有以下三种:第一,权力关系的多向性行动。在地方法治领域,依照不同的标准对权力的划分是多样的,如政府权力涵盖立法、行政和司法权力,社会权力中的经济与文化等也均可以成为权力机制的重要内涵。因此,不同类型和不同权力形态的合作应当是交错的,针对不同的公共事务产生动态的合作共同体,从而自由组合多种权力的样态,进而解决多元的复杂问题。第二,标本兼治的权力行动目标。现有地方法治类型受治理负荷的影响根本无法解决所有的社会问题,一般会根据难易程度选择解决政府强力可以化解的矛盾,而对

---

① 参见[英]安东尼·吉登斯《超越左与右——激进政治的未来》,李惠斌、杨雪冬译,社会科学文献出版社2003年版,第116—117页。

现实中较多无法解决的事项则从维稳的角度先行处理急迫性事项，将根源问题交由下一届政府处理，社会则期待所有正在发生的问题和矛盾，迅速在小范围和萌芽状态予以处理，从根本上确保问题不再出现。因此两者通过协商、合作和共建等方式，充分发挥各自的优势，以标本兼治的方式将问题和矛盾迅速化解。第三，集体行动中的信息和技术共享机制应当是现时代的突出特点。地方社会权力与政府权力之间展开合作的领域和路径是多方面的，在信息时代，对信息和技术的非对称性会影响合作成效。政府权力几乎掌控着本地域内所有社会公众的基础性信息和权力运行的过程性信息；社会权力一般具备较为强有力的创新技术和公众最新的权利需求。所以，在社会权力与政府权力的合作法治中，要素的共享是合作型地方法治中权力合作的技术层面集体行动要求。

第二节 合作型地方法治语境社会权力的法理属性

一 域外关于社会权力的经典论述

西方关于社会权力的研究散见于哲学、政治学和社会学领域的权力理论、市民社会理论、治理理论等之中。在巨大的社会变革造成底层结构更新的潮涌中，知识普及、平等观念、理性思想尤其是经济发展极大地推进了时代对于人类的组织样态尤其是对于权力的思考，关于自然状态、民族国家、公私关系等的思考衍生出对国家权力、公民权利和社会权力的判断。

洛克、卢梭、黑格尔等均对社会权力及其来源做出过经典阐述。[1] 社

---

[1] 从古希腊开始，思想家们对人类的样态、权力来源等的思考虽无国家与市民社会的区分，但产生了自然状态、社会契约论、法治论、政治国家等学说，从而在历史与哲学的沉思和阐释中为一般意义上理解人类发展的社会生活提供了思想源泉，也为后期对于国家与个人、强制与自由、权力与权利的理性思考和制度设计奠定了基础。权力与权利的配置是法治的主要线索之一。参见柏拉图《理想国》《法律篇》、亚里士多德《政治学》、洛克《政府论》、孟德斯鸠《论法的精神》、卢梭《社会契约论》。

会权力研究是逐步从权力研究和"国家—社会"二元分析框架中演化出来的。"权力是某些人对他人产生预期效果的能力"①,但"只有承认'公众'和'私人'生活范围已经明确分开……法律才能独立于社会之外而存在"②。在黑格尔的论域中将市民社会视作"各个成员作为独立的单个人的联合"③,代表了维护公众特殊利益的社会权力层级低于国家权力。

马克思在对黑格尔法哲学的批判中,在生产关系中探寻社会生活里的"市民社会",深刻地指出自发分工的社会生活必然产生一种社会力量,也即"社会权力","使一定的生产力能够得到利用的条件,是社会的一定阶级实行统治的条件,这个阶级由其财产状况产生的社会权力"。"这种社会力量在这些个人看来就不是他们自身的联合力量,而是某种异己的、在他们之外的强制力量"④,而生长这种社会权力的就是物质生活关系的总和。生产关系成为异化了的社会的物质力量,其"市民社会"的社会生活领域也就成为社会权力的起源场域。马克思认为,在国家权力与社会权力的关系问题上属于对应性关系,但是国家权力终将以社会权力为归宿,表现为将"'国家'迄今所吞噬的一切力量归还给社会机体"⑤。

哈贝马斯则强调公共领域的私人集合属性而相对独立于市民社会,通过占有性个人主义的倾向实现集体的目的,产生拥有可靠威胁的行动者的社会权力(社会资源占有的不均条件下产生的支配力)。⑥ 哈贝马斯认为,在社会权力与政治权力之间存在张力,公共领域的社会权力通过与具备强力的公共权力机关就"商品交换和社会劳动领域中的一般交换规则等问题"开展商谈,从而公共领域的各种结构权力紧张和权力的合

---

① [美] 丹尼斯·朗:《权力论》,陆震纶、郑明哲译,中国社会科学出版社 2001 年版,第 3 页。
② [英] 罗杰·科特威尔:《法律社会学导论》,潘大松等译,华夏出版社 1989 年版,第 53—54 页。
③ [德] 黑格尔:《法哲学原理》,范扬、张企泰译,商务印书馆 1961 年版,第 174 页。
④ 《马克思恩格斯文集》第 1 卷,人民出版社 2009 年版,第 542、538 页。
⑤ 《马克思恩格斯选集》第 2 卷,人民出版社 1972 年版,第 377 页。
⑥ [德] 哈贝马斯:《在事实与规范之间——关于法律和民主法治国的商谈理论》,童世骏译,生活·读书·新知三联书店 2003 年版,第 454 页。

法化压力才能得到缓解。①

孔德将社会力量分成了物质力、知识力和道德力三类，其力量的主要内容虽较为抽象但内含社会权力的源泉。②涂尔干视其着力研究社会进化中的社会事实为一种与自然力量同样实在的"社会力量"，而且是一种支配我们的力量，其强调社会力量与国家之间紧密联系，但同时"形成对众多个人有国家不可能有的某种影响的道德力量"③。福柯认为，必须摈弃国家主义的宏大框架而应基于具体和局部的微观分析模式，对"非国家机构形式"也即社会资源层面的规训权的权力关系、权力主体和权力互动等展开分析，社会性权力可以贯穿和联系各个局部力量冲突，"反过来重新分配、排列、同化、整理和混合这一系列的力量关系"，实现规范化社会的整体性功能。④彼得·德鲁克强调了社会权力之于社会功能的重要意义，认为"一个社会，除非赋予了个体成员以社会身份和社会功能，除非决定性的社会权力是合法的权力，否则是无法发挥其正常的功能的"⑤。但也有学者认为，国家权力高于社会权力，"国家是一种凌驾于各种社会组织和机构的社会权力之上，统管和协调这些权力的公共权力"⑥。

经典作家们大多是在分析"国家—社会"二元关系中对社会权力有所论及，而迈克尔·曼则集中了四卷文本专题建构了自己的社会权力论，将社会权力作为演进社会理论框架的核心支柱，把社会看作多重交叠和交错的权力网络，提出了一个解释人类社会权力关系的模型，也即社会权力的四大来源"IEMP"（意识形态的、经济的、军事的和政治的关系），提供了社会控制的可选择的手段和能力，这种能力使它的组织形式

---

① 参见［德］哈贝马斯《公共领域的结构转型》，曹卫东等译，学林出版社1999年版，第32页；［德］哈贝马斯《合法化危机》，刘北成、曹卫东译，上海人民出版社2000年版，第78、106页。
② 参见［法］奥古斯特·孔德《论实证精神》，黄建华译，商务印书馆2011年版。
③ ［法］埃米尔·迪尔凯姆：《自杀论》，冯韵文译，商务印书馆1996年版，第371页。
④ 参见［法］米歇尔·福柯《必须保卫社会》，钱翰译，上海人民出版社1999年版，第35页；［法］米歇尔·福柯《性经验史》，余碧平译，上海人民出版社2005年版，第60—63页。
⑤ ［美］彼得·德鲁克：《社会的管理》，徐大建译，上海财经大学出版社2003年版，第8—9页。
⑥ ［美］戴维·茨普诺：《社会学》下，刘云德、王戈译，辽宁人民出版社1998年版，第405—407页。

能暂时支配整个社会形式。迈克尔·曼并未对权力这个复杂概念做出说明，但是其将社会权力的性质和来源的技术特征进行了详尽的梳理和澄明。迈克尔·曼论述的社会权力虽然属于内涵扩大化的社会权力，但通过四类权力来源整合了互动的社会网络，形成确定的"组织化""制度化"的主要社会结构体系，而社会权力的动力来源于制度化网络的边缘和深层，从而影响社会的治理。①

二　国内学界关于社会权力的解读

受传统政治理论的影响，国内学者往往将权力研究的视角放置于政治权力及其衍生属性的公共权力上，对社会权力的专题研究较少。梳理已有文献，关于社会权力的学理分析散见于各类相关性成果中。根据不同语境、不同逻辑与不同的分析方法，社会权力的解读主要有以下代表性观点。

第一类代表性观点为，建立在"多元权力"的理论基础和"权力转化"的实践思维的双重逻辑基础上，将社会权力视作人类社会多元权力体系中的一种，并且可以经由国家权力和个人权力转化而来。郭道晖先生从历史维度考察了权力的演进和分化过程指出，随着市场发展，国家权力向社会逐步转移或权力社会化的渐进进程；在全球化时代，国家权力又进一步形成了国际社会化。这样，国家权力并非现存唯一的权力形态，"与之并存的还有人民群众和社会组织的社会权力，有凌驾于国家权力之上的、由各国政府组成的国际组织的超国家权力，以及国际非政府组织的国际社会权力"②。即使在国家权力的领域，伴随民主和社会发展，也渗入社会的因素，如立法权中有公民的直接参与和社会组织的间接参与；行政权通过参权、委托、授权、还权等方式实现社会化；司法权以社会参与和社会化的准司法行为等具备了一定的社会性。通过国家权力

---

① 参见［英］迈克尔·曼《社会权力的来源——从开端到1760年的权力史》第1卷，刘北成、李少军译，上海人民出版社2015年版，第1—40页。

② 郭道晖：《社会权力与公民社会》，译林出版社2009年版，第36页。

内部分权形成了社会化趋向。在多元化的权力动态变更中，社会权力逐渐形成。实际上，这个观察维度是以国家权力作为逻辑起点，在市场化和国际化进程中，民族国家权力逐步分化和社会化，两个不同的国家权力衍生路向便产生了国际权力和社会权力两种权力样态。因此，在社会维度，"社会权力是在国家与社会二元化格局下，社会主体拥有自己的社会资源和独立的经济、社会地位而形成对国家和社会的影响力、支配力"[1]。社会权力既不同于"社会权利"也与社会个体权利相异，具有三个本质性的要素：一是社会权力具有享有政治性权力的权力主体，二是主体需具备比较充分的社会资源作为权力的基础，三是具备对国家和社会产生影响力。其中，社会权力赖以产生的社会资源包括物质资源、精神资源和社会组织资源等。有的学者认为，权力不仅有众所周知的国家政治权力，还有基于组织产生的组织权力，以及"由于以血缘或地缘关系结合的共同的社会生活而产生的社会权力"[2]，并且社会权力是多元化的，在社会生活中往往是由多元权力共同作用的社会控制过程。

　　第二类代表性观点为，基于比较宽泛的国家与社会的二元分析模式，将社会权力视作与国家权力相对应的权力样态。这种分析模式是当代政治社会发展的经典理论，在"强国家—弱社会""强社会—弱国家""强国家—强社会"以及"弱社会—弱国家"的模式[3]争辩中，认为法治发展的难题在于权力样态之间的紧张和冲突，从而需要将国家权力与社会权力在一体化中加以考察。因此，依据社会权力的性质将社会权力定义为"个体或社会组织通过凭借自身的暴力、知识、威望、社会资源等权力基础，直接影响他人而实现自己意愿的能力"[4]。在与国家权力的有效互动中，社会权力具备了"自主、自治、自律"等条件。受权力主客体、资源占有和行动方式的差异影响，依据博弈力量对称原则将权力划分为

---

[1] 郭道晖：《社会权力与公民社会》，译林出版社2009年版，第47页。
[2] 吴克昌：《国家权力、社会权力及其关系的分析》，《中南大学学报》（社会科学版）2004年第2期，第161页。
[3] 参见[美]乔尔·S.米格代尔《强社会与弱国家——第三世界的国家社会关系及国家能力》，张长东等译，江苏人民出版社2012年版。
[4] 卫知唤：《"国家—社会"框架下的中国社会权力溃散及其治理》，《探索》2015年第4期，第127页。

社会权力和国家权力是妥当的,而且社会权力的发展是不可遏制的。因此,对社会权力本体意义上源起、流变、本质、价值和发展趋势的研究,不能局限于社会权力限制国家权力的限制的工具意义,而应拓展到运行和价值领域。[①] 部分学者将社会权力放置在国家权力、经济权力的分化语境中,视作除经济权力外的各种非政府性社会组织的权力,如政党、利益群体、宗教组织、家庭等社会组织中的权力。传统的族权、父权等都属于社会权力。社会权力之于政治权力,具有鲜明的特征:其一,社会权力的积累可以为获得政治权力提供有利的基础;其二,社会权力的重要性和量的积累达到一定程度,就会主动地作用于政治权力,具备公共性。随着社会的多元化,社会力量逐步呈现新的元素。中国台湾地区的学者在考察工业化引发的生活富裕化导致社会分化形成多元化社会身份和多元化社会结构时,认为这使得中产阶层具有了政治的现实感、经济高消费和社会结社性格,社会的权力分配便发生变化,从而形成了一股巨大的"社会力量"。[②]

第三类代表性观点为,将社会权力视作公权力与私权相互融合的结果,广泛地存在于各种领域之中并且发挥作用。江平先生认为,改革开放的两大重要任务是实现"两个解放":一是从国家权力的范畴内将社会权力抽离出来,实现社会从国家领域的解放;二是将地方治权从中央权力中解放出来,扩大社会权力和自治。他认为"社会权力是公法和私法融合的产物,是公权和私权融合的产物"。公权可以转化为社会权力,私权也可以逐步向社会权力转换。私权中除属于公民绝对自由的权利、社会利益可以限制的私权外,如教育和环境权等与社会利益紧密相关的私权越来越具有社会化属性,进入社会公共领域。[③] 因此"社会权力行使的主要领域应当是社会公共事务和社会公共利益,行使社会权力的主体主

---

① 参见郑芳《国家治理视阈中的社会权力研究》,《前沿》2014 年第 12 期,第 10—12 页。
② 参见萧新煌《变迁中台湾社会的中产阶级》,(台北)巨流图书公司 1989 年版,第 180—188 页。
③ 参见江平《改革的重要目标:扩大社会权力》,《中国改革》2008 年第 3 期,第 22—23 页。

要应当是非政府机构、民间组织"①。在为数不多的社会权力专题研究中，胡水君将所有区别于单纯的国家权力或政府权力的权力形态都称为社会权力，不仅与一定的共同体或组织相联系，也与一定的意识形态、价值、规范或现实利益相联系。社会权力与国家权力或政府权力有时并无严格区分的必要，因为政府官僚机构之外的其他组织或机构的权力，虽然在形式上是社会权力，但实际上可能只是国家权力的延展或在具体运行中的存在形式。在某种意义上，社会权力就是在社会中流动不居的权力，处于国家权力之外、之上或之下，一起形成权力结构和网络，在法律意义上严格地说是非法律权力。②

第四类代表性观点为，除了这些专门性社会权力研究之外，较多学者在研究法治的进程中将社会权力作为分析的工具和主要路径。马长山教授较为专注"国家—社会"框架下的法治研究，将市民社会的形塑作为中国法治建设之路，而社会是法治的基础。随着多元利益的分化导致社会分层、社会资源占有分散化、社会分工加速分化、社会价值观念多元化促成了"社会权利"（又叫社会权力）的扩张、伸张，从而一方面对公权力的范围进行厘定，并对其进行制约、平衡和规制，另一方面又互动合作，从而产生浓厚的社会主义法治诉求并为法治奠定了重要的社会基础。③ 同时，强调多元化、多向度的社会权力运作，形成了良性互动式的新型权力制约与权利保障，社会权力是组织化、群体化的权力制约和平衡力量，通过社会组织在静态（权力机构上）和动态（权力的生产和分配过程中）两个向度的作用，造就了组织化、高强度的社会分权和多元权力的互控与平衡机制，与国家权力之间既制约平衡又谋求合作互动，共同化解社会冲突，协助国家管理，促进社会自律秩序。④ 随着全新的公共领域兴起，医改、反腐、网络舆情等促动多元均衡与协商互动治理机

---

① 江平：《社会权力与和谐社会》，《中国社会科学院研究生院学报》2005年第4期，第34页。
② 参见胡水君《法律与社会权力》，中国政法大学出版社2011年版，第118—120页。
③ 参见马长山《国家、市民社会与法治》，商务印书馆2002年版，第214—217页。
④ 参见马长山《法治进程中的"民间治理"——民间社会组织与法治秩序关系的研究》，法律出版社2006年版，第67页。

制形成，但也形成了改革发展进程中的结构性张力，需要社会权力构建"重叠共识"的动态耦合机制、体制内外的对流循环机制等互动平衡机制，建立弹性的制度框架维护法治秩序。① 在法治国家、法治政府和法治社会一体化建设中，社会权力被视作法治社会建设的主体性力量和基本特征，法治社会"指全部社会生活的民主化、法治化""就是将社会权力和社会成员的行为纳入法治轨道的一种社会类型"②，通过社会权力来处理社会事务。"社会权力独立于国家和个人，一般由社会组织、企业或个人集合体行使，它们以所拥有的资源对个人、社会和国家产生影响力"，当然其应"受到法律的严格约束，以保障公民权利、社会公共利益和国家利益"。③ 社会权力的自主配置和运行是法治社会生成的基本条件，社会权力与国家权力的核心区别是主体的多样性，契约性法律则是实现二者良性互动的最有效方法。④ 葛洪义教授等认为，社会权力在地方法制中属于"制度化的社会力量"，其主体涵盖了公益机构、营利组织、自治组织和舆论意见，在地方法制评价中主要考量其功能的自主性、活跃性和公信力。⑤

三 合作意蕴的社会权力法理界定

虽然学术的梳理有利于我们从不同的学理解释中了解社会权力的基本内涵和见仁见智的多样观点，但基于不同语境、不同逻辑、不同分析工具和不同解释路向的概念解释也许无法适用于本书的分析之中。因此之于合作型地方法治的领域社会权力的内涵阐明，显然离不开"法治"语境和"合作"逻辑，需要以法理的视角认真审视其理论在地方应用的

---

① 参见马长山《公共领域兴起与法治变革》，人民出版社 2016 年版，第 332 页。
② 张鸣起：《论一体建设法治社会》，《中国法学》2016 年第 4 期，第 7 页。
③ 陈柏峰：《中国法治社会的结构及其运行机制》，《中国社会科学》2019 年第 1 期，第 68—69 页。
④ 参见屈茂辉、曾明《法治社会的基本构成与新时代我国法治社会建设的基本路径》，《湖湘论坛》2019 年第 6 期，第 114—125 页。
⑤ 参见葛洪义《我国地方法制建设理论与实践研究》，经济科学出版社 2013 年版，第 301—392、515—527 页。

尝试和内在社会属性的张力。

分析框架的厘定是概念界定的前提条件。一般而言，对事务的分析可以遵循直接确定、排除法、归纳法或演绎法四条有效路径挖掘。在本书对象的界定上，其作为一种社会力量可能根据掌握力量的不同主体或力量发生的路径上去考察似乎更为合适。在传统法治分析模式的"权力制约""权利保障"的主要目标上，往往以"国家—社会"模式作为两大要旨的力量代表架设。"国家—社会"二元分析法来自市民社会理论，"绝不是国家制约和决定市民社会，而是市民社会制约和决定国家"[①]。正是在市民社会与政治国家的分化、对立与互动的矛盾发展的深层脉动中，造就了私人领域和公共领域、公共权力与公众权利等方面的理论分野，促成了法治的生成与发展。这种国家社会、权力权利的法治理论传统一直延续到今日的各种理论和实践分析模式中。学理意义的法治分析，是宏观而抽象的一般性逻辑，是对国家法治发展的有效解决路径，作为分析整体性法治实现的话语方式无疑是正确而有效的。然而，具体到法治实践中，地方法治的"社会"依然采取抽象意义的方法，显然无法阐明个体权利对政府权力的功效如何发生。虽然有部分学说对权利采取模糊化方式，根据不同的语境采用个体权利和社会权利混用的方式来说明法治的多元权力中心[②]，但是，依然未能明确社会权利背后的分析逻辑。因此，为了廓清具体法治领域多元权利和权力，笔者拟以"国家—社会—个体"作为合作型地方法治的社会权力概念阐释的分析前提，从权力的逻辑生成角度，阐明在法治意义上社会权力的本质属性。

在法理言说之中，关于权利往往是从应然的角度去分析的。在自然法学派的理解中，基于自然状态善恶中把人的自然权利视作天赋的，因而具有平等、自由和安全等权利，为逐步启动个体的主体性提供了有力的思想武器。以格劳秀斯、斯宾诺莎等为代表的思想家把人类从神性主义拉回了人性，认为自然法根源于人的理性，"唯有遵循理性的指导而生

---

① 《马克思恩格斯选集》第 4 卷上，人民出版社 1972 年版，第 192 页。
② 参见马长山《国家、市民社会与法治》，商务印书馆 2002 年版，第 36、155 页。

活，人们的本性才会必然地永远地相合"①。从神权主义抽离出来的人类，在没有权威机构确保自然权利实现的情况下，霍布斯强调通过"利维坦"的国家形式，"放弃我管理自己的权利，把它授予这人或者这个集体"②，强化国家控制和权利保护。洛克将政治权力视为同意，认为劳动使自然物归于个人，"确定了我对于它们的财产权"③，确立了以尊重别人权利为前提的平等权，开启了个人权利平等化的先河。卢梭的社会契约论认为，政治权力不是起源于自然，"而是建立在约定之上"，通过社会契约形成了人民主权，从而国家具备了合法性。人类从客体转向主体，从神权中分离出来获得自然权利，并通过社会契约转让权利赋予国家政治权力，从而形成了个体权利与政治权力的分离，是由个体的主体性确立到国家权力产生的过程，实现了个体与国家的分离，从而形成了"国家—个体"的权力与权利关系的缠绕。从古希腊的城邦自治开始，社会组织等虽然尚未独立成为一个相对成熟的社会，但是国家社会的关系依然处于一个混合状态，在启蒙思想家中尚未真正分离。随着黑格尔关于市民社会理论的提出，社会被视作另外一个层面的领域并被摆放在大家面前。"在市民社会中，每个人都以自身为目的，其他一切在他看来都是虚无"，但是市民社会是处在家庭和国家之间的中介，最终必须以国家为前提，目的是巩固国家的存在。④ 马克思则改变了市民社会依附于国家的论述，认为是市民社会决定民族国家的，"家庭和市民社会是国家的前提，它们才是真正的活动者""政治国家没有家庭的天然基础和市民社会的人为基础就不可能存在"。⑤ 这是在个体与国家分离的基础上，实现社会与国家的分离，从而在原有的二元模式下，增加了社会的因子。在法律思想史上，"国家—个体""国家—社会"的两次分离，促成了在法理语境中，三者之间存在着不可分割的联系，因此"国家、社会和个人"的语境应当也可以成为地方法治的社会权力分析的重要前提。社会权力是与国家权力

---

① ［荷］斯宾诺莎：《伦理学》，贺麟译，商务印书馆1997年版，第194页。
② ［英］托马斯·霍布斯：《利维坦》，黎思复等译，商务印书馆1985年版，第131页。
③ ［英］洛克：《政府论》下篇，叶启芳等译，商务印书馆1986年版，第20页。
④ 参见［德］黑格尔《法哲学原理》，范扬等译，商务印书馆1961年版，第197页。
⑤ 《马克思恩格斯全集》第1卷，人民出版社1956年版，第250—252页。

和个体权利存在差异的一种社会力量。

对地方法治的社会权力分析，显然需要对"地方"和"社会"予以廓清。在语义中，地方有多元表征。《新华字典》给予了三种解释：一是各省、市、县，相对于全国和中央说；二是指区域；三指点和部分。① 从本书的论题而言，法治与国家和社会紧密相关，因此主要指前两者，一是在政权组织形式上相对于中央和国家的较低层级意义上的行政区划；二是自然意义上的特定的自然地域和社会意义上的社会范围。本书因为属于法学理论的探索，因此基本上采取混合使用和模糊使用的方式。对社会的理解则更为复杂。在词义上一般被解读为"由于共同的物质条件和生活方式而联系起来的人群"②。在社会学中，社会往往被视作有一定联系、相互依存的人们组成的超乎个人的、有机的整体。在法理语境中，社会一般是将其放置于国家与个体的结构差异中进行阐释。根据法治理论的学说，我们依然采取"市民社会"这一语境，方便后续的探讨和研究。

由此，我们可以看出，社会权力是与国家权力和个人权利相分离的一种权力形式，并且主要存在于传统理论中的市民社会领域。我们不妨在法理意义上对社会权力做一个基本的界定：社会权力是指，除国家组织和社会个体之外的社会组织和社会群体凭借其掌握的社会资源对国家、社会和公众产生影响、支配和控制作用的力量和能力。由此可见，社会权力在属性上是社会性权力，与政治性的国家权力和个体性的个体权利存在较大差异；社会权力的发生需要具备较为丰厚的社会资源基础，涵盖物质与精神文化资源等，这是社会权力赖以发挥作用的条件；社会权力不但参与政治社会生活，而且可以也应当产生影响和支配力。与其他的权力一样，它的产生并实施需要具备以下几个条件：一是社会主体力量，涵盖社会组织和社会群体等，可以是实体的也可以是虚拟的主体。广义的政府以及社会公众个体均不是社会权力的掌握者。二是社会权力的资源条件。这是社会权力得以实施的基础和保障。缺乏社会资源，则

---

① 参见《新华字典（第10版）》，商务印书馆2004年版，第94页。
② 《新华字典（第10版）》，商务印书馆2004年版，第432页。

社会权力要么不会生发，要么归于无力。三是社会权力对政府权力和社会公众的权利产生多元影响。支配、控制和影响是社会权力的不同实施效果，主要在于作为地方法治力量的权力制约和权利保护的促进力量。因此，社会权力的样态，具有重要的法治意蕴，也必将发挥重要的法治功能。

第四章　合作型地方法治的社会权力主体力量

在合作型地方法治中，社会权力是与政府权力合作互动的权力形态。所谓的去控制化，不仅要消解地方法治中的政府权力的绝对化倾向主义，还要吸纳社会权力进入法治实践领域，有效构筑多元权力关系的合作互动机制，从而形成多中心主义的法治格局。在这种"信任—合作"关系中，不只是权力与权力之间的互动合作，也有多元权力背后的权力主体之间的信任与协同。表层的理解为，不同的主体是权力—权利关系或权力机制中的主体，但实质上，在地方法治实践中，这些主体均是法治变迁和发展的主体性力量。在合作型地方法治中，社会权力被视作解决政府社会资源匮乏、治理机制失灵和信任合作的重要衡平力量。依据社会权力的法理属性，它并非个体性的，而是组织化和群体化地将个体力量集合起来，形成资源、技术和知识优势，进而以团体制诱发社会分权和权力间的合作与互控。

基于法治和社会的双重视角，我们不难发现，合作型地方法治的社会权力主体具有以下几个明显的特征：一是具备组织化或群体化属性。在社会关系网络中，社会活动的成员要么是个体，要么是群体。在地方法治领域中，除了单体的权利主张外，更有力的是根据相同利益和共同需要集合成共同体，从而发挥个体无法实现的集体力量，以保护权利、影响决策和制约政府权力，以及防止个人权利滥用。二是具有社会化的主要特征。社会权力是介于国家和社会个体之间的时空领域，代表着市民社会的集体力量。所以，社会权力本质上是地方社会的权力，必须具备社会属性。一旦离开社会领域，社会权力将发生质变。因此，其主体也应是社会性主体，需与地方政府权力主体和社会个体的主体加以区分。在社会权力发挥作用的时候，往往与政府权力和个体权利之间发生让渡和合作关系,会在合作进程中携有部分的政府权力或个体权利,但在本质上必须保证其社会性。三是依靠社会资源激发影响力。与地方政府依靠强大的政治资源和国家资源来行使权力不一样,社会权力主体只能依靠共同体共有或授权使用的各类资源来发挥作用。因此,社会权力主体拥有的资源也应当是社会性的或公共性的,较少依赖政府性资源。由此,我们不妨以法治作为主要标准,认真梳理社会权力的力量主体。

第一节　地方性社会组织

一　法律语境下的社会组织

结社活动促成了人类由个体向群体与组织的转变,从而形成了社会关系多元的组织联结。在现代社会中,社会组织已经成为社会体系中不可或缺的重要形式,并作为社会权力的核心主体发挥着不可替代的重要作用。广义而言,社会一切的组织体均可视作社会组织,包括国家机构、经济组织、社会团体、自治组织,以及其他一切通过个体联合产生的组织体。在狭义上,社会组织的概念多种多样,"第三部门""民间组织""非营利组织""非政府组织""公益机构""志愿部门"等经常交互使用,侧重于突出或强调不同议题背景下此类组织体结构或功能的不同面向特征。在法治化进程中,梳理我国现有的法治政策话语体系,2006年党的第十六届六中全会《中共中央关于构建社会主义和谐社会若干重大问题的决定》首次明确提出"健全社会组织,增强服务社会功能",并将社会团体、民办非企业单位、基金会等作为其主体力量。2015年中共中央印发《关于加强社会组织党的建设工作的意见(试行)》,首次明确了社会组织的范围,指出:"社会组织主要包括社会团体、民办非企业单位、基金会、社会中介组织以及城乡社区社会组织等。"2016年又印发《关于改革社会组织管理制度促进社会组织健康有序发展的意见》,强调:"以社会团体、基金会和社会服务机构为主体组成的社会组织,是我国社会主义现代化建设的重要力量。"由此可见,一直到党的十九届四中全会,"社会组织"的称谓一直是党和国家政策文件的固定用语。在法律体系中,《中华人民共和国民法总则》首次明确将"社会团体、基金会、社会服务机构"明确为非营利法人;《中华人民共和国慈善法》明确"慈善组织可以采取基金会、社会团体、社会服务机构等组织形式"。在法治理论中,关于社会组织的界定更为多样,如"独立于政府体系之外的具有一定公共性质并承担一定社会功能的各种组织制度形式的总称"[1],或"以促进国家经济和社会发展为己任,不以营利为目的、具有正式的组织形式,且属于非政府体系的社会组织"[2],或"以社会力量为基础,以公共利益为主要目标,以提供公共服务和从事公益活动为内容的群体和组织形式"[3],等等。无论何种类型或语境的概念解读,社会组织都是以维护和增进社会利益为目标,向社会和个体提供社会服务和从事公益活动,不以营利为目的的社会力量组织形式。在本书语境中,地方社会组织主要是地方性的社会组织,也即组织活动的、非全国性的社会组织。根据社会组织相关登记条例,地方社会组织是在国务院登记管理机关之外的社会组织登记管理机关登记的组织。

二 社会组织高质量转向

在"国家—社会"的语系中,社会组织作为一个重要的主体变量,对解决社会发展矛盾具有重要意义。因此,从宏观角度审视社会组织发展事实,有助于厘清这个社会主体的发展导向。当前,我国社会组织呈现快速发展态势,截至 2018 年年底,全国共有社会组织 81.7 万个,比 2017 年增长 7.3%;吸纳社会各类人员就业 980.4 万人,比 2017 年增长 13.4%。全年共查处社会组织违法违规案件 9295 起,行政处罚 8665 起。社会组织按照其作用的不同领域,说明了当下社会组织的主要功能以基层群众自治和社会服务为主要路向,见表 4-1。在属地性上,截至目前,

---

[1] 王名:《社会组织论纲》,社会科学文献出版社 2013 年版,第 86 页。
[2] 夏建中等:《社区社会组织发展模式研究:中国与全球经验分析》,中国社会出版社 2011 年版,第 7 页。
[3] 鲍绍坤:《社会组织及其法制化研究》,《中国法学》2017 年第 1 期,第 7 页。

在国务院的社会组织登记管理部门即民政部登记的全国性社会组织只有2281个，占全国867259个社会组织的0.26%，说明绝大多数的社会组织均在地方各个层面和各个领域发挥着作用。而在类别结构上，地方社会民办非企业单位占总量的比例为54.05%，社会团体占比为45.08%，基金会的占比仅为0.87%，如图4-1所示，明显民办非企业单位占的比例较大。而对成立年份进行比较，成立10年以上的有228001个，5—10年的有261094个，3—5年的有156730个，而1—3年的有151956个，如图4-2所示。这一方面说明新的社会组织发展较快，另一方面说明社会组织成熟度不断加大，生命周期拓展后强化了功能发挥。而近三年，在年新增总量上，浙江省以2019年新增15614个遥遥领先。这些数据的背后，经历了我国对社会组织从"分散管理""归口管理"到"归类管理"的不同阶段，"发展""控制""规范"的不同治理逻辑[1]，并逐渐在实践中趋于战略协同，促进社会组织发挥创新作用。随着对社会组织"双重管理体制"的深入施行，政策基调和政策环境从严为社会的制度性、规范性和结构性参与地方治理提供了较为规范意义的机制，双重审核和双重负责的"双保险"为社会组织内部生态系统和外部支持体系提供了力量，从而从追求数量逐步转向高质量发展。

表4-1　　　　　2018年社会组织按主要活动领域分类[2]　　　　单位：个

指标	社会团体	基金会	民办非企业单位
科学研究	14838	504	14665
教育	10102	1511	240012
卫生	8707	177	30882
社会服务	49409	2341	73024
文化	41835	295	26614

---

[1] 王名、孙伟林：《社会组织管理体制：内在逻辑与发展趋势》，《中国行政管理》2011年第7期，第16—19页。

[2] 中华人民共和国民政部：《2018年民政事业发展统计公报》，http://www.mca.gov.cn/article/sj/tjgb/201908/20190800018807.shtml，2020年2月15日。

续表

指标	社会团体	基金会	民办非企业单位
体育	33722	42	19986
工商业服务	42510	224	5437
农村及农村发展	64745	86	3060
其他	100366	1854	30412
合计	366234	7034	444092

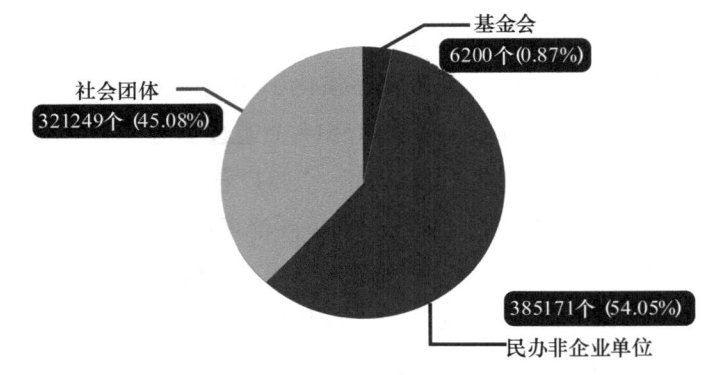

图4-1 社会组织分类占比①

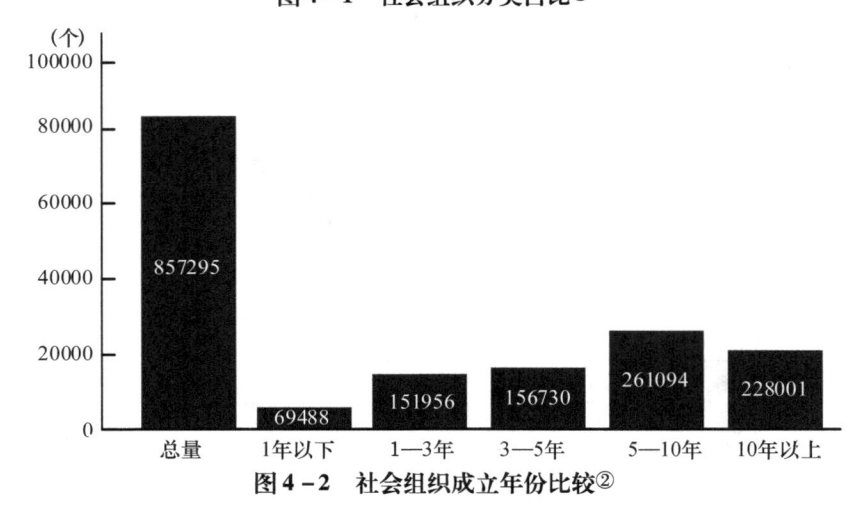

基金会 6200个 (0.87%)
社会团体 321249个 (45.08%)
民办非企业单位 385171个 (54.05%)

图4-2 社会组织成立年份比较②

总量 857295
1年以下 69488
1—3年 151956
3—5年 156730
5—10年 261094
10年以上 228001

---

① 《社会组织画像——社会组织类别构成》，中国社会组织公共服务平台，http://data.chinanpo.gov.cn，2020年2月15日。

② 《社会组织画像——社会组织成立年份》，中国社会组织公共服务平台，http://data.chinanpo.gov.cn，2020年2月15日。

三 迈向治理的组织类型

"法团主义"和"市民社会"是较多用来解释和证立我国社会组织类型和功能的重要理论框架，虽然受到一些社会学者的批评，但在法治尚未成熟阶段的重要话语方式也是值得参考的。在合作型地方法治语境中，社会组织承担着法治的重要功能。"社会不等于乌合之众，次级群体是构成我们社会结构的基本要素，如果在政府与个人之间没有一系列次级群体的存在，那么国家也就不可能存在下去。如果这些次级群体与个人的联系非常紧密，那么它们就会强劲地把个人吸收进群体活动里，并以此把个人纳入到社会生活的主流之中。"① 社会组织的发展与自主，能够促进地方法治多元社会要素之间的信任与合作等社会资本的壮大。作为地方法治转型实践中塑造社会的力量，社会组织的类型化区分依然值得深入探讨。根据目前的法律和政策话语体系，依照依法登记的形式，我国地方社会组织主要由在地方注册并主要作用于地方领域的社会团体、社会服务机构（民办非企业单位②）和基金会三大类组成。社会团体包括学术性社团、行业性社团、专业性和联合性社团等。如果从外部社会影响的角度来看，社会组织可以分为公益慈善和社会服务领域的社会组织、权益保障和政策倡导领域的社会组织、工商经济类社会组织、社会治理类社会组织和一般社会领域的社会组织等。③ 另外，还有直接登记类例如行业协会商会类、科技类、公益慈善类、城乡社区服务类社会组织、非直接登记类社会组织等。部分学者依据外部环境变化，认为社会组织有草根自助型社会组织、政策扶持型社会组织和研究导向型社会组织等，以强调不同的力量来源差异和作用发挥。在功能实践领域，还有枢纽型

---

① ［法］埃米尔·涂尔干：《社会分工论》，渠东译，生活·读书·新知三联书店2000年版，"序言"第40页。
② "民办非企业单位"概念，属否定式概念，容易将社团和基金会等组织纳入，不能准确反映其社会服务公益特征。同时，"民办"排斥了有政府力量参与条件的诸如事业单位改革后的新社会组织等。
③ 参见王名《社会组织论纲》，社会科学文献出版社2013年版，第88—89页。

社会组织、支持型社会组织、孵化型社会组织、服务型社会组织、社区型社会组织等多元表达。另一些学者从学理上依照行政化和市场化维度，对社会进行国情意义的划分，如图4-3所示。无论何种分类方式，均指向社会组织自身的社会性特征和社会治理功能。

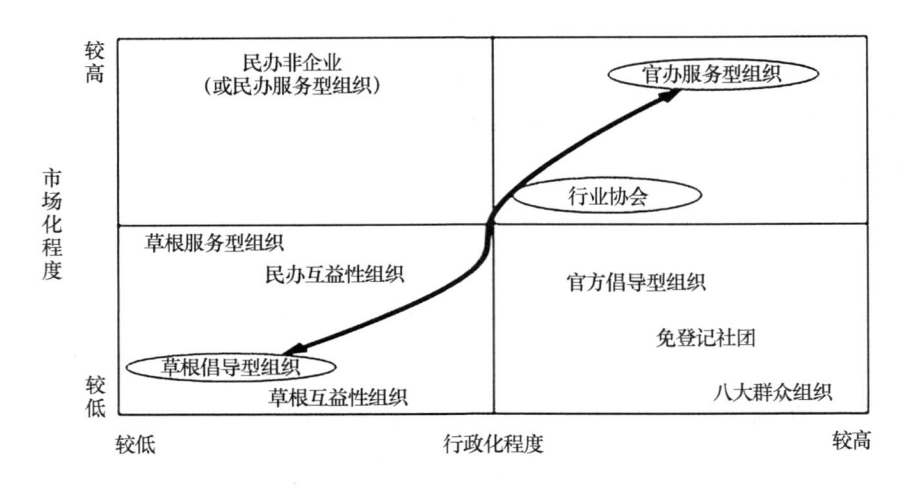

图4-3 我国社会组织的理论类型

四 变塑社会的特征优势

在合作型法治的实践中，社会组织之所以能够成为社会权力关系中的核心主体，是因为其具有与政府权力不同的社会特征。美国学者萨拉蒙教授认为，社会组织作为"第三部门"具备以下特征：一是组织性。社会组织需要经过注册登记，并且具有正式的组织机构和运行管理制度，能够以非个体的固定组织样态开展活动。二是社会性特征。社会组织之所以独立成为一种社会结构性组织样态，是由于其独立于国家权力结构体系之外，存在于民间并依法依章程独立开展活动。除受法律调控外，不受其他任何政府的干涉和控制。同时，社会是其主要的生存场域，否则属性将发生根本改变。三是非营利性特征。强调这些组织成立的基本宗旨是服务于公众，主要面向地方社会，具备公共属性。产生适当的利润，但不以追求和分配利润为目标。四是志愿性和自治性。社会组织在形式和运作上，保持相对的独立性，具备内在的运作机制，实行自我管理，并相应地承担法律责任，不受政府机构以及其他组织的干涉。同时社会组织自身和其成员开展活动是不同程度的志愿参与。① 必须注意到，这种传统的特征分析，基本囊括了社会组织的主要特征，但对于地方社会组织而言，其存在并发挥作用的关键性特征在于与社会组织自身的目标、功能、原则和意义需要整合在一起来考量。因此，笔者认为社会组织的关键性特征应当有四个：一是组织独立性。地方社会组织不具有传统的社会组织的政府依赖性，其发展和功能发挥主要依靠地方社会资源，不受政府权力的影响和干扰，从而保持其合法性。这种独立性是社会组织作为社会关系中的组织体在本质上区别于其他组织的关键性要素。"如果社会组织拥有的相对于其他社会部门及政府部门的比较优势越明显，其独立性越强。"② 二是组织自主性。地方社会组织依据自己掌握的社会资源，围绕为地方社会服务和开展公益活动的主要目标，按照自身的意愿和目标开展活动，可以自行决策、自由开展活动。"政府与社会组织间的共容利益越大，组织既有的独立性受到损害的可能性就越小，社会组织的自主性越强。"③ 三是地方性或民间性。社会组织主要是介于地方政府和地方市场之间的地方社会的机构，不承担政府职能也不开展市场营利性活动。社会组织的地方性意义在于促进国家和社会的分化，推动社会治理形式的变革和培育社会价值观念。一旦脱离了民间属性，一方面可能产生侵吞社会公众权利的可能，另一方面其全面拓展还有可能成为对抗性的权力组织，侵害国家主权。正是因为民间性的属性，从而更能为政府权力和社会公正形成信任资本。四是地方公共性。社会组织并非社会的个人，而是从个人转向共同体从而生发地方公共性。其公共性与地方所有公众个体相比，具有组织形态的公共意义；与属地企业组织相

---

① 参见吴东民、董西明主编《非营利组织管理》，中国人民大学出版社2003年版，第5页。
② 王诗宗、宋程成：《独立抑或自主：中国社会组织特征问题重思》，《中国社会科学》2013年第5期，第58页。
③ 王诗宗、宋程成：《独立抑或自主：中国社会组织特征问题重思》，《中国社会科学》2013年第5期，第59页。

比，受到"非分配约束"而不以营利为目的，具有较强的地方公益性；与地方政府机构相比，不以强制权力为依托，采取地方公众和群体志愿结社和支援等非公权力力量。因此，地方公共性主要体现在为地方提供公共服务并建立地方公共话语体系等方面。

基于这些特征，地方社会组织相较于地方政府和地方企业两个主要的组织样态，在合作型地方法治意义上具有较强的比较优势：一是具备与政府权力机构平等对话的资格。地方社会组织的主体性，尤其是其社会资源的独立性和组织活动的自主性，可以不受法律和章程之外的任何力量的控制和命令，从而在与政府交往中保持独立。二是具有较大的动态弹性。地方社会组织在面对日新月异的社会，可以根据经济社会发展和地方社会公众需求随时调整自己的服务，满足不同的个性化需要。三是贴合基层和群众。社会组织既是社会个体的代表，也是基层的代表，既展现了组织的权力功能也满足了群众的权利要求，从而促进了多元群体的权益实现。四是促进社会自律秩序的形成，构筑社会的"软法"。社会组织运行成本低和公共性会产生较多的信任联合资本，因此，除了法律之外还在地方社会生活中产生地方性软法，"之于社会秩序的力量，主要表现在因软法规制构建起的社会组织内部秩序，可以推动社会秩序的正当化和有序化"[①]。

第二节　稳定性社会群体

一　社会群体的学理维度

人是社会关系的总和，在社会关系中的自然人不可能总是作为一个个体而生存发展，往往在面对不同的社会境遇时因自身能力欠缺等而产生合作，从而"确立了一种联合，并把自己的特性注入其中"，"它所产

[①] 张清、武艳：《社会组织的软法治理研究》，法律出版社2015年版，第113页。

生的特殊力量并非来自于相似性,而是不同性质相互联系的结果"[①]。在社会组织化趋势下,根据不同的目的结合成的个体联合,大多呈现为制度化机制下的组织体,比如政府、企业和社会组织等,但依然有较多的临时性或非组织化机制的个人联合体存在于社会关系之中,如散见于各个领域的同学群体、运动群体、楼宇群体、环保群体、农民工群体、自由职业群体、网络群体甚至同性恋群体等。部分学者甚至将两个以上个体因彼此兴趣和合作结合在一起的联合也视为社会群体。在地方社会的运行图景中,与传统阶层分析或职业分析的整体性视角不同,往往人与人的个体结合是临时性或随机性的,主要根据不同的物质利益或精神价值偏好结合而成。因此,社会群体从"整体型社会聚合体"转向"碎片化利益群体"[②],从而将资源和利益等化整为零,促成社会个体在零散的群体中享受整体性权力的分解效益。每一个社会群体都有内在的结构和凝聚在一起的共同价值,每个个体在其中具有不同的角色和任务,"在真正的共同体的条件下,各个人在自己的联合中并通过这种联合获得自己的自由"[③]。鲁特(Michael Root)在对社会类群的划分中,强调三个重要的原则:地方性运用(Local Deployment)、身份(Identity)、规范(Norms)[④],三者结合便能证实社会群体的实在性。社会群体的实在性其实无须理论证成便是在社会中实体存在的,而在本书的语境中,其并非属于简单的个体联合,而是需要作为力量主体意义存在的社会功能性群体。因此,只基于内在联合而不对外发生社会效应的群体,不在本书的考察范围之内。所以,社会群体是一个功能性群体,基于其自身整体性而面对社会发挥作用,存在着社会的主客体关系。同时,社会群体具有相对松散的组织性,即使临时性的社群也有内在的结构,在人员、目标、利益、行动等方面保持结构性的凝聚力。缺乏整体性和组织性要素,社会群体的社会权力主

---

① [法] 埃米尔·涂尔干:《社会分工论》,渠东译,生活·读书·新知三联书店2000年版,正文第20页。
② 参见李强《从"整体型社会聚合体"到"碎片化"的利益群体——改革开放30年与我国社会群体特征的变化》,《新视野》2008年第5期,第15—17页。
③ 《马克思恩格斯选集》第1卷,人民出版社1995年版,第119页。
④ ROOT M.,"How We Divide the World", *Philosophy of Science*, Vol. 67, Supplement, 2000, p. 634.

体身份要素则无以存在。① 一般意义上的社会群体概念不适应于地方法治领域，因而"人们通过一定的社会关系结合起来进行活动的共同体"的界定显得过于宽泛。基于合作、信任关系的地方法治领域，除了国家、社会组织和自治组织外，社会群体往往将地缘、业缘、利益、价值等连接起来。因此，本书讨论的社会群体，是指在社会变迁中人们基于社会利益和社会价值需要，为实现共同的目标自愿结合成的相对稳定的社会共同群体。

二 虚实结合的多元社群

基于上述对于社群的特有界定，在地方法治语境中，社会群体广泛存在于社会治理体系中，无法以较多的笔墨去描述无数个具象的社会群体及差异。因此，对社会群体的现实状况的分析，只能抽取典型的社会群体予以重点描述，用来特殊性观照一般性现象，从而对合作型地方法治领域的社群主体有较为清晰的直接认知，方便于权力主体的讨论。

1. 实体性社会群体

传统的人类社会关系是基于物质而存在的，生产和生活条件制约社会群体的结合与离散。因此，地方普通公众的工作和生活领域的社会群体最为普遍。受社会公众不同权利的需求，有住房性的社群、服饰性社群、食品类社群、教育类社群、科技类社群、医疗类社群、就业类社群、环境类社群、社交类社群、文化类社群、艺术类社群、体育类社群等；按照群体的划分，有老年类社群、幼儿类社群、妇女类社群、残疾人类社群等。几乎大多数社会个体，都被裹挟于地方各种社会群体之中。对于社群，从法理上而言无法穷尽描述，只能分类闭环或选取典型分析。因此，笔者选取几个日常社会关系中较为常见的群体用以表征社会群体的复杂和在场。在城市，因为大量经济组织的出现，导致传统全能主义的地方治理逐步回归社会，因而居民逐步从"单位人"转化为"社会

---

① 参见郭湛《论社会群体及其主体性》，《社会科学战线》2001年第6期，第76—81页。

人",在经济活动之外基本游离于传统的地方治理逻辑之外,成为相对独立的个体。受社区、小区和业主委员会影响力式微的影响,归于楼宇住宅内的个体成为业主,并因小区安全管理、公共服务、住房质量、物业保障等方面形成小区群体或楼宇群体,主要目标是维护业主权益和提供小区服务,以业主维权群体为主要类型。此类社群一般会迅速形成较为密集的社会网络和业主的群体信任。在财产和居住利益的共同驱动下,往往在业主委员会无力的情况下,通过多样化的维权动力和共同的社会价值目标,利用业主中庞大的社会资源,形成群体的集体行动。[1] 最典型的是几乎在每个城市都会发生的因交房、配套、车位、供暖、物业费、乱收费等业主维权事件。[2] 在农村,随着农村社区自治组织的归并,村社之间的地域和社会关系网络更为复杂,尤其在农村家庭联产承包制下,农民的独立性和自主性更为增强,对村委会等集体组织的需求逐步趋弱。在乡村振兴的背景下,农村专业合作组织因农民专业合作社的条件和要求比较高,从而呈现出非专业化的合作群体。这类群体通过互帮互助,主要解决农民的融资、生产资料、苗种、生产技术、产销等问题。尤其是特色农业不够聚集的地域,往往通过自发力量的合作群体实现合力发展。新的社会阶层人士的群体力量更为突出。在市场机制和政治民主化进程中,新的社会阶层人士因突出的高知识、新观念、富资源等特点,往往在相关领域形成一定的群体影响力,在医疗、养老和就业等民生领域,脱贫、救灾和慈善等公益领域,在法律服务、公正、调节等非诉讼纠纷解决领域,等等,积累具有社会公共价值的多元资源,并以高标准推行相关的集体行动。随着全民健身运动和群众文化活动的普遍开展,以一亿多[3]中年以上公众为代表的广场舞群体,成为典型的居民社会文化体育类的新兴群体。这种体育文化类的社会群体,看似以简单的爱好结

---

[1] 参见许柳青《北京业主维权骨干群体研究》,硕士学位论文,中国人民大学,2008年,第19—27页。
[2] 《业主维权路漫漫——盘点那些被曝光的维权事件》,https://ty.house.qq.com/zt2014/wqlmm/index.htm,2020年2月15日。
[3] 《全国广场舞健身人群超一亿》,https://www.sohu.com/a/227296897_114977,2020年2月16日。

合，但随着群体力量的扩大，导致主体性明显增强，从而引发社会对居民体育权利与公众其他权利冲突和利益保护的争论。① 在其他散见于各个行业领域和社区等的志愿者活动中，不同的活动主体往往形成不同的志愿群体，助残、助老、妇幼、解困等群体活跃于田间地头和社区街道。这些典型的群体并未覆盖群体的所有方面，但依然是当下社会神经末梢中不可或缺的主体性力量。其他如科技合作团队、环境保护群体、特殊关爱群体等，均有主体特征。

2. 虚拟化社会群体

随着信息技术的发展和互联网的普及，以移动载体为特征的网络化社会逐步形成。打破物质边界的网络世界催生了一个新型的社会群体，即"虚拟社群"，成为围绕共享利益或目的而组织起来，在网络虚拟世界进行共同活动的集体。② 这种全新的社群形式具有不同于传统社群的运行准则和机制：从人与人的交互转化为基于电脑、手机等载体的"人—机器—人"的间接交互方式；虚拟的网络世界打破了物理时空限制，从而在人与人之间突破了时间、地点和人格的固定界限，在无差异化的环境中实现群体互动；虚拟群体交互的信息载体突破了传统文字方式，具有语音、视频、表情等特征；多种 App 等为所有个体提供了群体生长的平台。根据中国互联网信息中心的报告，截至 2019 年 6 月，我国网民规模达 8.54 亿，手机网民用户达 8.47 亿，占比为 99.1%，如图 4-4 所示。我国即时通信用户规模达 8.25 亿，占网民的比例为 96.5%，见表 4-2、图 4-5。③

---

① 参见陆俊杰《居民社会体育权利保障的政府责任——基于"广场舞扰民"的思考》，《北京体育大学学报》2015 年第 11 期，第 30—35 页。
② 参见［美］曼纽尔·卡斯特《网络社会的崛起》，夏铸九等译，社会科学文献出版社 2006 年版，第 442 页。
③ 参见中国互联网络信息中心《第 44 次中国互联网络发展状况统计报告》，http://www.cnnic.net.cn/hlwfzyj/hlwxzbg/hlwtjbg/201908/P020190830356787490958.pdf，2020 年 2 月 15 日。

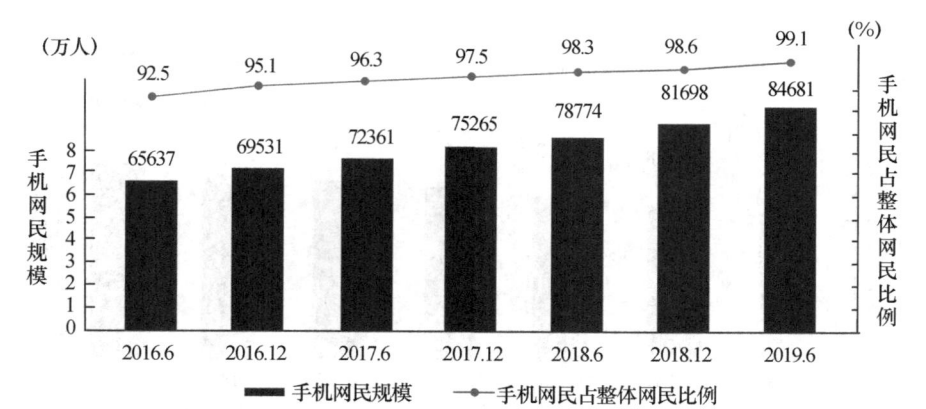

图 4-4　2016—2019 年手机网民规模及占比

数据来源：中国互联网络发展状况统计调查。

表 4-2　各类应用的规模

应用	2019 年 6 月 用户规模（万）	网民使用率（%）
即时通信	82470	96.5
搜索引擎	69470	81.3
网络新闻	68587	80.3
网络视频（含短视频）	75877	88.8
网络购物	63882	74.8
网络支付	63305	74.1
网络音乐	60789	71.1
网络游戏	49356	57.8
网络文学	45454	53.2
旅行预订	41815	48.9
网上订外卖	42118	49.3
网络直播	43322	50.7
网约专车或快车	33915	39.7
网约出租车	33658	39.4
在线教育	23246	27.2

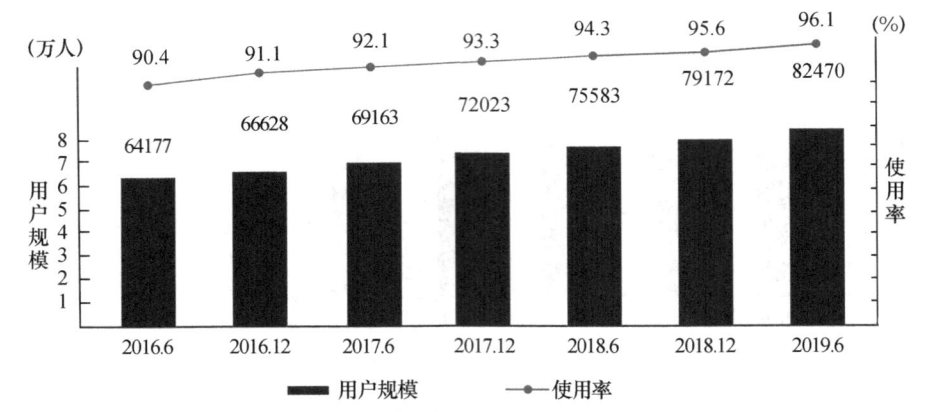

图 4-5　2016—2019 年即时通信用户规模及使用率

数据来源：中国互联网络发展状况统计调查。

在社会服务领域，更多的互联网企业和组织提供服务。网约车用户已达 3.39 亿，占网民的 39.7%，如图 4-6 所示。在线教育规模达 2.32 亿，占网民的 27.2%，如图 4-7 所示。[1]

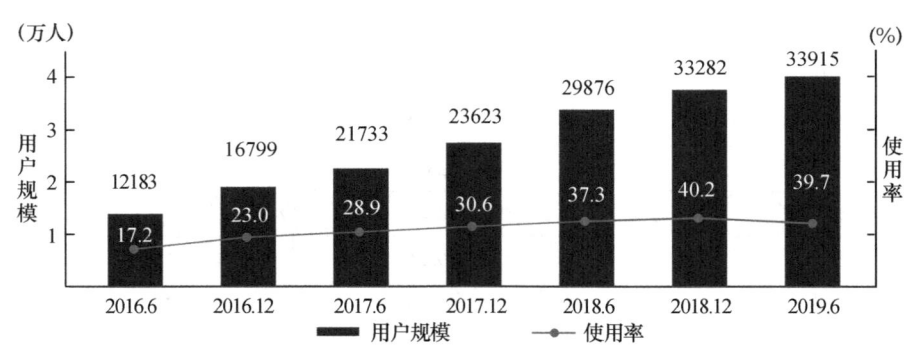

图 4-6　2016—2019 年网约车用户规模及使用率

数据来源：中国互联网络发展状况统计调查。

---

[1] 参见中国互联网络信息中心《第 44 次中国互联网络发展状况统计报告》，http://www.cnnic.net.cn/hlwfzyj/hlwxzbg/hlwtjbg/201908/P020190830356787490958.pdf，2020 年 2 月 15 日。

图 4-7　2016—2019 年在线教育用户规模及使用率

数据来源：中国互联网络发展状况统计调查。

互联网和移动新媒体的产生和互联网企业不断以用户为中心的谋略，促使网络成为信息生产和传播的主要场域，同时，基于爱好、利益、地域、行业等多元信息类别化，让多元主体在不同的主题下找到了合适的生存空间，逐步形成新型虚拟组织群体——网络社群。这个社群更为强调由线下个体自主，线上集体行动。网络社群有很多方式，为大众熟知的有传统的 BBS（网络论坛）、QQ、微信、微博等以文字图形信息为主的 App，逐步增强到以抖音、火山视频等视频软件为主的影音阶段。在不同的 App 中，可以迅速形成较为广泛的个体联结，如微信同学群、校友群、维权群、工作群、爱好群等。虚拟化的社群具有联结迅速、在线即时讨论、"秒回秒转"等特点，在地方治理中往往作为工具形态出现。实际上，只要上线的信息，理论上都可以成为群体讨论的焦点，因而能够成为较多事项解决的重要方式。这种网络社群有着较多的种类，有学者概括为"情绪型网络社群对事件的解决缺少积极的实质贡献，但它在一定程度上舒缓了社会情绪，有助于避免发生大的社会动荡。专业型网络社群以其专业知识和求真精神有助于社会问题的解决，并促使各级政府直面问题、承担其应有责任。理念型网络社群的积极作用表现在始终以理念和理性为建设现代社会贡献智识"[①]。

---

① 张华：《网络社群的崛起及其社会治理意义》，《编辑之友》2017 年第 5 期，第 52 页。

三　主体特征的社会面向

社会群体由于自发聚集产生，并未经过地方登记机关予以登记，因此，往往不被社会纳入力量主体，从而较多地呈现出零散化和非组织化特征。但是，无论实体的社会群体还是虚拟的网络群体，均在地方治理中成为活跃的要素群体。这些隐性的社会个体信任、软法规范和组织网络，恰恰为社会资本的形成提供了较为丰富的社会元素和社会资源，从而为社会治理的开展提供了不可多得的力量。因此，对相对具有分散性和整体稳定性的社会群体的特征考量，对于其是否能够以及怎样成为主体性力量具有重要的法治意义。

在合作的社会，个体之间的重要合作路径在于形成群体，从而在差异性中形成合力。结合本书的研究，社会群体应当也可以成为社会权力的主体，是具有较为突出的特征性因素的：一是社会群体的自组织性。社会群体发生于具体的地方场域或虚拟的网络领域，基于个体的合作意向而形成实体化或虚拟化的组织形式，虽然没有经过法定的条件和程序予以登记，但均指向了同类社会个体的集体需要而设定的目标和功能，从而形成了自在的组织结构，为权力关系构筑了自组织机制。二是成员利益的共通性。结成一个相对稳定的社会群体，必须具备相同的利益诉求或价值导向，其内在的权利基本类似，或者成员的价值诉求基本一致。否则，可能导致成员随时"退群"。这是社会群体之所以发挥社会治理功能的关键要素，也是内在的融贯性要素。三是具备一定的实体性。这种实体性并非实体的组织表现，而是被其他社会成员视作一个独立而具体的组织实体。不同社会群体的实体性程度不同，从而组织效能差异性较大。利克尔（Lickel）等认为，社群根据组织目标和成员关系可以分为亲密型、任务型、社会型和松散型等类型[①]，每个类型的实体性具有较大的差异，但并不妨碍社会对其实体意义上的接纳。实体性的高低往往与其

---

① 参见杨晓莉等《社会群体的实体性：回顾与展望》，《心理科学进展》2012年第8期，第1314页。

结构和利益关系较为密切。四是资源的社会性。因为社会群体自身是相对松散的利益联合，因此其展开集体活动的所有资源都源于共同体自身，其资源获取的渠道又源自社会本身。五是社群成员的相互认同与相对稳定。社群成员之间相互具有心理和实际的认同，相互的利益关系和共同的目标为共同体所接受，并且其内在合作的意愿和目标传递到社群外部并为社会所知悉。社群活动的过程，一般而言具有较强的稳定性，并非一次性的结构组合。因此，在地方社会中，社会群体不仅共在而且与其他社会主体共生。其多样性和灵活性的特征，在面对复杂治理场域的多元事务时，更具有针对性和时效性，同时，也在具体权利的保护上，不再由个体单薄力量去面对强大的公权力，而是以群体力量去应对不同的权力—权利关系。

在以网络为主体的场域中，虚拟社会的社群更为普遍化和碎片化。但是，"我们的社会将变得更加平等，更加人性化，每个人都重新拥有了知情和参与的权利。无论从经济上还是从社会上来看，几乎所有的东西都被民主化，变得更好"①。微信群与朋友圈、微博、QQ空间等，看似独立主体的凌乱表达却形成了"亚文化圈和分殊化的社会纽带，塑造了全新的公共空间、社会动员机制和舆情场域"。场景性的群体在线上和线下互动，从而在现实与虚拟社群之间转换；线上群体表达权利需求和意愿，促成了网络规则的产生，如共享单车；虚拟群体的生活方式转变，促使了全新社会关系发生，如外卖；在线下事件的网络讨论，容易出现网络群体事件。虚拟的群体，其特征看似隐匿，实际上是以现实生活为联结的利益表达，促成社会治理方式的多元化。因此，网络社群在网络上的虚拟力量是现实利益关系和价值诉求的网络化表达，是现实社会个体在网络上的集体人格转化，从而具备了主体性的功能和力量，可以为地方社会治理做出较大贡献。

---

① ［澳］史蒂夫·萨马蒂诺：《碎片化时代：重新定义互联网＋商业新常态》，念昕译，中国人民大学出版社2015年版，第296页。

第三节　自治性社区组织

一　基于法定的主体地位

公众对地方社会公共事务的治理往往有间接参与和直接参与的方式，其中直接参与最符合地方法治的内在要求和实现形式。只有当社会公众直接参与公共事务，并在合作中实现对共同体事务的自我管理，才能使合作型地方法治的效果与对方公众期待达到最佳契合度。因此，在法治框架中已经大量存在的基层群众性自治组织，为基层公众搭建了合作的基础性平台和组织。根据最新颁布的《中华人民共和国民法总则》，将"基层群众性自治组织法人"视为"特别法人"，从而确立了基层自治组织的法人地位，以法治方式完善了其独立意义上的法律人格和主体资格。《中华人民共和国城市居民委员会组织法》，将城市居民委员会作为"居民自我管理、自我教育、自我服务的基层群众性自治组织"；《中华人民共和国村民委员会组织法》规定了"村民委员会是村民自我管理、自我教育、自我服务的基层群众性自治组织"。可见，在国家法治维度，宪法框架下以法律形式明确了居委会和村委会作为基层群众自治的组织。据国家民政部的统计报告，全国基层群众性自治组织至2018年年底达到65.0万个，成为基层自治领域重要的组织载体。其中，村委会54.2万个，比2017年下降1.2%；村民小组449.1万个，村委会成员221.5万人，比2017年下降1.2%；居委会10.8万个，比2017年增长0.2%；居民小组156.3万个，居委会成员57.9万人，比2017年增长2.3%[1]，如图4-8所示。

在实践中，村委会和居委会的确是我国公民自我管理和维护权益的重要载体，也是社会发育的重要推动力量，从根本上改变了地方治理的

---

[1] 参见中华人民共和国民政部《2018年民政事业发展统计公报》，http://www.mca.gov.cn/article/sj/tjgb/201908/20190800018807.shtml，第13页，2020年2月15日。

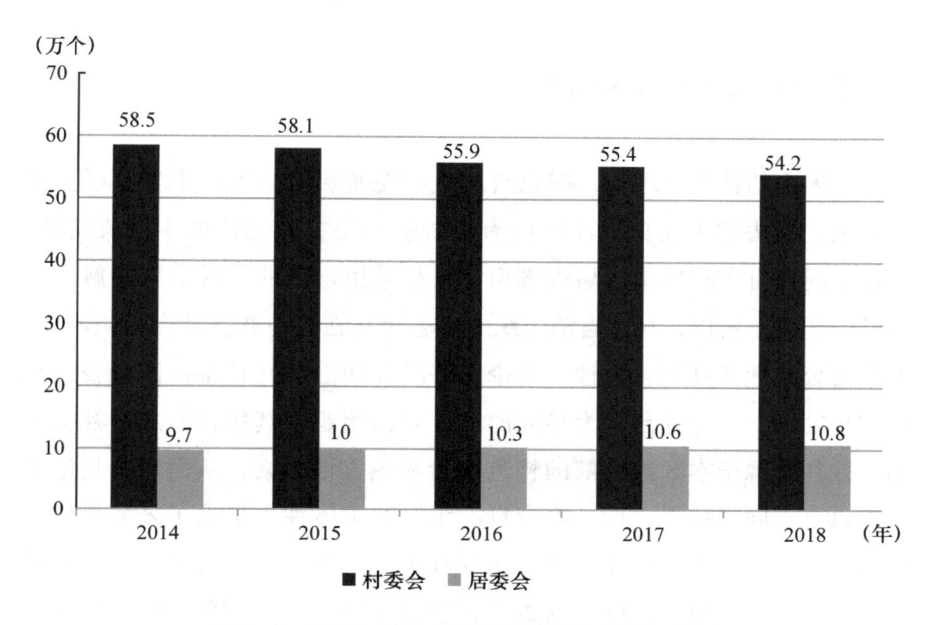

```
(万个)
70
   58.5      58.1
60              55.9    55.4
                          54.2
50
40
30
20
       9.7    10    10.3   10.6   10.8
10
 0
    2014   2015   2016   2017   2018   (年)
         ■ 村委会    ■ 居委会
```

图 4-8　2014—2018 年基层群众性自治组织情况

传统格局，民主选举、民主管理、民主决策和民主监督成为城市和农村自治的重要制度性机制。在实践中，较多地方通过"村改社区"的方式，推进农村社会治理和公共服务水平。在经济较为发达的城市和农村，村委会、居委会、社区、小区和业主委员会等混合模式的出现，形成了一个公私相对模糊的领域。在城乡社会治理中，由于市场推进和政府权力的收缩、农村土地流转、老龄人口增多、外来人口以及各种市场组织职员城市化和各种民生利益诉求多元化出现的问题和矛盾，较多地堆积在社区治理领域之内，从而由社区承担起了社会矛盾纠纷解决和内在公共事务服务等自治性事务。虽然在实践中依然有较多政府性权力进入村社、居社领域，但社区依然进行着民主化和自主化的创新实践。建立信任和建立一种社群观念便是解决制度供给问题的机制。社区作为一个法定的自治组织，不仅在直接选举方面有较为规范的机制，城市和农村社区都将居民的自治权利转化为村庄治理、公共服务、集体决策、村务公开、解决冲突等具体实践，而且通过直接参与形成了具体的基层法治过程制度化机制。

二 社区自治的力量条件

在城乡的社会治理中,群众自治组织在基层社会治理中发挥了重要的作用。从法理上而言,社区自治是由基层民主和法治的本质决定的。居民和村民自主解决本区域内部事务,是采用自主的方式回应和解决自在性问题的。所以,社区自治组织的生态意义在于与其他社会组织不同,既具有公共性又具有自治性,既带有基层公共治理又具备社区自我治理的双重功能。以自主治理为导向的社区自治组织,其集合而成的社会权力,往往来源于本区域内部的特色变量和地方性因素,从而每个自治单元均具有不同的特点。城乡群众自治组织的主体性力量除了来源于法律授权外,更主要来自生动的地方实践探索。一般而言,自治组织能否具备实际的主体力量,受以下因素的影响和制约:一是城乡经济发展较为活跃,尤其非公经济较为突出。普通的社区一般均循规蹈矩,遵从乡镇和街道的指令开展治理活动,往往自治性的领域较少。当区域内的经济快速发展后,自治空间进一步拓展,内部活力便显著增强。相应的,市场主体背后的"经济能人"一直活跃在自治领域,"能人政治"[1] 成为自治的重要催生力量。二是地方政府收缩权力之手,由全能型转化为有限政府。在基层自治组织中,有较多"行政吸纳社会"的现象发生,因而,地方政府进入后全能主义时代后不再大包大揽,只提供必要的公共服务和产品,从而为自治组织的内部治理提供了大量的自治权力创新发展空间。三是自治的地方性文化。这是自治组织得以获得自主性和实在性功效的最为持久的内生力量。地方文化中的"草根民主"和"创新精神",为基层自治组织的自治提供了较多的空间。以浙江省为例,其富有地域特色和敢闯敢试的地方文化氛围,促成了我国第一个农民工的选举权、第一个村务监督委员会、第一个村级典章等。四是人员交互频繁和权利需求旺盛。市场越发达,人口的流动趋向越明显。在人口内外向的交互

---

[1] 参见卢福营《能人政治:私营企业主治村现象研究》,中国社会科学出版社 2010 年版,第 1—5 页。

流动机制中，不仅有生存型流动还有发展型流动。在城乡差异和区域差异之间，带来了更为契合时代走向和百姓自身利益的自治做法和机制，促使群体化权利需求逐步增进，打破了原有社区封闭的边界，嵌入新成员进入自治组织的权利要求。[1]当这些要素全部或部分发生作用时，社区自治活动才能显示出自治性的功能，同时在实践中赋予自治组织权力主体地位。

三 自治效应的典型实践

在地方治理实践中，正在发生的自治实践成为我们理论观察的典型实例。本书选取浙江省作为分析的样本，阐明几个较为典型的基层自治的案例，以期证明基层民主自治方式的有效性和多样性。浙江省温岭市的"民主恳谈会"属于一个较为典型的创新乡村自治实践，虽然来源于公众参与，随着深化发展逐步在村社固定下来，成为几乎所有社区进行自治的重要制度化形式，从而从参与式恳谈转化为决策型恳谈，提升了自治组织内部的自治性和民主化，从而促进了组织内部的团结和信任合作关系。金华市武义县后陈村的村务监督委员会机制则是村级民主监督制度的重要创新形式。后陈村在村级秩序失序的情况下，为挽救村民对自治组织的信任危机，创造性地设置了"村务监督委员会"，将民主监督与民主选举、民主决策、民主管理一体化地作为自治的重要方面，从而推进了村级民主管理的制度化体系，完善了内部的治理权力结构机制，更加巩固了基层自治组织的合法性。台州市天台县村级民主治理"五步法"，通过"民主提案、民主议案、民主表决、公开承诺、监督实施"为主要内容的村级治理方法，建构了较为完整的、系统治理和方便简洁的治理运行机制。"五步法"规范了村级自治组织的决策程序，畅通了各种自治渠道，增强了自治体成员和自治组织领导者的法治意识，强化了对村级组织的监督，通过系统继承的制度体系和包容性机制实现自治的实

---

[1] 参见卢福营、应小丽《村民自治发展中的地方创新：基于浙江经验的分析》，中国社会科学出版社 2012 年版，第 27—30 页。

效。当然，全国各地典型的社区自治的做法很多，而这些典型样态说明了基层自治组织的多样性和创新性。实际上，自治社区是通过制度和体制的创新来创造自治组织的社会资本，"自治组织内外个人、组织之间的社会信任关系形成网络化的联结，从而保持组织、人际间的即时、高度弹性化的相互联通以及资源、能力的动态整合与协作"[①]。可以说，基层群众自治组织的实践创新样态，不仅积累了地方基层自治的社会资本，还深化了地方治理中的时空要素，扩大了基层治理的直接参与，具有较多法治意义上的典型功效。

[①] 汪杰贵：《超越公共事务自主治理制度的供给困境——基于自治组织的社会资本积累视角》，《社会主义研究》2011年第1期，第70页。

第五章 社会权力之于合作型地方法治的功能

合作型地方法治与现有地方法治模式的核心差异在于，多元主体力量关系的共在共生和作用发挥。社会权力作为社会层面的主要力量与政府权力之间形成相对衡平的法治关系，并在地方法治的实践进程中发挥重要作用。合作型地方法治成为"有效地方法治"，社会权力显然不能作为政府权力的依附，而需要具有独立的地位，发挥独特的法治功能。从另一个层面上讲，之所以社会权力可以也应当成为地方法治的重要力量，关键在于社会权力具有解决地方法治实践悖论和提升法治实效性的能力，这便是社会权力之于合作型地方法治的作用发挥和法治功能。社会权力的法治功能实际上彰显的是其在地方法治中具有的控约权力、集聚资源和型构秩序的功能。

第一节 控约地方政府权力

一 制约政府权力的传统机制及其式微

（一）制约政府权力的意图和问题

法治的核心要义在于对权力的有效制约。从"rule by law"转向"rule of law"便意味着法治主体政府本身也要受到"法律统治"而约束自己掌握的权力。亚里士多德关于法治的双重含义中"已经成立的法律获得普遍的服从"① 表明在法治意义上法律具备崇高的权威，是一切社会主体必须尊重并予以执行的基本准则，政府也不例外。政府权力来源于人民的授权，并且受到人民的有效制约。从而以人民为中心促进人的自由而全面的发展，这是法治的最高价值准则。政府的守法将意味着人民权利的保障和社会的有序，而权力从属于法律是唯一的途径。"如果他们将服从这些法律的话，那么，对于他们来说，就没有比这城市和他们自己的家园更可爱的了。"② 因此，法律成为包括政府权力在内一切人类活动调控的主要方式，法律的至上性就在于对权力的控制。在地方治理中，地方政府权力以法律为权威并受到法律的调整和制约是法治的根本要求。这种要求体现在法治实践中，就出现了两个问题：一是地方政府既是法治主体也是法律调整的对象，显然通过自我约束是无法实现权力制约的目标的，法律又是静态的制度文本，究竟由谁来进行规范和制约，二是约束和规范地方政府权力的是何种主体，以何种方式进行。在多中心合作的话语体系下，制约政府权力的要素显然不是唯一性的，而应当是多元和动态的，通过多种主体以立体化的形式缠绕政府权力并加以调整和控制。

（二）权力体系内制约的实践偏向

人类权力的产生与公民的授权紧密相合。在社会契约论的视角下，个体权利由自然状态转化为社会状态并通过平等自愿的"公约"转让给政治共同体，从而防止专断的权力产生。在卢梭看来，人从自然状态转向社会状态后变得不平等，从而导致了政府权力的专断，只有通过社会公意才能重建政治权力的合法性，才能有效规避专制权力的衍生。政府权力应当也必须在由公意产生的法律框架内实现自由。在权力让渡后的社会中，任何人都成为平等的主体，由公意而生的权力必须受到全体公意主体的监督。"任何人拒不服从公意的，全体就要迫使他服从公意。这

---

① ［古希腊］亚里士多德：《政治学》，吴寿彭译，商务印书馆1965年版，第199页。
② ［古罗马］西塞罗：《国家篇 法律篇》，沈叔平、苏力译，商务印书馆1999年版，第223—224页。

恰好就是说，人民要迫使他自由。"① 洛克的法治思想将法律面前人人平等作为法治的重要信条，法治的普遍性和平等性给予政府权力。正如洛克所言："政府所有的一切权力，既然只是为社会谋幸福，因而不应该是专断的和凭一时高兴的，而是应该根据既定的和公布的法律来行使……从而不致为他们所拥有的权力所诱惑。"② 当政府权力扩张导致人民权利受损时，"强力只能用来反对不义的和非法的强力"③。从法律思想发展而来的权力制约权力的法治思想，强调政治权力体系内的权力制约关系，认为权力间的制衡才能防止权力的恣意和妄为。哈林顿认为，只有权力"均势"才可以防止权力专断，"如果不按均势的原则来维系政府……是暴力的做法"④。洛克强调，国家是权力体系的共同体，应当按照所属领域分开使用权力，从而以立法权为中心执行行政权和对外权，方能防止"动辄攫取权力"⑤。孟德斯鸠将法治政体的权力构成形成"三权分立"的样态，通过"政治自由是通过三权的某种分野而建立的"，只有那样"国家的权力不被滥用的时候才存在"⑥。这些基于"人性本恶"思想的权力制约权力的架设，一直沿用到今天的国家治理结构，以美国为代表的西方国家确立了相对应的政治治理结构，强化在国家内部政治权力之间的分权制衡。同时，在地方治理的实践中，权力之间围绕着法律的有效制衡，成为"法治理想的核心"⑦。事实上，西方法治的逐步成熟，正是由于权力之间的动态衡平状态，以及多元权力合作而产生多中心主义的社会。在我国宪制框架内，在中国特色社会主义的政治体制结构下，地方的党委、人大、政府、司法和监委等构成了多元权力结构体系，从而在不同的权力之间架设了政治性和法律性的边界，在文本和实践上为

---

① ［法］卢梭：《社会契约论》，何兆武译，商务印书馆1982年版，第29页。
② ［英］洛克：《政府论》下篇，叶启芳等译，商务印书馆1964年版，第86页。
③ ［英］洛克：《政府论》下篇，叶启芳等译，商务印书馆1964年版，第124页。
④ ［英］詹姆士·哈林顿：《大洋国》，何新译，商务印书馆1996年版，第10页。
⑤ ［英］洛克：《政府论》下篇，叶启芳等译，商务印书馆1964年版，第89页。
⑥ ［法］孟德斯鸠：《论法的精神》上册，张雁深译，商务印书馆1997年版，第187、154页。
⑦ ［美］昂格尔：《现代社会中的法律》，吴玉章、周汉华译，中国政法大学出版社1994年版，第47页。

权力之间的互相监督提供了制度化的机制。然而，行动中的地方法治往往展现了另外一番图景，"权力的拜物教""权力国家崇拜""权力肮脏的手"① 等现象表明政府权力并未服从法治的理性设计，从而在权力诱惑的泥潭中越陷越深。其主要原因在于，政治权力内部的分野，只能从宏观层面防止权力的肆意扩张而危害国家主权，但无法抑制地方政府权力在微观层面的"共错逻辑"和吸纳社会的傲慢。

（三）个体权利制约实效现实无力

在传统的法治预设逻辑中，人的自然权利先于国家权力而产生，并且由其授权而产生政治性权力。这种"天赋人权"的观念在美国《独立宣言》和法国《人权宣言》等政治性文献中被确认。随着生产方式变化和社会变迁，自然人在商品的生产、交换和分配秩序中产生了权利义务的范畴，从而让个体权利的张扬成为法律必须提出的观念。由此，以个体自然权利来限制政治权力的传统被法律打破，通过公民权利的充分彰显，从而形成对权力的制约。从古罗马开始的公私领域的划分，试图在政治国家与市民社会之间划定一个明确的界限，社会结构由此被设定为公域和私域。哈贝马斯认为，"政治权力只有通过一种以基本权利形式而建制化的法律代码，才能发展起来"②。私法权利在法律框架内得到一个"书本上的"应然法律权利，需要经由法治保障和社会机制转化为实际享有的实然权利。同时，地方政府权力侵害私人权利时，法律赋予社会个体以法律上的权利保护，从而个体有权与政府之间形成对抗性的不当权力行使的救济机制。但是，公私领域边界并不是如理性设计得那么清晰的，往往呈现一种模糊的状态，从而造成社会公共领域和自治领域政府权力的渗入和扩张。那种"把所谓公法、私法在规范社会生活领域等形式化方面的差别，夸大到性质不同的高度，忘记了基本社会事实和现

---

① Niccolo Machiavelli, *The Prince*, Bantam Classic Edition, 1981, pp. 78 – 85.
② ［德］哈贝马斯：《在事实与规范之间——关于法律和民主法治国的商谈理论》，童世骏译，生活·读书·新知三联书店2003年版，第167页。

实"①。我国各地区出现的各种侵犯权利的情况和事件表明，地方权力在公私关系中始终扮演着强势者的角色。公私两端分化的结果是，法律在事实上将整体的地方社会通过法律权利的形式化散为一个个独立存在的个体性权利，由个体行使权利的保障从而失去了集体行动的资格，往往无力与整个地方权力体系进行抗争；同时，个体只有在自身权利受到地方政府权力本质侵犯的情况下，才会运用法治的手段去维护自身利益，而地方政府权力往往在公私模糊领域采取"温水煮青蛙"的方式逐步蚕食个体权利。

可见，地方法治语境中的"权力制约权力"以及"权利制约权力"一直具备思想和法律的支撑，并且也一直在现实的地方治理中发挥着作用。但是，在地方法治实践中发生的行政权力膨胀、公共利益模糊、高压反腐下继续腐败、司法不公、社会行为失范等问题，说明了只由政治权力和公民个体权利对地方政府权力进行制约是不够的。随着公法私法化和私法公法化以及多元社会关系的发展，社会性力量成为权力制约的有效工具，也即需要在个体与政府之间填补，可以采取集体行动的社会权力从而予以有效制衡。

二 社会权力阻却地方政府权力的扩张

在政府公权力内部体系的部分监督失效以及公众权力制约的个体单薄的情况下，地方法治实践并未展现应有的实效性结果，从而在法治的目标、动力、路径和内容上出现了偏差，因而政府权力依然未能得到有效制约。因此，必须充分发挥社会力量，将社会从政府与个体关系中解放出来，解决政府和市场双重失灵的问题，从根本上破解地方法治发展的结构性难题。

---

① 童之伟：《宪法民法关系之实像与幻影——民法根本说的法理评析》，《中国法学》2006年第6期，第178页。

(一) 社会权力与政府权力在限制中的共在共生

不言而喻,在多元主义背景下,社会权力的主要锋芒指向与之相对应的政府权力关系网络及其背后的权力主体和运行机制。它不仅是基于地方社会现实的法治内在意蕴的理论主张,更是强调了对社会法治价值实现的理性张扬。在信任合作关系下,地方法治权力多元化意味着两个主要的法理逻辑。一方面,表明除了地方政府权力之外,社会权力是一种独立存在的权力谱系。社会权力"来源是不同的,而不是相互矛盾的,而且(到目前为止)它们都是文明的人类社会所必需的","没有人能够准确地预测大规模权力结构的未来"。[1] 社会权力的地方法治"在场",这是对控制型地方法治的政府权力独占性地位的外在否定。另一方面,表明地方法治中的社会权力可以并且能够自主发挥应有的法治作用,成为合作型地方法治体系内合作性治理力量和制约性社会力量。社会权力的合作性集体行动,不仅填补了地方社会的内在社会性力量真空地带,还以法定的自身权力边界限缩政府权力通过复杂治理的野蛮扩张。

实际上,地方法治的多元主义权力,表明社会生活的结构是多元的,具有多种权力谱系并发生法治意义的制度安排。"只要我们引进跨边界的交往,我们就有承认多元的、非同构的结构的可能。这些结构有些是地域性的,有些是国家的,有些是区域性的,有些则是全球性的……同时,我们还承认了这样一种可能性,即人的生活机会是由部分的相互交叠但在范围上有所区别的多元结构所决定的。"[2]在这两个维度上,前者代表了社会权力与政府权力的地方法治"共在",是地方法治两种不可或缺的力量,否则容易造成地方政府的法治中心主义;后者说明社会权力与政府权力的"共生",通过信任合作和相互监督制约共同在地方法治发展中发挥作用,共享法治变迁带来的治理成果。显然,两者间"如果对策者能相互观察到对方与其他个体的相互作用,它们就能建立信誉,而信誉

---

[1] [英]迈克尔·曼:《社会权力的来源(第四卷)——全球化(1945—2011)》下,郭忠华等译,上海人民出版社2015年版,第537、541页。
[2] [美]南茜·弗雷泽:《正义的尺度——全球化世界中政治空间的再认识》,欧阳英译,上海人民出版社2009年版,第44页。

的存在能导致一个以尽力阻止恶棍为特征的世界"①。可见,共在共生的社会权力与政府权力在地方法治中彼此依存彼此获益,从而形成彼此信任、妥协与监督的重要合作力量。在平等化的善治的法治价值目标下,社会权力与政府权力之间形成了组织化和群体化的权力制约和平衡机制,从而在利他性合作中展开集体法治行动。只有在与政府权力之间形成共在共生关系,社会权力才有存在的实践意义。

(二)社会权力促使地方社会从政府结构中分离

在全能主义政府和集权模式的管理体制中,传统的地方法治领域的政府与社会之间是较为统一的,社会被政府侵吞,在实质上没有太多的差异性。因此,根据法治的内在本质要求,帮助社会分离,抵消地方政府权力的扩张是关键。在丹尼斯·朗看来,"抵制完整权力"可以"对他的权力在广延性、综合性和强度上设定限制"②。改革开放以来,市场完善和经济转型的社会改革,无疑促成了地方社会的生长发育和转型变革。新兴的各种市场力量和主体力量、"小政府、大社会""社会治理"改革等多种因素,加快了地方社会从政府权力体系的分离速度。地方社会从政府权力体系中分离是渐进的和隐匿的,往往不为普通公众感知。社会权力的发育是经济转型的重要成果,计划经济时代的社会是依附在政治体制上的,几乎无自主性。随着要素自由流动、资源全链合作、人口城市集聚等成为社会主体自主性成长的重要因素,并在其中塑造了一大批独立自主开展经营活动的市场主体。经济组织体如雨后春笋般地出现,市场主体创新权力需求不断涌现,从而促使地方政府权力逐步从控制转向竞争,为社会发展释放了无数的权力和空间,社会的依附性逐步降低,政府的管控逐步从市场领域退出,政府权力伸展的土壤也就逐步减少。"换而言之,在国家部分退出社会经济领域以后,市民社会一方面能够防止'空位'的发生,另一方面则为自身的营造打下经济基础。"③

---

① [美]罗伯特·阿克塞尔罗德:《合作的进化》,吴坚忠译,上海人民出版社 2017 年版,第 116 页。
② [美]丹尼斯·朗:《权力论》,陆震纶等译,中国社会科学出版社 2001 年版,第 13 页。
③ 邓正来:《市民社会理论的研究》,中国政法大学出版社 2002 年版,第 4 页。

随着改革开放朝着纵深方向发展，社会成员的"单位人"身份逐步转向"社会人"身份，社会人格逐步从政治人格中解放出来，可以更多地享受法律带来的权利，这促使政治权力对于社会个体和社会组织的权力逐步调整。通过市场发展和政治体制改革的路径，公众的结社自由逐步为地方法治提供社会条件，商会、协会等民间组织在满足社会公众主体性需求过程中发芽成长，成为替代政府服务和公共领域治理的重要力量。社会权力与政府权力之间，逐步形成了一个交互性的社会空间领域。社会组织本身具有动员和整合社会资源的能力，如公益慈善资源、义工服务资源等。社会力量吸纳的社会资源直接降低了政府资源的动员能力，从而在公共领域尤其是社会服务领域，地方政府权力更为依赖社会力量完成政府目标。在哈贝马斯看来，社会权力"在社会整合的种种力量之间达成新的均衡"，以对抗"金钱和行政权力"。[①] 随着地方公众主体性增强，社会领域的竞争、互助、信用、平等、公正等价值观逐步确立，从而在社会意识上逐步明晰了与政治权利之间的界限。尤其在网络化的生态中，社会的主体观念逐步确立，制约公权力的意识更为强烈。因此，地方社会公共价值观念正在虚实的社会空间培育法治精神，限缩了权力的价值维度的控制。毫无疑问，已经或正在发生的社会事实，引发了社会领域的独立性和自主性，从而限制了政府权力的生存空间。在改革进程中政府权力从市场和服务领域退出，则直接导致政府权力范围和权力行使的领域被较大压缩，从而限缩了地方政府权力的实施空间。

在市民社会理论中，法治的实现必须由社会与国家的分离展开。映射到地方层面，则是社会与地方政府的分离。"市民社会在很大意义上并非一种外在于政治权力的领域；而毋宁是深深地穿透于这种权力的一种力量，使权力处于分立、分散的状态。市民社会的组成部分确实是'两栖的'。"[②] 社会权力的主体、内容和资源等在市场机制和价值观念的促动下，逐步从地方政府的权力体系中独立出来，一方面，具备了社会要素

---

① [德]哈贝马斯：《公共领域的结构转型》，曹卫东等译，学林出版社1999年版，"序言"第22页。
② [加]查尔斯·泰勒：《市民社会的模式》，冯青虎译，载邓正来、[美]J.C.亚历山大编《国家与市民社会——一种社会理论的研究路径》，中央编译出版社2006年版，第48页。

的独立性促成社会相对独立并由自己内生的权力合作引导与共同治理,从而排斥了政府权力的强势"吸纳",同时在社会发育和壮大过程中培育了较多的社会组织等社会主体力量又反过来壮大社会权力;另一方面,压缩了地方政府在社会领域的权力内容和权力行使空间,从而有效地防止地方政府权力不当使用和扩张运用。此消彼长间,地方社会与地方政府之间逐步分离,并且为地方的法治注入了更多的社会要素力量。

(三)社会权力对政府权力组织化和群体化制约

权力被视为扎根于一切人际关系和社会结构中,"既被视为个人、群体或更大社会结构拥有的一种品质或属性,又被视为个人或集体参与者之间主动或互动过程或关系的指标"[1]。因此,在权力谱系中,各种权力均有其存在的样态,并在不同程度上发挥着重要的作用。不同权力的施行状态,直接反映了社会结构状态和法治水平。在丹尼斯·朗看来:"在一切大规模的复杂的'文明'社会里,权力在群体之间的分配不均,这些社会的文化就会反映和体现这种不平等。"[2] 这正好契合了地方法治讨论的权力关系问题。在现有地方法治实践中,政府性权力在地方法治实践中占据主导地位,并且存在权力膨胀和权力寻租等现象,从而打破了权力关系中微妙的平衡关系,导致社会权力和其他权力的萎缩与隐匿。不平等的权力关系导致政府和社会之间并无较为明确的权力边界,政府权力在新兴领域为保持治理覆盖而占据主要控制地位。社会权力并非个体化的社会公众力量,而是基于社会组织或群体的合众性力量。这与个体权利和政府权力存在很大的差异。因此,修复这种政府社会关系的关键便在于限控地方政府权力的种类、内容、数量和作用空间等。在传统体制内权力制约和权力制约方式实施效果甚微的情况下,需要社会权力予以规制。

地方法治的实质性要求政府权力的社会向度和回归,重要的纽带和

---

[1] [美]丹尼斯·朗:《权力论》,陆震纶等译,中国社会科学出版社2001年版,"引言"第1—2页。

[2] [美]丹尼斯·朗:《权力论》,陆震纶等译,中国社会科学出版社2001年版,"引言"第3页。

动力来自社会权力的发展和壮大,在于社会权力与政府权力之间的信任合作与互相制约。国际化与信息化促成了两者之间双向合作关系的逐步形成。然而在社会权力的起步和发展阶段,对政府权力的制约更为重要。在"治理""善治"成为热门的社会治理方式下,强调公共机构与私人机构的合作、多元权威主体和地方政府回应等,体现了政府权力的社会回归和社会权力控约机会的增加。首先,社会权力主体的组织化和群体化特征是其区别于个体权利法治功能的重要向度。其主要载体的社会组织、社会群体和自治组织等均具备了自主性等特征,更能体现政治领域和社会领域之间的权力分配与制约关系。分散孤立的个体权利无法形成个体主张的集聚效应,而社会组织群体甚至网络舆论等通过组织化的机制对政府权力发挥效用,才能引起地方政府较为强烈的关注。社会权力将"把政府分裂为许多小部分的国民本能"① 的权力凝聚起来,集合在群体化的组织内,防止政府权力进入社会自主决策、自我管理和自主服务的领域,同时拒斥地方政府权力承担不该管、不能管和管不好的事项,阻止政府过多进入公共事务领域。其次,社会权力能通过业内或个体利益的集合,应对日益膨胀的政府性经济权力。在 GDP 至上的地方政府竞争中,虽然地方政府权力不再过多干预市场,但在涉及经济收益的方面如"土地财政"等方面,往往政府权力与市场权力形成利益联盟,从而导致社会受损。所以,社会权力通过对话、协调甚至谈判形式,与涉及经济的政府权力形成控制关系,从而地域市场权力的无限扩张。例如,对"污染项目"等的多方谈判等,社会权力不仅形成对于市场的反应,也制约了地方政府滥用权力作出重大侵权性决策,从而维护了地方社会政治民主、平等合作和保护环境等法治价值。当然,社会权力的各种组织团体和社会群体,集聚了丰富的人力、知识、自媒体等社会资源,从而对政府权力行使过程中的内容、条件、程序和结果等产生强大的约束能力。对于滥用权力的地方政府官员腐败的网络监督,网络群体拥有较多专业性和潜在信息的挖掘能力,在一定程度上推进了反腐的进程。在更为专

---

① [美] 劳伦斯·M. 弗里德曼:《法律制度》,李琼英等译,中国政法大学出版社 1994 年版,第 246 页。

业的决策领域,由专家学者和从业人员形成的社会群体,为地方社会提供了一个更为专业化和精细化的参与路径,防止政府权力因非专业性和过程性环节缺失而产生决策失误,督促政府向有限政府转型。最后,社会权力的制约优势还体现为组织下沉和灵活性。大量的社会组织、社会群体和自治组织都活跃于基层领域,往往与普通社会公众关系最为紧密,也能最先吸收到政府权力实施的社会反应,从而在小众意见的吸纳过程中,代表公众传递信息,从而规避传统政府权力的惰性。这不但能从社会神经末梢中动态掌握社会动向,而且能够确保少数意见得到采纳或回应,导致社会成员对社会具有安全感和责任感。当然,对国家权力的内容体系、权力强度和权力广度等的限制,归于社会权力依照法律的限制,而非任性所为,否则极易导致社会权力的滥用。

社会权力以组织化、动态化和机制化的方式,实现了个体权利无法实现的地方政府权力的限缩,促进了"由个人抗衡权力向团体制衡权力的转向,造就了组织化、高强度的社会分权和多元权力的互控和平衡"[①]。在这种限制政府权力的机制中,社会权力以组织化的力量对应地方政府权力,从而保证了权力制约的实效性;以动态性社会机制对应惯性运作的政府机制,确保社会权力的信息和回应新鲜而及时,以限制国家权力扩张空间;以专业化和微粒化的实施方式,直面地方社会的现实问题和矛盾,从而防止地方政府权力侵入神经末梢。由此,社会权力驱使政府权力的回归和权力的正当行使,同时实现在众多领域的互相促进和制约,从而巩固了地方法治的思想基础。

三 社会权力对政府权力的分解与转化

对于社会而言,权力并非总是恒定的,也并非总是固化在某一个权力主体身上。权力关系是随着政治经济和社会文化的发展而不断动态调整的。映射到地方法治实践中,也就形成了多元权力关系交错而不断变

[①] 马长山:《法治进程中的"民间治理"——民间社会组织与法治秩序关系的研究》,法律出版社 2006 年版,第 70 页。

化的格局，由此，造成了地方社会新问题和新矛盾层出不穷。已有的地方法治类型是以政府权力为中心的静态治理机制，遇到重大矛盾问题时集中所有资源进行休克疗法，而对细微的社会问题往往视而不见，导致权力的真空。因此，需要对权力关系进行法治调整。

（一）权力转换和分解机制的法理可能

众所周知，权力并非单向、静止和固化的。权力始终存在巨大的冲动，所以霍布斯宣称人们的普遍倾向是"永无休止的权势欲"[1]。罗素也认为"在人的无限欲望中，主要的是权力欲"[2]。从古希腊和古罗马开始，权力便是可变、可分化和可结合的。因此，在传统的政治权力机构中，才有了权力分立等学说与实践活动的展开。为了实现法治的秩序、平等、公平和正义等价值，防止经过人民授权的权力异化和专断，对于权力的制约往往通过权力转化和分解来达成。在西塞罗看来，法治"最明智、最公平的均衡体制"是权力的分权制衡体制，并且所有权力均遵守法律，"一个行政长官特别要记住的是，他代表国家，他的责任是维护国家的荣誉与尊严，执行法律，是所有公民都享受法律赋予他们的权利，不忘记所有这一切都是国家托付给他的神圣职责"[3]。孟德斯鸠将国家权力进行分化，为后世的实践提供了强大的思想武器。对于权力的制约，其强调"从事物的性质来说，要防止滥用权力，就必须以权力约束权力""必须联合各种权力，加以规范和调节，并使它们行动起来，就像是给一种权力添加重量，使它能够和另一种权力相抗衡"[4]。在罗素看来，权力也是需要进行动态调整的，"在权力集中于一个组织的情况下，如要避免产生极端专制的流弊，就必须把那个组织里面的权力广泛地分散开"[5]。可见，

---

[1] ［英］托马斯·霍布斯：《利维坦》，商务印书馆1996年版，第72页。
[2] ［英］伯特兰·罗素：《权力论——新社会分析》，吴友三译，商务印书馆2012年版，第3页。
[3] ［古罗马］西塞罗：《西塞罗三论》，徐奕春译，商务印书馆1998年版，第147页。
[4] ［法］孟德斯鸠：《论法的精神》上册，张雁深译，商务印书馆1997年版，第154、63页。
[5] ［英］伯特兰·罗素：《权力论——新社会分析》，吴友三译，商务印书馆2012年版，第237页。

权力是具有分化和转换的思想基础的。但是，传统思想家对权力的转换的思考集中于体制内的权力分立和权力分权。在具体实践中，权力会因为权力自己和外在影响因素的演变而发生变化，如权力要素结构发生变化，造成权力变更与消灭；权力分配格局发生变化或控制要素发生变化，引起权力主体的变化；权力内容的变化，造成权力内在结构更替，从而影响权力配置。① 由此，我们可以看出，权力的变化与调整是可以存在的，并且实际上一直发生在地方实践领域。一般而言，地方政府的权力分散是在纵向之间分权，这并未改变权力的性质，也因此对地方法治的意义只在于地方政府性权力的增强。但是，地方政府权力的分解，更具有法治意义。

（二）社会权力对静态政府权力的分享

地方政府作为国家权力的承载者，接收了来自中央的授权，并且在法律制度的框架内具有自主性的空间和地位。在地方法治主体单一化和法治结构封闭化的状态下，地方政府掌握了高度集中的政府性权力，从而形成"一元化"的治理，权力高度集中在地方权力组织手中；但随着经济活力的激发和央地分享治权和行政放权改革，这种权力结构被打破，政府权力逐步分化到社会领域，多元主体治理格局也逐步形成。② 治理机制的变化，带来的是地方政府权力格局由纵向调整逐步转换为横向优化，社会享有了本该享有的较多自主性权力。社会权力从而有了更多的权力内容和行使空间。

在实践中，社会权力对地方政府已经掌握的权力的分享是在三个层面展开的：第一，在地方政府推进职能转变的过程中，强化"有限政府"建设，将较多威权模式下的控制性权力逐步主动地释放给了社会主体，从而形成社会权力的增量；第二，社会权力通过主动争取，从地方政府的权力体系中争取将本应属于社会的权力回归到社会自己手中，从而确

---

① 参见康晓光《权力的转移——转型时期中国权力格局的变迁》，浙江人民出版社1999年版，第53页。

② 参见俞可平《中国治理变迁30年（1978—2008）》，《吉林大学社会科学学报》2008年第3期，第7页。

保社会治理权力的法定性和合理性；第三，地方政府在履行职能的过程中，受专业化和治理负荷的影响，吸纳社会权力进入公共服务领域，开展政社合作，从而驱使社会权力增加了较多服务性职权的进入。无论哪种形式的行政权力吸纳，对社会权力而言都增强了权力内容和权力渠道，同时也削弱了地方政府权力的数量、内容和广度、深度。"不论是公共部门还是私人部门，没有一个个体行动者能够拥有解决综合、动态、多样化问题所需的那部分知识与信息，也没有一个个体行动者有足够的知识与能力去应用所有的工具。"[1] 社会权力与政府权力在信任中形成了分享权力的合作机制，实质上却是社会权力不断地通过扩展和吸纳，减少政府权力的数量和空间，从而规避政府权力的数量的增加。在"不断增加的自主与互赖"中，形成社会权力深度参与地方政府治理事项，从而在能力允许的情况下，接纳地方行政权力并逐步去制约和监督地方政府的具体行政服务行为。

静态意义的权力分享是现存权力关系的政府与社会之间的流动，其实是权力关系横向主体之间的再配置，从而在总量静止恒定的情况下，实现政府权力的缩减和社会权力的增强。在社会结构多极化变迁的今天，与其说是地方法治结构的变革，毋宁说是权力格局的调整，本质上是社会权力吸纳政府权力，形成对政府权力清单制度的有效监督，从而控约行政权力的正当行使。需要特别指出的是，社会权力主动或被动接纳地方政府的权力，往往通过社会组织和自治组织的形式来承受，因而在平等化和民主化的方式下，社会权力以更加客观和公平的方式对待政府的活动和权力内容，并且统合各种社会资源深度参与地方政府权力的运作，从而达到制约的目的。

（三）社会权力对动态政府权力的分解

如果说静态意义的政府权力分享是社会权力结构上的需要，那么动态的权力分解机制则是在权力生产过程中的社会权力自主竞争获得的权

---

[1] ［美］B. 盖伊·彼得斯：《政府未来的治理模式》，吴爱明等译，中国人民大学出版社2001年版，第68页。

力资源。在地方法治领域，政府权力已经基本固化，一是主要由《宪法》和法律做出明确规定的权力；二是在长期的治理过程中积累而来的各种权力，一般而言具备了合法性和正当性基础。前者任何一项权力在实施过程中，均赋予了权力主体自主性空间或自由裁量权，一旦突破边界则形成了权力的违法或不当使用。后者受全能主义政府的惯性影响，往往通过自行设定、自己行使、自我约束导致权力任性的空间较大。在地方法治模式下，法定权力已经基本固化，并且随着简政放权和权力清单制度，权力不当或违法行使的空间不大。但是，通过治理而得的权力往往受到的监督较少。

当下，由于社会空间拓展以及社会生活变化带来的权力变化，其权力来源往往有两种方式：一是新兴领域尤其是社会变革后全新的治理领域，往往涉及百姓的日常生活，如饲养宠物、基因检测、同性交往等；二是信息化和网络化带来的深刻变化领域，如城市共享单车治理、外卖入户、数字政府、城市监控等问题。各地政府的做法差异性很大，有"无为"，有"全控"，有"契约治理"等。无论何种方式，地方政府与社会在治理权限的争夺上均不遗余力。因公权力的支配力更强，往往政府权力能够掌握主动权。社会权力通过社团和社会服务组织，更加深入地参与这些新兴治理领域，了解权利诉求，调查客观情况，听取群众呼声，协调资源配置，共建虚拟社区，等等，逐步分解了政府的权力控制机制。尤其在网络和创新创业等领域，高技术含量、高风险性和动态性，使得较多专业类社会组织成为政府权力放行的重要社会权力平台。

社会权力动态性的分解机制，实际上是与政府权力争夺新兴权力的治理领域，从而扩大社会权力的内容和空间。因为，这些属于全新的领域，法律尚未做出明确的规定，因此，出于治理需要和稳定要求，政府往往以直接包揽方式全盘吸纳。但是，其中往往包含较多社会领域，因此，社会权力的主动介入，一方面，分解了政府权力的治理负担，以专业性和动态性化解社会问题和矛盾；另一方面，有效阻却了地方政府权力的过度扩张和社会垄断，防止政府控制在新领域的重现，从而为地方法治的动态稳定提供全新的机制性分解机制。

第二节 丰盈民间社会资本

一 社会资本与合作型地方法治

(一) 法治意蕴的社会资本解说

从经济领域资本演化而来的社会资本，关注社会内部的机制，往往被视作社会关系、社会组织、社会行动和社会结构以及社会发展领域的一个重要分析概念。它串联起了社会个体之间，以及个体与国家之间的关系，有效弥合了宏观社会与微观社会之间的分离。"在社会资本身上，历史学家、政治学家、人类学家、社会学家和决策者以及各个领域'内'的各阵营，又一次找到了一种存在于公开的和建设性的争论中的共同语言，一种以过去的150年来受到狭隘的学科主义严重压制的语言。"[①] 自20世纪80年代以来，社会资本成为社会学、政治学等领域的重要研究热点，逐步被法理领域作为分析工具而运用到法治等领域。在经过理论的初创阶段、发展阶段、扩展阶段后，社会资本逐渐迈入指导实践应用阶段。从"社会资本"概念诞生开始，就将话语集中在"社会"这个关键中心上并指向核心要素，从而与经济资本等形成理论切割。

在现有的社会资本理论体系中，分别具有不同类型的理论和解释，代表性学者有法国社会学家皮埃尔·布尔迪厄（Pierre Bourdieu）、詹弗斯·科尔曼（James S. Coleman）、罗伯特·普特南（Robert D. Putnam）和林南等。布尔迪厄从微观工具性上将社会资本与经济、文化资本相区分，并认为社会联系、声望荣誉和权威等是社会资本的符号。社会资本实际上是资源的集合体，通过体制化的网络关系形成集体动态的社会组合。在布尔迪厄看来，社会资本的资源"同对某种持久性的网络的占有密不可分"，这种网络是"体制化关系的网络"并且"团体的会员制相联

---

① 参见 [美] 迈克尔·武考克《社会资本与经济发展：一种理论的综合和政策架构》，郗卫东译，载李惠斌等《社会资本与社会发展》，社会科学文献出版社2000年版，第301页。

系",每个如亲属、职业和组织等关系性团体以"制度化的代理形式"和"一整套体制性"如"创造机会""提供场所""提供活动"中为会员资源交换提供支撑。行动者可以有效运用整个网络占有社会资本,并且能够获取经济资本和文化资本。由此,资源、网络、制度、组织和行动机制成为社会资本的核心要素。①

科尔曼为了回答"理性的社会选择何以成为可能",从功能主义的视角阐释社会资本宏观层面的意蕴。在他看来,社会资本不再是单独的实体,而是不同形式的实体,强调行动者、资源以及利益构成了社会系统,从而在这个系统中,信任、权威和利益分配共识形成社会系统内的整合与团结。社会资本"由构成社会结构的各种要素组成,而且为在社会结构中个体的某些行动提供便利"②。科尔曼的社会资本理论强调了社会资本的社会结构功能,能够促进个体和集体的行动,而义务与期望、网络、规范和惩罚、权威和组织则是促进目标实现的有效要素。③ 在科尔曼视野中的社会资本属于一种社会关系,具有公共物品性质,从而不可转让,具有与其他资本同等重要的地位,实现了从个人角度向社会分析的话语转换。

普特南(也译作帕特南)将社会资本理论进一步深化到治理领域,并且将社会资本的公共物品性质视作市民社会的基石。当下我国很多法治和治理理论均将其关于社会资本的阐释作为分析的依据。普特南从社会资本的能动意义上认为,社会共同体的自愿合作来自大量的社会资本,这是社会组织的根本特征,"诸如信任、规范以及网络,它们能够通过促进合作行为来提高社会的效率"④。社会资本因本身具有生产性而促成组织目标的实现,信用可以带来声誉从而促进了自发的合作,并且声誉的

---

① 参见包亚明主编《布尔迪厄访谈录——文化资本与社会炼金术》,包亚明译,上海人民出版社1997年版,第189—210页。
② James S. Coleman, "Social Capital in the Creation of Human Capital", *American Journal of Sociology*, Vol. 94, 1988, pp. 95 – 120.
③ 参见[美]詹姆斯·S. 科尔曼《社会理论的基础》上,邓方译,社会科学文献出版社1999年版,第81—109页。
④ [美]罗伯特·D. 帕特南:《使民主运转起来》,王列、赖海榕译,江西人民出版社2001年版,第195页。

不确定和违约的风险，被强大的规范和密集的互惠性参与网络降到了最低。作为社会资本特性的信用、规范和网络在相互供给中不断生产，从而强化了社会关系的合作。信任为"大型和更为复杂的结构"提供了对未知的行为预测，而社会信任能够从"这样两个互相联系的方面产生：互惠规范（Norms of Reciprocity）和公民参与网络"①。普特南的社会资本理论是化解"集体困境"的有效机制，合作的参与又增加了社会资本的动态性，公共产品的属性为解决法治的公共性问题提供了较多的参考。

林南将社会资本理论回归个体，将其视作"行动者提高目的性行动成功的可能性的投资"②，这是一种"社会关系中的投资，通过社会关系可以使用和借取其他行动者的资源"，这种资源是"占据战略网络位置（Location）和/或重要组织位置（Position）"而获取的。因此林南认为，社会资本实际上是"行动者在行动中获取和使用的嵌入在社会网络中的资源"③。林南的个体中心主义的社会资本，关注投资及收益，强调社会网络的利用和借取行动者的资源开展行动，因而更为聚焦个体收益和社会资本的市场收益。

在社会资本的应用中，不难发现，不同代表性观点背后是关于社会资本的功能、互动、规范、网络、资源等不同逻辑导向，其实无非指向两个方面，即社会层面和个体方面。功能论与规范论等"所倡导的公共物品属性、公民参与、普遍的社会信任、共享的规范以及价值观等特点，体现了以社会为中心的社会资本理论内涵"④。在笔者看来，之于地方法治实践的社会发育，社会资本的社会范式更能体现群体性和社会性，有利于法治领域的社会组织和自治组织的信任合作，也利于社会权力与国家权力之间的信任和融合。

---

① ［美］罗伯特·D. 帕特南：《使民主运转起来》，王列、赖海榕译，江西人民出版社2001年版，第201页。
② ［美］林南：《社会资本——关于社会结构与行动的理论》，张磊译，上海人民出版社2005年版，第23页。
③ ［美］林南：《社会资本——关于社会结构与行动的理论》，张磊译，上海人民出版社2005年版，第24页。
④ 吴军、夏建中：《国外社会资本理论：历史脉络与前沿动态》，《学术界》2012年第8期，第74页。

（二）地方法治的社会资本支撑

随着后工业社会的来临，人类社会的关系模式发生了较大变化，"人与人之间（而不是人与自然之间或人与物之间）的关系已成为相互交往的首要方式"①。随着信息化时代的拓展，人们期待一种更具有时代特征的集体生活逻辑，"不只限于要求在感情上满足人与人之间的亲密无间"，而更加渴望得到那些值得他们尊敬、爱护和效忠的组织机制。② 社会资本也就成为支撑社会的重要非制度性力量。改革开放 40 多年来，我国社会主义法治建设取得了令人瞩目的成就，从而为经济和社会的现代化提供了坚实的保障，同时也为社会资本提供了生成环境。但是，在法治的变迁过程中，各地各领域不断地出现了信任危机、道德失范、权威离散以及信仰缺失等现象。一方面，说明了在地方法治化进程中出现了社会的基础性不够和政府与社会之间疏离问题，从而导致个体、市场和社会之间无法实现合作与认同；另一方面，个体与社会、社会与国家之间缺乏稳定而有效的连接纽带也给地方法治现代化提出了较大难题，甚至成为制约地方法治发展的重要瓶颈。因此，社会资本在传统"差序格局"的基础上如何构筑信任网络，如何形成互惠合作便成为解决地方法治难题的重要路向。社会资本无论作为关系网络，还是集体行动中的信任、规范和合作等，均是社会的功能指向，在促成社会关系、社会结构和社会行动形成的层面上具有重要意义，比较契合缺乏社会基础的地方法治变革的内在要求。

在传统地方法治范式下，政府的单向度控制逻辑以一元化的政府权力构建法治发展，缺失社会根基，更缺乏社会与政府之间信任与合作的关系网络。对合作型地方法治而言，社会资本不仅可以勾连其社会不同公众个体的联合，还能促成社会组织与政府组织之间的交往，从而产生集体的法治行动。对地方法治而言，社会资本在资源、关系、网络、信

---

① ［美］丹尼尔·贝尔：《后工业社会的来临》，高铦等译，商务印书馆1984年版，第525页。
② 参见［美］阿尔温·托夫勒《第三次浪潮》，朱志焱等译，新华出版社1996年版，第409页。

任、互惠等方面，提供了地方政府无法供给的社会要素，并且维护了法治得以运转的社会基础和伦理基础，往往起着重要的支撑作用。

首先，社会资本能够促成多元社会组织和社会群体的形成与发展。社会资本在社会层面为个体以及集体之间提供社会资源的交互，并且在互相协作中形成较为多元的关系，从而根据不同的价值需要实现信任联合资本，促使个体之间以及群体之间通过规范性机制产生相对稳定的联合体。亲缘、血缘、地缘以及业缘等均可以成为社会关系的网络，资源信息和社会支持等均可以在信任合作中形成流动，并且不断地在行动中产生资本效益。"这种体制化的代理方式保证了社会资本的集中，而且还具有限制个人失误的效应……来保护整个团体免受耻辱。"[1] 因此，社会组织代理了社会个体的权益，并集体拥有社会资源和社会权力，与地方政府展开外在的关系联结和合作与制约。

其次，社会资本能够为地方法治有效配置社会资源。地方法治的资源不仅有物质属性的，还有精神属性的。这些资源深藏在民间社会中，隐匿于社会个体中。社会资源的复杂性不是任何单个社会主体可以控制的，地方政府也不例外。除了地方政府配置的法定资源外，其他资源要么通过市场，要么经由社会进行流转。地方社会资本中丰富的信息、知识、声誉和权力等资源通过网络和合作得以顺畅流通，并且为社会成员普遍享有，从而为地方法治发展提供多元化的物质和精神的资源要素。这在某种意义上说，是让社会权力成为地方法治领域"另外一只看不见的手"[2]，是社会领域资源配置的更加妥当和合理的方式。

再次，社会资本能够为地方法治提供伦理帮助。法治虽然是地方治理的主要方式，但是并不意味着道德的空置或消灭，而恰是法治发展的有力的伦理秩序支撑。法律的稳定性、滞后性和宏观性需要道德伦理的支持和填补，地方法治更需要新型市场伦理和新型社会伦理的介入。地方社会问题的出现，并非静态的法律和动态的法治所能解决，而往往需

---

[1] 包亚明主编：《布尔迪厄访谈录——文化资本与社会炼金术》，包亚明译，上海人民出版社1997年版，第205—206页。

[2] 李培林：《再论"另一只看不见的手"》，《社会学研究》1994年第1期，第11页。

要多元合力去破解。"民众的政府及其法律必须依赖于某种县域国家和人为法律而存在的基本的道德秩序。"① 因此,社会资本拥有的善念、集体规则、伦理关系和团体意识等,均可以为地方法治提供有效的信任资本和合作资本,从而填补法治天然功能缺失部分。

最后,社会资本可以强化地方法治的社会支持和整合。在地方政府权力资源配置能力有限、营利市场主体不愿进入的众多社会领域,尤其是公益性服务领域,社会资本可以提供非正式的社会互助合作。近年来养老等社会服务领域的快速发展,便是得益于社会资本力量下的社会广泛合作。在这种社会支持体系中,社会资本提供了关怀和帮助,同时取得了社会资本交换收益②,比如地位、财富和声誉等。这种社会关系网络中的社会组织以及社会群体之间的普遍互惠机制,成为继续生产社会资本的源泉。在社会资本参与下,"普遍的互惠把自我利益和团结互助结合了起来","遵循了这一规范的共同体,可以更有效地约束投机,解决实际行动的问题"。③ 除社会支持外,社会资本还能通过组织化和群体化的关系网络,让社会零散和碎片化的个体以及资源等形成信任合作关系,从而为地方法治消除较多的非稳定性因素。但是,在社会主体多元化的境况下,精致的利己主义往往会导致个体权利关系的无限收缩,并无法形成相互的交换,也就无以产生群体和组织。社会权力的团体性意味着个体需要有效联合。对社会权力而言,社会资本的作用主要是维持共同体的稳定和行动的相对一致性,从而提高集体认同感。社会权力的产生、维护、运行以及发生功效,无不依赖于社会资本的有效支撑。

二 地方法治中社会资本的孱弱

从理论上而言,地方传统社会的村落组织、邻里关系、道德习惯、

---

① [美] 巴尔:《三种不同竞争的价值观念体系》,力文译,《现代外国哲学社会科学文摘》1993年第9期,第27—29页。

② 参见 Edvina Uehara, "Dural Exchange Theory, Social Network, and Informal Social Support", American Journal of Sociology, Vol. 96, No. 522, 1990, p. 522.

③ [美] 帕特南:《使民主运转起来》,王列、赖海榕译,江西人民出版社2001年版,第202页。

内生规则、交易契约等决定了地方社会一定会沿袭较多社会资本传统，淘汰一些不太符合社会发展需求的负向社会资本。但是，从实践中来看，随着市场化对传统格局的冲破，逃离计划和乡村掣肘的社会个体，无论在市场还是在社会生活领域，均出现了完全背离当代社会资本要求的现象，从而冲击了社会的渐进发展，甚至制约了社会关系走向成熟。例如，食品安全、假冒伪劣、交通碰瓷、社会公德失范以及权钱交易等现象屡见不鲜，影响了社会风气和法治价值的实现。不难发现，社会资源在当前的地方法治实践中，依然较为孱弱，未能发挥出资本的应有作用力。

（一）熟人社会导向

在地方法治变革中，往往会面临法治现代化与传统社会、多元化格局与地方知识的巨大冲突。其中，在地方法治的社会层面更多地表现为传统与现代、开放与封闭之间的矛盾，影响了地方法治在现代化征程中的快速飞跃。与西方不同，中国传统社会是整体性，呈现出一种"差序格局"的乡土社会状态，社会资本的发育在很大程度上也是围绕这个逻辑而展开的。我国传统的社会资本以地缘和血缘关系厘定。"血缘关系的意思是人和人的权利义务关系根据亲属关系来确定"[1]，从而社会资本的基本关系网络是建立在家庭为单位的节点团体上。在费孝通看来，与西方团体格局不同，我国传统的社会结构关系是"差序格局"的，"我们的格局不是一捆一捆扎清楚的柴，而是好像把一块石头丢在水面上所发生的一圈圈推出去的波纹，每个人都是他社会影响所推出去的圈子的中心，被圈子的波纹所推及的就发生联系，每个人在某一时间某一地点所动用的圈子是不一定相同的"[2]。以个体和家庭为中心的血缘关系因差序格局而产生了乡村等地缘关系。因此，传统中国整体社会的社会资本均是基于血缘和地缘的"熟人社会"资本，虽然具有较强的凝聚性，但依然与西方基于法律的"陌生人社会"的社会资本差异特别明显。熟人社会关

---

[1] 费孝通：《乡土中国》，生活·读书·新知三联书店1985年版，第71页。
[2] 费孝通：《乡土中国》，生活·读书·新知三联书店1985年版，第23页。

系的社会资本围绕着血亲、姻亲以及自然地理的封闭圈形成长期稳固的信任、规范和联系。

在当下,虽然市场化、全球化和法治化进程已经打破了传统的血缘与地缘关系格局,但基于义理人情观念的影响依然存在于现实社会生活和社会事实之中。人们无法改变以家庭和专权为特征的传统文化的影响,大量存在着小范围、同质化的人情关系和圈子文化。"熟人社会"的社会资本异化在各个不同的领域。在地方行政领域,传统的"家国同构"以及"官本位"意识,容易导致地方政府权力掌握者根据人情关系在地方市场领域进行资源配置并利用权力进行寻租。很多腐败案件背后,几乎都有地方官员权力行使中的人情关系和圈子。这种"熟人"关系的权力运用,直接破坏了权力规则和权力关系,从而损害了政府的社会信用。一旦权力沦为治理者的工具和手段,则必然引发权力的滥用,从而破坏业已建立的法治型社会资本。在经济领域的社会资本失范中,社会主体依然依赖于传统交易惯例和家族体系,尤其在浙江省温州市等地率先发展的民营企业中,产业关系、配套关系和利益配置等均根据熟人关系网络展开,依靠血缘亲情和朋友友情等方式开展经商活动。对传统血缘和地缘人际关系的社会资本的倚重,导致对契约和现代企业制度的漠视,从而无法实现企业的壮大和可持续发展。受城市商品住宅和农村人口外流的影响,城市社会中呈现两种不同样态的社会资本方式:一是基于单位关系或业缘关系的熟人社会关系,以企业和单位为特征的人情交往大于与社会其他人员的交往关系,同单位或同行业业务的信任合作更为普遍;二是传统农村地缘关系拓展到城市的就业人群的"老乡"群体,以临时性聚合或互相扶持为特征,从而形成了"城中村"(非一般意义上的地理聚集概念)的社会现象,如打架斗殴、群体诈骗等往往对社会治理提出极大的挑战。在文化上,往往以接近公权力为趋向,"朋友圈"和"同僚圈"是熟人关系网的典型表现,影响了公权力的公平公正使用;同时,社会人则以"潜规则""暗规则"的方式,通过利益输送等方式获取不正当的利益。可以说,"熟人社会的信任在本质上是一种情感型信任。如果没有情感,熟人社会的信任就无法建立,因为情感的感性特征决定了它无法推广到间接交往甚至疏于交往的人们之间"①。

(二) 功利主义倾向

社会资本自身具有互惠性特征,信任关系的前提在于社会个体具有共同的利益实现趋向和共通的社会价值目标。其内在的诉求往往契合社会和个体自身的双向要求。尤其在行动中,社会资本还会转换为经济资本,从而带来财产性收益。因此,从宏观意义上说,功利层面的利益是生成社会资本的动力要素之一,从而难免在社会资本的扩展进程中,具有一些利益层面的功利追求,但以不违反法律道德和团体成员契约为前提,一旦突破这个界限,则会直接导致社会资本的异化。"资本的不同类型的可转换性,是构成某些策略的基础,这些策略的目的在于通过转换来保证资本的再生产(和在社会空间占绝对地位的再生产)。"② 西方国家在反思传统纯法律形式主义路径中的问题,不断在社会领域展开社会资本的再生产活动,从而通过社会组织重建、社会信任重构、社会交往重理和社会网络的梳理等,减少社会的风险系数,增强社会成员之间的合作,提高社会组织参与程度,提升治理效率,从而在社会资本再生产中为法治提供优质的社会基础,为社会塑造良好的内在结构,为社会公众提供良好的社会秩序。这种良性循环形成了良好的社会合作,并提供了稳定的社会秩序和效益,从而产生社会均衡和社会福利。西方的努力导向是建立在对资本主义官僚体系开展的,有效构建的公民的共同体,从而支撑法治的继续弘扬。缺乏这种再生产意愿和品质的共同体,则会"在恶性循环的令人窒息的有害环境里,背叛、猜疑、逃避、利用、孤立、混乱和停滞","预计霍布斯式的解决集体行动困境的方案会居于统治地位,这一方案是等级制的,包括强制、剥削和依附等"③,这注定了

---

① 张晓兰:《熟人社会与陌生人社会的信任———一种人际关系的视角》,《和田师范专科学校学报》2011 年第 4 期,第 109 页。
② 包亚明主编:《布尔迪厄访谈录——文化资本与社会炼金术》,包亚明译,上海人民出版社 1997 年版,第 209—210 页。
③ [美] 帕特南:《使民主运转起来》,王列、赖海榕译,江西人民出版社 2001 年版,第 208 页。

社会将会长期处于落后的状态。由此,我们不难发现,西方社会资本形成了生产的循环,走的是渐进性的道路,从而为法治提供源源不断的社会动力。在社会发育不太完善的国家,社会资本积累就会存在生产不足和再生产异化的问题,从而积重难行影响法治的实效性。

受传统体制机制和文化的影响,经济改革的明显成效却带来了社会领域的利益化导向特别明显。随着基于GDP竞争的发展,地方政府往往将地方法治视作政企合作的重要工具从而展开营商环境建设。显然,这种工具主义的法治建设思路,将法治作为吸引企业的重要形式,忘却了政府职能本质上的法治要求,容易在政商关系中产生权力和利益交换的内容,从而破坏法治对于权力限制和保障权利的本质要求。在竞争型地方法治中,地方政府权力和经济锦标赛扩展到了法治所有的领域,从而造成社会资本只能在角落里生存,与经济相匹配的发育难以呈现。承包型地方法治受上下权力关系影响,政府权力更是伸向社会领域,使得社会资本无所适从。治理体制和机制上的功利,往往影响社会资本的功利倾向。一旦政府权力简政放权,直接赋予社会相关权力,则社会服务组织立刻就接纳了政府的服务内容,表现为社区养老服务组织登记数量剧增,良莠不齐。在社会关系网络中,广泛存在以个体利益破坏公共利益的情况,如陈旧小区乱建乱搭而社区睁一只眼闭一只眼、市场主体扰乱秩序而政府监管流于形式,等等,业已建立的社会信任往往遭到较大的功利破坏。在社会公共资源普遍缺乏的情况下,医疗卫生、教育就业等领域,往往有人通过请客、送礼、打招呼等方式插队入园、入学、入院,直接侵害了其他社会主体的信任关系。在市场领域中发生的"地沟油""瘦肉精"等食品安全事件,往往是企业主体破坏诚信和公众信任,从而产生了全国领域的信任危机,而"郭美美"事件直接导致红十字会等社会组织的公信力急剧下降,产生了很大的负面影响。功利主义的社会资本往往与权力和利益纠缠在一起,一定会摧毁地方社会信任关系,甚至可能引发社会公共事件危机。"信任指的是对某人期望的信心,它是社会生活的基本事实。"[1]

---

① [德]尼克拉斯·卢曼:《信任:一个社会复杂性的简化机制》,翟铁鹏等译,上海人民出版社2005年版,第1页。

公共信任是全部信任的皮，而功利主义往往得了个体信任的毛而损伤了公共信任关系的皮。一旦功利主义泛滥和社会监督机制忽略，可能造成"保护伞"等势力，从而极大地影响地方法治的稳定性。

（三）结构失衡趋向

地方的社会资本在要素结构上，呈现出网络关系多元化发展，而信任合作与自治规则处于较为缺乏的状态。在"人情社会"的辐射下，关系成为我国社会主体交往行动中必须考量的因素。无论是在百姓个体的行动结构中，还是地方政府的行动关系中，抑或是在社会组织的关系结构中，人情关系、朋友关系、社会关系、利益关系等成为最需要观照的核心变量，从而"找关系""通融关系"等成为行为的主要方式和路径，即使虚拟网络中的朋友圈和好友群的关系也被广为重视。地方所有的主体均裹挟到了关系网络，形成了错综复杂的关系网。但是，从本质意义上，这并非社会资本的集体行动关系网络，而是熟人社会驱动下的情感网络，以熟悉为主要目的。虽然熟悉是信任的前提，但由此可见，地方社会资本的网络结构倚重人情，而复杂条件和复杂行动的信任较为缺乏。"我们可以把信任的必要性看作是正确行为规则产生的真实和确凿的根据。"[1] 反观现实，我们往往因为人际淡漠和权力滥用，导致社会信任的危机，使得基层的合作难以发生，在前提意义上便影响了社会资本的生长。在政府推进型的法治中，为消除传统人治，法律中心主义思想弥漫，而地方公权力通过法律和规范性文件的方式，直接将公权力纳入社会领域，造成社会规则生长的土壤稀薄，而本身受到信任缺失的影响，促使社会资本结构更加异化。以至其他的要素，如互惠结构和声誉地位等因素，因受经济中心主义的影响，往往在违法成本低的情况下，这些伦理性要素几乎不被重视。

在外在视域内，社会资本随着市场主体的发育成长，会在经济领域内产生较多的经济性社会资本，以现代企业制度为主导的制度化市场机

---

[1] ［德］尼克拉斯·卢曼：《信任：一个社会复杂性的简化机制》，翟铁鹏等译，上海人民出版社2005年版，第2页。

制,通过契约方式形成了较为稳定的产业联盟和行业协会等社会组织,从而成为社会权力中发育得较早的社会资本。但是,随着个体独立性增强,个体在社会领域的集体行动较少,更多的是对临时性侵权的维权联合,这是建立在利益共维基础上的信任,而服务公共领域的社会工作以及慈善事业等,在信任观念和公共精神上尚有所缺失,从而造成经济合作热而社会合作冷的现象。所以,在地方治理进程中,出现了经济性规范性文件天天发,而社会性规范文件很少见的现象。规范性制度的缺失,影响了社群的集体行动,无法形成社会资本的制度化机制和团结合作的力量。这种失衡,直接影响了社会工作者的社会意识和主体意识,往往将自己当作"经济人"而忽略了"社会人"的身份。地方法治的民间秩序和公众的法治观念便无法生发。当然,结构性失衡还体现在城乡差异上,受农村居民向城市迁移的城市化运动影响,乡村社会秩序更受传统乡土社会的影响,主要依靠熟人社会的治理,而城市的社会资本更依赖于陌生人合作。

社会资本的地方问题还有很多,诸如"现在不是社会资本过少,而是社会资本封闭性过强,过于分散,规模过小,向更大范围的转化缓慢;在社会系统的运行中社会资本替代了制度;社会资本形成过程中货币化程度不断提高;以及更大范围的社会资本短缺"[1] 等问题。这些地方法治的社会资本问题,均是权力关系失衡、社会基础薄弱、人际关系疏离和社会价值偏移的结果,实质上都是由传统向现代社会转型过程中出现的问题,是地方法治现代化必须解决的问题。

三 社会权力重塑法治社会资本

(一) 架构陌生人互惠关系网络

从"差序格局"中走出来的地方社会虽然尚存"熟人社会"的影子,但工业化、全球化和信息化已经打破了传统的社会格局,市场交往的契

---

[1] 参见李惠斌、杨雪冬主编《社会资本与社会发展》,社会科学文献出版社2000年版,第42页。

约关系、住房商品化、个体"社会人"角色转变以及全领域的人口和资源流动等从根本上改变了传统熟人关系的社会结构,地方基本实现了通过法律的治理。在现实生活中,除了密切联系和交往合作的人群外,几乎都是互不相识的陌生人;网络世界虚拟性关系和匿名化交往,更是造就了一个完全陌生的交往圈。可见,现代意义的开放"陌生人社会"已经诞生。"我们所生活的世界几乎被陌生人充斥,而使得它看起来像一个普遍的陌生世界。我们生活在陌生人之中,而我们本身也是陌生人。"[1] 徜徉在陌生人的世界中,个体似乎被独立化为一个个依靠法律人格行走的主体意义的符号,扑面而来的并非温情脉脉的人伦而是独立的契约、权利和数字信息等。陌生人之间的交往由于缺乏深入了解和情感联络,带有先天的心理防御机制,而表现为一种短暂的利益合作与交换的行为形式。因而,在陌生人社会的关系结构中,人际信任是基于技术、利益、法律规范和共同的价值而生成和发展的。在卢曼看来,"一个人应期望信任成为需求不断增加的、承受未来技术产生的复杂性的方法"[2]。因此,在戒备怀疑后,独立的个体往往寻求各种不同的群体和组织,形成多元化的信任合作关系。由此,"个体人"逐步向"社会人"转变,在流动的地域和变化的领域内,定位新的身份,构建新的关系,展开新的合作,在现实的集体行动中逐步将"陌生人关系"演变为"亲近性关系"。新型的社会资本便开始萌发了,逐步形成了全新的伦理和法律秩序,使得社会网络更为现代化和法治化。"亲近性关系"存在于地方多元社会组织和社会群体之中,社会组织的社会权力维护个体权益并抵御其他权力的侵袭,从而保持亲近性关系的共在。在合作过程中通过社会权力的再生产机制,逐步构筑更加信任的合作机制,逐步成长为社会资本的共生关系,两者共同不受地方政府权力的制约。于是,社会权力与社会资本在"陌生人社会"共在共生,共同为地方法治的发展提供坚实的社会基础。

社会权力对于"陌生人社会"是适应的:一方面,地方的社会权力

---

[1] [英]齐尔格特·鲍曼:《通过社会学去思考》,高华等译,社会科学文献出版社2002年版,第51页。
[2] [德]尼克拉斯·卢曼:《信任:一个社会复杂性的简化机制》,翟铁鹏等译,上海人民出版社2005年版,第22页。

是相对于其他权力而存在的，实现的目的是保护权利和制约权力，在个体与政府之间架构社会地带和领域，这种法治性的品格与陌生人社会主体性的特质完全吻合；另一方面，社会权力在地方社会组织和社会群体内，又带有团体性的温情，因为权益和合作而产生"亲近人关系"。因为"影响行为人的因素主要在于他人的行为，而此类社会依存的情形下存在着参与人的一种'社会行为'，其以他人过去的、现在的或预计未来采取的行为为取向"①。因而，基于社会依存理论，社会权力尤其是其多元化的主体及其集体行动的方式，会吸引社会个体的积极参与，并在组织体内共建共享合作型关系的权益。在应对地方社会领域复杂而不确定的风险过程中，社会权力基于公共精神采取的公共服务，具备了社会资本所需的确定性预期和良好的群体声誉，从而吸纳社会成员信任注意和激发信任动机。在社会组织、社会群体、自治主体以及其他一切虚实的社会权力结构中，均以合作为导向，特征上天然不具有排他性，因而造就了复杂社会关系中的简单网络，方便个体成员参与和集体实现目标。每一个正式与非正式的社会权力组织体，在成立之初便具有了章程或共同的行为准则，这种规范性的关系联结纽带，符合陌生人社会大规模制度化群体机制。由此，社会权力又在制度意义上为社会资本提供了规范框架的内在伦理——"公共信任"，它属于"社会公众对于公共组织、私人组织和非营利组织共同维护公共生活有序运行的社会责任的系统化的有限期待，是维持公共生活良性运行的一种客观整合力量"②。社会权力提供的制度信任的同时也提供了权力组织体内成员的互惠机制和诚信机制，通过确定性的指引，吸纳集体活动产生的收益并转化为全体团体成员的共同利益。同时，社会权力行使过程中彰显的平等、正义和慈善的价值目标，则成为吸引社会个体参与的重要精神动力。通过公共信任、公共服务、公共利益、互惠合作等，社会权力通过其主体有效地展现了社会整合力量和制度化合作机制，在社会个体之间架构了互惠合作的网络关

---

① ［德］米歇尔·鲍曼：《道德的市场》，肖君等译，中国社会科学出版社2003年版，第46页。

② 谢新水：《从公共对话到合作治理——基于对话思想遗产的研究》，人民出版社2019年版，第325页。

系，为陌生人社会的社会资本汇聚社会力量。

（二）培育平等合作的公共精神

在地方法治领域，除了控制模式下政府与社会的合体外，信息化和市场化带来社会主体个体化和理性化的巨大发展，与沿袭而来的地方政府科层制官僚体系成为现阶段难以调和的一对矛盾。在政府命令控制的模式下，地方政府作为法治领域的唯一权威，形成了"命令—服从"关系的治理结构，以大包干的方式高效和高度理性化地治理社会。不但强制性行政吸纳社会，而且侵蚀了个体权利和公共领域，往往导致社会领域的复杂问题难以解决。行政威权强制性地占据了社会生活的各领域，从而让社会个体尤其是社会人感到压抑和被动，被认为遭受到了领域侵害。

从社会自发生长的社会组织，扎根在地方社会领域之内，组织目标和方式更加社会化，尤其在价值导向上具备现代社会的平等、公正和慈善等理念，是社会共同价值观的重要表现形式。社会权力生发其中并依照共同的章程和价值开展组织化行动，共同维权，提供公共服务，共担社会责任以及开展慈善等活动，向所有社会成员展现了其共生中的服务理念和社会价值。社会权力的志愿性、社会性、自治性、开放性等特征，与地方政府的强制性和距离感形象形成较为明显的对比，从而散发着迷人的公共性魅力。"在今日的条件下，公共性是一个'重叠式'结构：经济形态—资本（商品与资本是资本的两个重要环节）；政治形态—行政权力与制度；文化—精神形态：公共理性与公共精神。"[1] 毫不讳言，社会权力中的社会组织、社会服务机构或非营利组织等不同组织对公共责任的承担，是社会权力得以存在和产生社会资本的正当性基础。

社会权力的价值弘扬和公共精神的塑造，为社会资本的发育和壮大提供了不可或缺的资源和条件。在社会权力生产过程中，吸纳社会主体是通过平等信任和合作而起的，为团体成员提供了主体和权利平等观念和意识；社会权力在维护公正权益，制约地方政府的行政权力时，展现

---

[1] 晏辉：《现代性语境下公共性问题的哲学批判》，《哲学研究》2011年第8期，第115—121页。

出与国家公权力法治地位的平等性；在参与社区治理中，社会团体和社会服务组织以平等的姿态提高参与度；在为弱势群体提供服务的过程中，以平等的姿态提供优质高效的服务；在对救助群体开展慈善和义工活动时，更是贴心温暖平等相待……这些平等的社会姿态和社会地位，影响团体成员及其他社会主体在社会关系中以平等的方式开展合作，以平等的姿态参与治理，以平等的方式解决纠纷。在社会公共领域，不乏非理性的声音和行为，尤其在网络领域有"造谣""非法传播""舆论审判"等问题。理性化是社会权力的另外一个特征，其多元主体的知识、资源和技术能力等可以形成有效的判断，并迅速在各个领域展开即时处理，维护公共领域的生态。社会权力在维护群体权利时，可以形成代表性意见和建议，通过法治化的路径去协商、谈判和诉讼，从而为社会营造法治理性的环境与氛围。社会组织的公共性面向，往往以高尚的伦理道德作为价值目标，开展社会公益和慈善活动，弘扬社会正气，从而在陌生人社会中形成亲近关系的社会资本，随着正气的传播，"倒地老人不敢扶"的现象正逐渐变少。可见，社会权力是培育和弘扬社会主体性、平等观念、自由理念、公共精神和社会正气的重要方式与手段，并在此过程中推动形成民主与法治的地方社会资本。

（三）构筑体制回应的社会秩序

地方社会资本除了信任、声誉、关系网络要素之外，制度性机制也是重要的因素。地方社会领域与中央治理的最大差异在于，存在大量的自治空间和领域。这些地方区域，一方面是法律留给地方社会开展自我管理和自我服务的权力空间；另一方面，有地方政府主动简政放权和社会权力争夺而政府撤出社会领域的地带。庞大的社会体系内，经济、社会、人口、教育、卫生、医疗、养老等各种社会性事务充斥其中，边远地区还有零散的游牧等民族远离治理环节。复杂社会、风险社会、网络社会等多元因素交织在一起，仅凭社会个体力量，无法实现自己的权利要求。在传统全能政府控制模式体制下和自主治理的现实要求下，社会权力通过组织化和群体化的集体合作与集体行动，将社会毛细血管的末梢充分激活，在共商共建的前提下通过制度化的机制形成地方社会的自治秩序，以回应地方治理体制安全、稳定和繁荣的政策性要求。社会治理的法治化，促使社会尤其社会权力的组织化体系必须按照法律的规定和法治的路径开展社会治理。"仅仅拘泥于法律的文字（法律实证主义）和正当程序的正规性，但违背社会上广泛持有的基本价值和伦理规则，是建立不起法治的。"[①] 地方社会因"地方性知识"本身而具有传统的秩序遗产和本地地域特点的治理惯例。在地方法治中，社会权力往往较为抗拒"一盘棋"的标准化治理方式，表现出被动参与、形式参与的行为特征。实际上地方的社会秩序，几乎在每个层面均具有不一致性，无法全部适应政府权力的控制方式，往往其内生的习惯、管理和方式更契合社会个体的治理心理要求而具备适应性。

　　社会权力滥觞于地方社会关系和社会结构之中，主要作用于政府权力限制和公共社会领域及自治体内，实际上是促成地方法治秩序形成和社会自治关系的达成。在现有"控制—依附"结构逐步被打破的情况下，政府适应多元化主体和秩序的关键在于保证主权和社会稳定，这也就成为兜底性的权力行使，符合法定性要求。不同分工领域便形成地方政府与社会权力组织间的横向合作。社会组织和自治组织对社会的权力责任是确保主权统一、意识形态的一致和社会的安全稳定。因此，社会权力需要通过体制内回应的方式，形构地方社会秩序和社会结构。在一定程度上说，地方社会权力得到了地方社会的部分治权，必须履行其权力的国家义务。因此，地方社会权力需要创设社会资本的各个要素，在地方社会成员、社会资源、社会网络、社会规范等层面形成制度化的稳定性机制，从而形成符合本地特点的社会关系和社会结构。社会权力以社会组织和自治组织为基本载体，吸纳地方公众参加集体行动和服务，引导社会公众遵守法律和社会规则；通过不同的组织网络，吸收政府下移和社会生产的各类资源；通过资源的微观调控，确保社会治理顺畅并且保证社会主体的公平对待；通过构筑立体化多元主体和权力网络，形成基于信任合作的高效网络化机制，便于社会组织直接采取服务和合作；通过共同体协商议事形成较为普遍有效的行为规范和组织准则，形

---

① ［德］柯武刚、史漫飞：《制度经济学》，韩朝华译，商务印书馆2000年版，第203页。

成自发秩序规范,从而"灵活地反映着非常多样化的规章制度甚至个人态度"①……甚至通过内在的如调解等非诉讼纠纷解决机制化解矛盾和冲突。这样,社会权力的回应型机制建立,从而在地方法治实践中发挥高质量发展稳定秩序、促成治理效益和提高社会公平公正的重要作用,社会资本网络也应运而生。

第三节 生成地方社会秩序

一 社会权力生成地方法治的"民间法"资源

(一)地方法治秩序"双重失灵"及法律多元主义

法治在任何场域均有保证社会秩序动态稳定的价值导向。无论是国家法治还是地方法治,无论是政府法治还是社会法治,其背后体现的都是权力和权利、权利和义务之间的内在错综复杂的关系和相互动态的平衡关系,从而指向了维护社会秩序的基本稳固和运行高效。随着政府与社会关系的不断动态调整,政府权力与社会权力也在不同的空间和界域内进行焦灼的博弈。映射到地方领域,地方法治与地方自治、地方政府与地方社会也在权力关系和治理领域展开竞争。从传统国家社会一体化格局中挣脱出来的地方社会,逐步摆脱了政府性权力的控制,不再甘愿沦为其附庸;而地方政府权力的自利性和统摄习惯又试图反向吞噬社会。

在地方法治的实践地域和范围内,不同界限的地方社会领域,"政府"与"市场"两只手不同程度地起着主导和控制作用并建构着社会秩序。当地方经济从计划迈向市场后,打开闸门的市场一切均活跃起来,并且完全不同于传统机制,市场主体和社会公众的经济性权利得到极大满足,从而对市场"看不见的手"进入社会领域,完全处于拥抱欢迎态度。"市场万能论"让市场机制配置所有经济和社会资源并且以经济权力

---

① [瑞士]皮埃尔·德·塞纳克伦斯:《治理与国际调节机制的危机》,冯炳昆译,载俞可平主编《治理与善治》,社会科学文献出版社 2000 年版,第 242 页。

影响地方政府的行政权力,从而导致较多社会公共性事务的治理失败。例如,江苏省宿迁市的医院民营化改革,不仅未能充分发挥医疗卫生事业的公共服务职能,反而导致医患关系的多重紧张,最后又在政府权力的干预下回到传统路径。市场以利润最大化为目的的逐利性,仅通过其自发机制往往导致社会关系失衡和社会价值异化。对地方政府而言,"全能主义"业已被证明是无法全部有效开展社会控制的。但是,在地方法治实践中,政府权力随着社会领域的不断扩大而逐步将"有形的手"伸入社会领域,侵占了市场孕育出来的社会自我调节的机制和社会权力,从而导致社会领域的不断萎缩。地方政府权力的有限性决定了其无法在所有社会领域发挥控制作用,同时缺乏社会权力制约的权力往往会激化政府与社会之间的紧张关系。地方政府权力腐败、权力错位和权力寻租等问题一直为市场和社会主体所诟病。可见,对于政府与市场之于社会的控制是失败的。

在地方出现了政府与市场形塑社会秩序的"双重失灵"。"自主的生活就是一种没有违反权利的生活。"① 自由放任的市场和全能主义政府在地方法治秩序构筑的失败,意味着地方法治需要回归社会,社会治理权力体系需要回归社会权力,社会秩序需要回归社会的自生自发。只有这样,才能在国家法的框架内,政府、市场和社会各归其位、各司其职,使得地方法治的各种权力关系能够合作运行、协同高效。

在现代的法治语境中,法治被视作"法的统治",即"法律的至上性",从而将国家法推崇至至高无上的地位,并且僵硬死板地认为法治的"法"就是国家法,就是文本意义上的成文法律。这样,法治的法条中心主义便成为一种趋势和习惯。无论是在地方的行政和司法领域还是在市场运行的各个环节,无论在社会的公共领域还是社会公众的私人领域,国家法律似乎成为一切活动的唯一准则,从而排斥了道德、契约、惯例、章程等各种形式的其他社会性规则和习惯。对法治准则渊源的错误理解,导致了地方在社会调整的过程中,一味地以国家法律的强制力寻求确定性的社会控制,不仅表现出地方政府治理手段上的政府绝对控制,在本

---

① [英]约瑟夫·拉兹:《自由的道德》,孙晓春等译,吉林人民出版社2006年版,第209页。

质上也是政府权力吞噬社会权力的重要表现。在"法条中心主义"法治理念的指导下,社会往往表现为在法律的单一性和社会自生规则的孱弱性、地方治理手段的法律单一性与社会多元制度需求紧迫性之间存在较大的紧张关系,影响法治的权利与权力关系的和谐共生。

相较于国家法治,地方法治领域实际上存在更多的"共同体生活"和社会自生规则。"在没有一个唯一的权利中心的控制下,在潜在的否决位置范围内可以存在一种平衡,而在权力分配系统内也能保持一种法律秩序。"[1] 在如何有效规避政府与市场双重失灵的问题以及如何满足社会主体多元权利需求的问题上,"法律多元主义"为地方法治提供了一个较好的社会秩序规则生长路径。埃利希认为,社会是团体的总和并以人们的行为规则联系在一起,这些"社会团体的内部秩序"不仅包括法律,还有道德、习惯、宗教、礼节等规范。在国家这个最大的社会团体之外,更多的社会团体形成了"活法",其"来源首先是现代法律文件;其次是对生活、商业风俗和习惯、一切团体的直接观察,这不仅包括那些法律所承认的,也包括为法律所漏过或忽视的,事实上甚至还包括法律所不同意的"。在他看来,"法律发展的重心从远古以来就不在国家的活动,而在社会本身"[2]。可见法律除了国家以外,还存在社会自身的法。同样,在韦伯的权威体系中,不仅将"法"视作一种依靠强制的秩序,同时除国家公职人员的权威外,家族、社会团体等也可以成为权威力量,而社团规章、学生联谊会守则等社会规则也可以成为"法"。[3] 两人均从法的生长角度,强调了国家强制性法律之外的社会自发生长特征,并且说明国家宏观法律秩序之外,社会的微观法依然在发挥"法律"作用。"法律多元主义"[4] 广泛地存在于学者研究和社会事实之中,从而为法治的社会

---

[1] [美] 文森特·奥斯特罗姆:《工艺与人工制品》,蒋刚苗译,载 [美] 迈克尔·麦金尼斯主编《多中心治道与发展》,上海三联书店2000年版,第496页。
[2] [奥] 欧根·埃利希:《法社会学原理》,舒国滢译,中国大百科全书出版社2009年版,第18—39页。
[3] Max Weber, *Max Weber on Law in Economy and Society*, Harvard University Press, 1954, pp. 5 – 7.
[4] 法律多元的学说较多,分析的角度也不同,马考利从"私政府"的角度讨论法律多元,埃文强调法律存在于社会事实等,受论域的影响,在此不予赘述。

面向提供了较为准确的多元规则的支撑。

实际上，法律多元主义昭示的"规范"与背后的权力关系紧密相连，不仅表明了国家法律的国家权力的存在，也表明了"社会的法"是由社会权力关系而产生的，它们都是权力的载体和形式。除了"国家法"的法治意蕴和治理功能外，社会自生的"社会的法"也可以调整和控制社会关系和社会秩序。法律的多元主义观点，不仅确认了社会事实中的社会权力规则存在，并且蕴含社会秩序其实更为需要内在规范体系的调控，通过社会权力调整社会秩序。正如昂格尔所言，"在一种社会类型中，秩序只是相互作用的自发形成的副产品；在另一种社会类型中，秩序则代表了从社会之外或之上而来的强加的权威"[①]。显然，依靠社会权力而成的社会自生社会规范与国家法共在共生于广泛的社会生活领域，并且呈现出一幅现代性画卷，这放置在地方法治领域，必然呈现更为生动的现代化过程。

（二）基于社会秩序自给的"民间法"生成

法律多元主义意味着除了国家法之外的社会法存在。这表明所有社会秩序的调控手段并非只由法律这一个单调的规则体实施，也不是由自上而下的统一和系统化的等级制度性机制直接实现，而是来源于众多社会领域的能够进行自我调节的广泛而真实的社会权力和规范。在法典时代之前，习惯法几乎是所有社会调整的主要手段。社会和文化的多样性和现实生活的全球化和信息化决定了地方社会的复杂性和特殊性，法律控制的滞后性与统一性往往无法解决社会生活鲜活的和零碎的议题。因此，在国家法的框架内，社会调控需要微观领域内生的规则秩序和自主行动的规范准则。

在社会生活领域，几乎每个地方社会都有自在的社会秩序，并且在多元论看来，每个秩序都由自在的规则进行调整。"社会中每个发挥作用的从属集团都以其特有的法律制度调整其成员的关系，在不同的从属集

---

① [美] 昂格尔：《现代社会中的法律》，吴玉章、周汉华译，中国政法大学出版社1994年版，第189页。

团中,各自的法律至少在某些方面是存在着必要的差异的。"① 这些与国家法相对应而在社会生活中发挥同效作用的社会规则往往被称作"非正式法""非官方法"或"民间法"。虽然法律多元主义是民间法得以存在的重要理论根据,但实际上众多的社会组织和社会关系等领域是民间法发挥作用的重要空间领域。一般来说,民间法主要存在于社会领域,外延上主要涵盖了习惯法、社会组织章程、乡规民约、集体行动条例、宗教规则、地方习惯和社会群体的道德约律等。从中国传统社会而言,基于血缘、地缘和业缘的家族、村社和行会等的惯例和习惯逐步演变成了各种制度化规范。在当下社会,各种社会组织、现代企业联合和社区自治组织等的自治规范成为民间法的主要源泉。民间法以社会权力为基础,具备了权力与权利的双向特征。虽然民间法并无效力的普遍意义,但对地方法治而言具有鲜明的地方特点,其与特定地域、特定人群和特定场域相结合,更具有独特性和多样性特点,更适合地方社会的传统和现实,从而便于社会权力实施有效的社会治理。

民间法背后的权力基础是社会权力,社会权力塑造了民间法的法律特性。无论民间法的特征如何,其主要依赖于社会权力的资源支撑和社会权力主体创造的社会空间和时间变迁。正如苏力教授所言:"它标记的是各种资源的积累、传统的承接或转换、合法性的确立。"② 从这个意义上说,民间法对社会秩序的稳定作用本质上是社会权力机制作用发挥的结果。那么,除了社会权力之外,在维护社会秩序和社会结构的功能上,民间法的生成的主要因素为是否能发挥法治功能的一个重要方面。首先,地方性社会是民间法产生的土壤。中国传统社会是乡土的,即使在市场发展过程中依然保留着传统文化的治理机制。虽然国家法令可以成为基层社会治理的主要手段,但在社会的最神经末梢,基于传统的惯性和张力以及地方多样群体的需要,民间自治和自生的社会调整规则依然具有生存和发展的土壤。"法治追求中,也许最重要的并不是复制西方法律制度,而是重视中国社会中的那些起作用的,也许并不起眼的习惯、惯例,

---

① [美]埃尔曼:《比较法律文化》,高鸿钧等译,清华大学出版社2002年版,第84页。
② 苏力:《法治及其本土资源》,北京大学出版社2015年版,第24页。

注重经过人们反复博弈而证明有效有用的法律制度。"① 因此，民间法的发展主要是能够有效地应对多样化和动态化的基层社会需求，根植于社会领域社会权力的主体理性，并且对于服从规则的人具有互惠机制。其次，社会领域的自治推动了民间法的生发。虽然地方社会长期以来有政府权力的管控，但依然有较多的自治领域和自主领域，尤其市场的发展促使城乡社会焕发了生机和活力。法律赋予地方社会权力、政府职能转换的倡导性机制和社会组织逐步建立并活跃，使得以社会权力为基础的民间规范得到了较大的生存空间，经济性交易规则和群体性规范章程等大量出现。尤其在社会自治过程中，基层各类社会矛盾出现较多，地方自治领域的各种组织通过制度创新，形成了以"枫桥经验"为代表的多元化纠纷解决机制，为矛盾化解和减轻司法负担承担了较多的制度化功能。最后，社会公共服务领域交往为民间法提供了较大的支撑。与传统社会不同，现代社会的公共空间和公共领域较多，并且公共事务也更为复杂，从而增加了治理负荷。代表社会权力的社会组织、社会群体和自治组织主要承担着公共治理的任务和责任，因而这些群体的活动促成了公共领域的开放，并在信任和协商中促成合作的契约或者机制性框架，从而便于社会网络的拓展、社会资源的承载和集体行动的付出。由此，也促成了社团章程、义工联合宣言等性质的民间规范的生长与成熟，从而有助于夯实民间法的公共性基础，便于催生公共领域理性的集体行动。

（三）社会权力塑造流动性结构下的社会规范

社会权力并非传统专制制度下的"横暴权力"，也非乡土社会的"长老权力"，可以视作因为社会合作而生成的"同意权力"②，是社会群体内所有成员基于信任和合作而产生的具有契约关系的权力。因为信任，社会主体得以合作；因为合作，社会资源才能集聚；因为同意，才能产生社会规则；因为社会规则，社会集体行动才具备集体理性；因为集体理性，社会权力才具备法治品格；因为法治，地方社会秩序方能形成。

---

① 苏力：《法治及其本土资源》，北京大学出版社2015年版，第39页。
② 参见费孝通《乡土中国　生育制度》，北京大学出版社1998年版，第76—77页。

在静态的地方社会结构中,社会权力往往集中于已有的民间法的实施和纠纷的解决方面。在动态的地方法治变迁中,不仅社会事实发生变化,社会关系和社会结构也往往发生重要变革。以信息化为代表的社会变革,直接形成了以微商等为代表的网络新生力量。这对社会权力的影响往往是制度本身的变革。由此,社会权力不仅要从形式和内容上变更基础性的原有社会规范,还要结合社会变迁更替,大力促使新的民间法的生长和发育。一般而言,在这些社会细微领域,国家法律制度不可能随时制定并且将作用效力调控得如此精致,往往需要地方社会权力在实际发生时,通过制度化机制予以调整。"社会在任何时候都不可能只依赖某一个制度,而需要的是一套相互制约和补充的制度;这些制度不仅包括成文宪法和法律明确规定的,可能更重要的是包括了社会中不断形成、发展、变化的惯例、习惯、道德和风俗这样一些非正式的制度。"[1] 社会权力正是通过这些非正式的法律制度,依靠民间法的作用机制来调控基层社会的运作,规范社会成员的集体行为,抵御政府权力的侵袭,从而在地方社会形成一种动态稳定的社会关系,维护社会秩序的良性发展。应该说,社会权力为社会规则的生成提供了良好的社会基础,为社会规则的实施提供了权力支持,两者相互合作形成较为固定的社会关系。对民间法规范的社会功能而言,社会权力是其重要的权力基础,这与国家法和国家权力之间的关系维度是一致的。

地方法治中的政府权力以法律为基准,而社会权力以民间法为根据。虽然是社会自治或公共领域,但民间法的产生依然需要具备社会权力赋予的合法性和正当性基础,也即在形式上具有合法性,在实质上具有合理性。基于社会权力产生的社会规范,可以分别从形式合法性、实质合法性、形式合理性和实质合理性四个层面展开分析。合法性强调合乎法定的条件和程序,合乎法治的内在要求。在社会权力产生和运行过程中,其主体往往根据集体行动的要求,通过互相商谈和协议等形式充分交流和沟通,形成一致的意见,并形成章程和规约等形式的文本。虽然在渐进的过程中,不具备国家法那样的条件和程序,但基本具备了议题、商

---

[1] 苏力:《制度是如何生成的》,北京大学出版社2007年版,第55页。

谈、协议、文本和载体等形式，从而在组织体内形成公约形式的法定文件。这是社会权力产生和运行过程中赋予主体的重要形式内容。在这些权力行使过程中，确保最大多数人的权益，吸纳最大多数的意见和建议，达成最大公约的共识，得到所有成员的积极认可是其实质合法性的最重要方面。同时，社会权力在行使合约形成过程中，不能违背法律是必要条件。从本质意义上说，民间法的合法性的来源是社会权力合乎法律和合乎社会规范的重要体现。合理性意味着民间法在价值层面的合规律性和合价值性。社会组织及其成员的个体理性往往具有多样化，但在集体组织内，社会权力赋予所有成员个体理性的表达等权利，并且强化了多元性的充分参与，让成员通过公共议论和商讨并充分表达意见，确保集体理性和公共信任能够得以达成，通过合意和契约达成规范。另外，合理性是指所有的规则依靠所有成员的知识技能等资源，确保规范的合乎科学和社会规律。民间法的实质合理性，是社会权力在对社会公共价值的追求层面对社会规范的法治价值的弘扬。民间秩序的自生自发性的源泉，在于社会成员的普遍接纳和取得社会价值共识。在民间规范生成的过程中，社会权力可以根据社会不断动态变化的客观情况调整价值的优先层次，在需要社会公平的时代可以降低市场的效率价值，从而依据社会的权益需求确定平等、效率、公平、正义以及慈善等价值，构筑社会权力组织的价值共同体，引导社会规范尤其是民间法实质上的价值合理性。社会权力通过对主体、社会资源、社会关系和社会价值的调控，提供和影响社会规范生成的合理性和合法性基础要件，从而为民间法寻找到权力基础和效力前提。

二 基于社会权力合作治理的社会秩序生成

（一）社会权力促成地方秩序的权威治理

地方社会秩序的形成并非由政治、法律和权力由外向内单向塑造的，同时会依据地方自然生态、文化传统、风俗习惯和内在秩序进行内在的调整。例如，偏远少数民族地区的治理，往往根据传统的治理方式、新兴社会权力和民族习惯等方式进行。在全球化和信息化流变的时代，政府和市场的双重失灵，使得政府控制命令式地方治理模式遭受了重大的挑战，从而在政府与社会之间赋予了公众参与的权利。但是，在实际上，依然是以政府为全部中心的维权模式在控制社会的变化。在实践中，地方社会治理对政府权力的态度是复杂的：一方面，政府权力被视为必要的，可以通过政府威权实现资源强制调整和公共服务的福利供给，从而在法律的框架内基本保证社会秩序的稳定和安全；另一方面，在政府权力渗透的地方社会领域，缺乏自主性和多样性，无法应对复杂时代的挑战，缺乏生动的社会实践，治理的实效性无法彰显。虽然权力制约是法治的核心，但过度驱逐政府权力可能导致地方社会失序。因此，在国家法律的框架内，有限政府的权力治理对地方社会也是重要的，关键在于如何控约限度和划定边界，以及如何激发多元社会权力发挥应有的合作与规范作用，从而在动态的基层治理中形成治理的权威。从韦伯关于权威的三种类型可以看出，法理型权威应当是地方治理领域首选的权威类型。因此，社会权力的法治功能在地方社会领域与政府权力都有了更多的合作意蕴。社会权力基于合作的权威体现在地方治理领域，是其与政府权力相较而言在社会治理中展现出的能动性与实效性。

社会权力在基层社会治理中的权威是逐步建立起来的，从社会权力的产生、发展和成熟的角度，可以分析出社会权力在社会规则形成的重要地位，同时也能看到在动态的地方治理活动过程中发挥的重要作用。这可以从社会权力的作用机制中看出，其在地方法治领域治理权威的生成路径。

第一，社会权力表征着社会主体的合作理性。地方社会治理的秩序稳定性和治理成效的确定性要求治理力量本身具有组织化结构和确定性力量。社会权力本身是基于原子化个体的集合，形成了较为稳定的社会组织关系，确保了社会成员目标的一致性、成员的团结性和行动的统一性，在合作中开展集体行动，防止了所有成员的个体任性，从而在集体理性意识下共同从事社会治理活动。内在权力结构的理性化，确保了社会权力外化的理性行动。在社会权力理性化的影响下，地方治理领域中的主体理性意识会增强，更容易掌握社会行动的基本准则和规范。"他们就会知道在这样一大群人中应当遵守什么秩序和采取什么步骤，才能使他们步调一致地和首尾一贯地奔向共同的目标。"① 个体意志服从和代表了社会团体意志的社会权力的要求，从而内生的秩序便在社会主体内部和社会群体之间生根了。

第二，社会权力与地方政府权力因合作提供了确定化的共生机制。作为个体权利与政府权力之间的安全领域，社会权力作为防止政府权力侵犯个体权利的保障性机制而存在。在法治中，社会权力代表的市民社会又为两者的互融提供了合作的机制和交互的平台。社会权力制约地方政府权力又与政府权力在社会公共领域展开合作，为保障地方社会公众的权力形成了多渠道的方案和体系化的机制。"每个具有比较稳定的行为模式的社会秩序必须依赖于一些行动协调机制——通常情况下，依赖于影响和理解。"② 在合作共生的理念下，社会权力的主体尤其是社会组织和自治组织，在与地方政府的交流、商谈、参与和服务过程中，社会权力在理性地表达意见、争取权利、提供服务的过程中，势必增强组织体成员对地方政府立法、政策、行政行为甚至决策的了解、理解与认同，增强地方政府公信力，同时强化社会成员对社会权力的信任，方便治理进程更为快捷，治理活动更有成效，逐步构筑了社会权力的权威。

第三，社会权力涵养的民主法治价值为社会秩序提供内在要素品格。以政府权力权威为基础的社会治理往往呈现管控式特征，容易导致社会关系反应滞后和社会交往结构固化，社会状态缺乏生机和活力。政府权力对社会治理会导引出威权、控制、命令等模式的社会关系和社会话语形式，已经不再符合文明社会发展的趋势。纵向治理的微效，为社会权力尝试横向合作提供了契机。"如果社会关系结构始终处在民众横向联系、动态发展的过程中，就会促使民众在竞争中寻找最佳的人力资本组合，使社会在民众的横向联系中形成合作姿态，比等级制度的纵向关系

---

① [法]托克维尔：《论美国的民主》下，董果良译，商务印书馆1988年版，第646—647页。
② [德]哈贝马斯：《在事实与规范之间——关于法律和民主法治国的商谈理论》，童世骏译，生活·读书·新知三联书店2003年版，第172页。

更能构成一个国家或一个民族的凝聚力。"① 社会权力属于横向的合作结构的关键环节,在地方治理中呈现出的关键词则是信任、合作、民主、互助、公益、法治、服务、慈善和责任等,几乎完全契合治理理论和民主法治实践的要求。社会权力依据这些共同的价值观念目标,将社会大众联合起来,并通过互惠的集体行动培育了广泛而扎实的社会责任感和法治精神,保证了交往民主、协商民主和参与民主,确保所有地方社会的主体以更强的主体责任感理解尊重政府的治理,在反思的基础上积极参与社会治理。

(二)地方社会治理的社会权力耦合机制

当政府权力与社会权力不再成为二元对立的矛盾状态时,社会权力与政府权力在地方法治领域可以呈现一种信任、合作和互惠的状态。这与马长山先生构想的"共建共享型法治"② 保持了一致的路径和策略。"法律并非保持社会秩序之核心,"③ 仅仅通过法律实施和政府权力的治理无法实现整个社会关系和社会结构动态稳定和合作高效,只有在地方社会自生自发的基础上,方能为地方法治提供规范而高效的社会秩序。值得注意的是,近年来我国社会组织快速发展,从而产生了较多的社会权力机制,并且外在的市场、社会和文化环境以及法治价值观念,已经在行动中回应了时代对于民间社会秩序的关切,正是这种渐进性的内在耦合机制,对维护社会稳定和提高社会运作效率发挥了重要的作用。从社会权力运行的维度来看,依靠社会自身推进自生自发社会秩序的变迁,可以从两个不同的层面考量地方治理的实效性和能动性策略。一方面,是社会权力与地方政府权力之间的耦合机制,"问题不在于要强化政府还是强化 NGO,而是有必要同时强化两者"④。另一方面,是社会权力与社

---

① 黎珍:《正义与和谐——政治哲学视野中的社会资本》,人民出版社 2008 年版,第 337—338 页。
② 参见马长山《法治中国建设的"共建共享"路径与策略》,《中国法学》2016 年第 6 期,第 5 页。
③ [美] 罗伯特·C. 埃里克森:《无需法律的秩序——邻人如何解决纠纷》,苏力译,中国政法大学出版社 2003 年版,第 346 页。
④ [美] 朱莉·费希尔:《NGO 与第三世界的政治发展》,邓国胜等译,社会科学文献出版社 2002 年版,第 198 页。

会多元要素之间的耦合机制。前者意味着社会秩序外在环境和条件的整合与完善；后者更为关注社会内部多元要素的合作。通过内外不同要素的协同，由社会权力作为中介，形成社会秩序自生自发和推进的合作机制。

在地方法治实践中，任何一种合法合理的权力或权利均有发挥作用的渠道和机制，并且能够在治理活动和行动交往中得到维护和确认，这是理想状态的图景。提升和维护这种机制，作为地方社会领域的内在性力量是具有内外的合作机制的。

第一，社会权力在地方法治中作为社会治理的利益攸关方，无论主动还是被动地参与地方治理活动，都能够为社会秩序生发的权力体系提供"双向合法性"和治理权威。在多元利益分化的现代社会，地方政府合作开展地方治理，必须容纳社会利益的代表——社会权力参与政治体系内公共事务。社会权力正好代表地方社会领域的权利主张和利益诉求，能够客观地反映民意和民情，与政府权力之间在某种程度上形成合作的默契。在广泛的立法参与、听证会、座谈会等合作平台上，双方通过意见表达和沟通协商促使上下关系在合作中融贯，从而确保地方政府各项重要决策更为理性，更加规范，更能实效。这个过程勾连起了地方政府在地方治理中的合法性，也为社会权力提供了空间与平台。两者的合作呼应，为两类权力的耦合打通了机制上的障碍，从而为社会秩序提供了稳定的权力运行和权力监督通道。这种合作型权力关系，在权力逻辑上消解了地方政府建构理性主义法治观的弊端，为合作型法治提供了多元渐进性社会条件，从而为社会的发育与社会秩序的稳定提供支撑。

第二，社会权力生长于社会领域，运行于社会关系结构，主要作用于社会生活，意味着其已经容纳了多元社会主体，集聚了多元社会资源，形成了多元社会主体信任，生成了多元社会规则……在合作中联结和形成的社会要素，集中于社会权力之上，确保社会权力能够发挥社会影响和社会作用。在地方社会领域内部，社会组织作为社会权力的主要主体从成立之初，就逐步将社会成员的忠诚度和社会自律意识转换为集体身份认同和价值精神归属，提高组织在社会治理中的荣誉感和道德责任感，"高品质的内稳态，可以提高社会组织对内部及外部不良干扰的抵抗力，从而增强社会组织道德行为能力及社会组织凝聚力"[1]。社会权力主体的内在结构耦合,确保了社会主体的稳定性,为社会秩序的主体稳定奠定了基础。在社会权力运行过程中,地方法治资源的"民间法"是联结信任和关系的核心组件,可以源源不断地为地方社会治理提供规范性要素结构。因此,社会权力在对社会现有关系结构充分认识和利用的基础上,在社会主体、社会资源、社会资本和社会规则之间形成各种彼此联结和互相制约的实践手段,从而作用于地方社会生态系统,逐渐建立符合时代发展和法治要求的有机序列的社会秩序。

---

[1] 蒋玉:《社会组织道德行为的生成逻辑》,中国社会科学出版社2016年版,第123页。

第六章　合作型地方法治社会权力的运行机理

在合作型地方法治中，社会权力与政府权力之间形成的动态平衡关系以及功能机制是其实效性的重要方面。在政社关系结构中，社会权力达到法治功能的关键在于社会权力不但介入了地方法治实践而且实际上在过程中具体运行并发挥重要作用。除了内在意蕴和结构功能外，社会权力对合作型地方法治而言，规范科学的运行机制以及作用机理是其能否实现法治目标的关键性环节。社会权力的具体运行和发挥作用，并非依赖自主性和自利性便能实现，而需要具备条件、场域等要素，采取契合信任合作要求的具体运行方式，从而形成独具特色的运行机理和作用机制。通过社会权力的有序运行与发挥作用，合作型地方法治方能具备政社规范关系、实体和程序性要件，进而解决地方法治的现实问题。

第一节　开放多元的运行条件与场域

一　开放复合的民主社会实践空间

（一）有限政府与服务型政府

在合作型地方法治中，地方社会对于地方政府的相对独立性关系，并非意味着社会取代或完全主导政府权力使用，即"国家—社会"关系是合作互动而不是排斥对立关系。因此，其背后的社会权力与政府权力显然也不是矛盾对立和互相排斥的，而是基于信任的合作制约型共存共生共强关系。如果依然回归全能型管控型的政府主导治理，社会权力就没有生存和发展的空间。所以，社会权力的发展和运用，需要地方政府在调适政府权力的基础上，将职能转变作为其基本的路向，从而为政府的公共性和社会权力的公共性提供共同的成长空间。这一过程，实际上是政府在治理过程中促成的开放性民主政治空间。地方政府的民主化过程，是基于中央政治约束条件许可的行政职能转变与功能提升的重要形式，这并非打破行政的政治角色，而是在不触及政治体制的前提下，缓解地方政府全能主义同地方法治模式之间的冲突，解决政府与社会矛盾关系等问题。在地方政府无法应对当今时代高度复杂、急剧变化和多元诉求的社会环境下，调适政府与社会之间的权力关系和权力运行空间，成为一个比较妥当的政策选择。社会权力对权力运行的内在需求是促使社会回归社会自身，并力求社会主体在自主的空间内行使公共权力，实现公共利益。由此，地方政府不能也不应当扮演一个社会领域唯一治理者的角色，而需要通过与社会权力互动生成合作型关系和力量，形成对社会关系的同构。

对地方政府而言，当下社会的"公共性缺失存在由国家机关所垄断的暴力来保证的一面"[1]，从而出现了地方政府难以满足社会需求、难以促成有效社会秩序、难以有效制约权力不当使用的问题，暴露了单一主体的有限性。这种有限性是由地方政府自身有限性决定的：能力的有限性决定了无法应对复杂地方治理，权限的有限性决定了无法处理各种微观事务和新兴事务，权力的有限性决定了其只能在法定的范围内具有强制力和权力收益。由此，地方政府的权力有限性特征决定了其职能的有限性，权力的公共性特征决定了其履行职责的公共性。因此，前者意味着政府职能转变的核心在于，从"全能政府"转变为"有限政府"，在法律规定的范围内行使自己的权力，履行自己的职责；后者要求地方政府在行使职权的过程中确保公共性，与包括社会权力等在内的所有社会公

---

[1] ［日］佐佐木毅、［韩］金泰昌主编：《社会科学中的公私问题》，刘荣等译，人民出版社2009年版，第243页。

共力量开展公共领域的合作治理。"如果从公共利益的原点出发去思考社会治理问题，就会合乎逻辑地得出结论，包括政府和一切自治性力量在内的公共组织，都应当服务于公共利益的，它们应当在维护和增加公共利益的共同目标下开展广泛的合作，共同去营建合作的治理模式。"① 只有由全能主义政府向有限政府转变，由管理型政府向服务型政府转变，才能确保地方政府权力的有限使用、为民所用。

有限政府与服务型政府具有两个不同层面的法治特征：前者属于权力法定性和有限性要求，后者强调对权力的特征功能与作用发挥的要求。有限政府建设为地方政府权力扎牢了法律的"牢笼"，将权力限定在政府必须行使的空间和领域，其他社会空间交由社会权力等负责治理；服务型政府要求地方政府在行使权力的过程中为地方社会和普通大众服务，减少干预和管控，由社会自主开展治理，并得到政府权力的有效合作服务。"满足公共需要的政策和项目可以通过集体努力和合作过程得到最有效并最负责地实施。"② 这样，正是由于政府权力的有限使用和行政权力服务，促成了社会权力具备了生存发展空间，具有了权力运行的友好型合作伙伴，从而以维护和增进社会公益为目标，通过权力之间的调适与合作，产生巨大的社会法治效益。从这个意义上而言，全能型地方政府无法赋予作为"私"领域的社会更多的法治空间，而有限政府和服务型政府则能够在自身的规模结构、权力内容与形式、权力空间与程序等方面依照法律来确定运行，并受到法律的调控，为与社会权力合作提供法治框架内的条件和保证。"政府所有的一切权力，既然只是为了社会谋幸福，因而不应该是专断的和凭一时高兴的，而是应该根据既定和公布的法律来行使；这样，一方面使人民可以知道它们的职责并在法律范围内得到安全和保障，另一方面，也使统治者被限制在它们的适当范围之内，不致为它们所拥有的权力所诱惑，利用他们本来不熟悉的或不愿意承认的手段来行使权力。"③ 在法治的框架内，政府的"恶"通过法律的实施

---

① 张康之：《行政伦理的观念与视野》，中国人民大学出版社2008年版，第350页。
② ［美］珍妮特·V. 登哈特、罗伯特·B. 登哈特：《新公共服务：服务，而不是掌舵》，丁煌译，中国人民大学出版社2014年版，第94页。
③ ［英］洛克：《政府论》下篇，叶启芳等译，商务印书馆1964年版，第86页。

予以控制，而在与社会权力信任互动的体系内，释放出来的社会的自主性和能动性，又提升了社会权力的主体地位，在合作中对地方政府的权力行使进行监督、纠正和完善。社会权力不仅对地方政府权力进行了控约，也在服务型政府的建设过程中与政府力量形成合作的治理体系。社会权力在地方法治领域具有了法律地位、权力空间和合作机制，可以克服强制性力量不足和运行空间不够的弊端而实现良性循环和可持续作用发挥。

（二）政府管控转向发展指导

有限政府赋予了社会权力运行空间和制度性力量体系，但在治理模式上如果沿用传统的威权主义管控模式，则容易导致社会权力生长的土壤缺失。在现有的地方法治模式下，政府对社会的管控机制，导致了社会力量壮大的土壤较为稀缺，不利于社会组织的快速发展壮大。合作型地方法治的关键在于社会权力的合作、社会组织的发育和社会力量的在场。在宏观层面上，应该说地方政府是希望也可以将权力下移至社会领域，方便从复杂的基层治理事务中抽身出来；此外，受历史传统和现实条件的影响，政府又不敢轻易将权力下沉到社会领域，以防出现不适应政治体制的要求。在社会组织的治理框架中，有严格的控制性制度规范，如在登记准入制度中，《社会团体登记管理条例》对社会团体登记的条件是"有50个以上的个人会员或者30个以上的单位会员；个人会员、单位会员混合组成的，会员总数不得少于50个"，而对"在同一行政区域内已有业务范围相同或者相似的社会团体，没有必要成立的"则不予登记。较为严格的登记准入制度，尤其是地方区域内的排他性登记条款，限制了内在竞争性社团的出现。同时，对社会组织的登记和业务双重管理体制在管理中也在一定程度上压缩了社会组织的生存和发展空间。"双重管控"导致业务管理部门往往受主业影响无暇顾及监督和管理，造成登记准入之后的过程性监控出现真空，从而形成了"监管过剩与监管不力的悖论"[1]。一方面，地方性的社会团体，由所在地人民政府的登记管

---

[1] 唐宗基：《中国政府与社会组织关系研究——基于"国家与社会关系"的视角》，人民出版社2017年版，第117页。

理机关负责登记管理；另一方面，县级以上地方各级人民政府有关部门及其授权的组织，是有关行业、学科或业务范围内社会团体的业务主管单位。根据统计，我国社会组织呈现的快速增长态势到2018年出现增速的整体下滑，"增速下降了1.3个百分点"，主要原因是我国社会组织"步入严登记、严监管"的高质量发展阶段，"打击整治合法社会组织违法违规活动的力度进一步加大"[①]。政府层面对登记和管理的管控，导致许多社会组织游离在边缘，有学者估算过没有经过登记的社会组织数量，大约十倍于合法登记的社会组织。[②] 而多元社会组织是地方社会治理的法治化内在要求，如何在管理与发展之间形成有效制约和平衡是一个重要的现实课题。

国家对社会组织的法律管控，主要考量在于防止社会组织野蛮生长从而影响主权和政治体制，是具有正当性依据的。但是，地方全能型政府对社会组织及其社会权力的控制，主要在于防止其削弱政府治理组织的强制力和影响力，从而制约政府权威的生成。因此，有必要从管控的一竿子到底逐步转变为积极的发展指导，在法治化的规制中实现社会组织成立、运行和发展壮大的积极路径。有学者指出，"面对社会组织公共性生长，政府权力的进一步调适，要从'控制型管理'向'发展型管理'转型"[③]。对于地方积极的发展型治理而言，地方政府的权力行使需要具备以下几个方面的要求：第一，要为政府设置社会权力尤其是社会组织过程管理的权力边界，为社会组织良性发展提供制度性基础和地方法治保障。在国家法律空间内，制定地方性法规和规范性文件，消除相关模糊和空白，为社会组织规范发展有效提供规范性支撑。第二，强化登记后的过程性治理，形成指导和监督的双重治理机制，引导社会组织和社会权力生长公共性价值，有效钳制社会权力的功能异化和目标偏离。强登记管理、弱过程监督的状况容易滋生社会权力的不当行为，从而影响社会权力尤其是社会组织的社会地位和声誉。第三，政府权力要积极引

---

① 黄晓勇主编：《中国社会组织报告（2019）》，社会科学文献出版社2019年版，第3页。
② 参见刘培峰《社团管理的许可与放任》，《法学研究》2004年第4期，第151页。
③ 唐文玉：《社会组织公共性与政府角色》，社会科学文献出版社2017年版，第115页。

导社会组织的健康有序发展，吸纳多元社会主体对社会权力的指导和监督等，充实社会权力治理的主体力量。对社会组织的登记和业务管理"双保险"是可以从制度上调控的，但在具体实践中，地方政府尤其是政府内部各个职能部门的合作治理，通过多种政府性权力形成治理和监督网络，从而确保社会组织路向不走偏。同时，可以依靠和发挥行业组织以及其他研究型社会组织的力量，对社会组织开展定期的评估监督；充分发挥社会成员尤其是舆论的监督，是对社会权力社会调整的重要方式。社会组织的共同体使命，决定了其在社会领域的自组织性，因此，地方政府权力的发展型治理显得尤为必要。在合作、有序、开放和多元助力的政府权力治理关系和治理机制中，社会组织发展才可以有效实现，社会权力的运行方能更为规范、高效和实现公共性的组织目标。

（三）工具功能转向主体平等

受政府权力和能力有限性和政府行为自利性的影响，地方政府对社会权力的认知和治理态度是暧昧的。两者间基本上处于若即若离的关系：地方政府权力和能力有限性决定了面对基层社会纷繁复杂的社会事项和不断变化的时代矛盾，自身能力和实力无法实现控制型权威的所有目标任务，需要借助社会力量尤其是社会权力的主体社会组织为其提供源源不断的治理支撑。例如，民意收集表达、公共服务承担、社会秩序维护等。社会需求的公共性和海量性特征，决定了政府权力不可能作为唯一权力代表行使职责，需要更多的社会力量参与其中。

后全能主义时代，在推进地方政府治理创新的进程中，行政权力进行自我约束和变革，尤其在政策环境推进创新方面，通过信息公开、公众参与等形式，将社会组织和社会公众纳入过程性环节，从而提升公信力。显而易见，这是一种形式化、表层化的政府权力与社会权力的合作，社会权力尤其是社会主体被政府权力视作工具而参与行政过程，对社会权利的呼应是完全不足的。地方政府面对社会权力的参与依然处于强势状态，具有信息的选择权、过程的控制权、地位的威权以及结果的决定权等。政府权力的主导地位和社会权力的工具地位，导致公权力披上了社会的外衣，两者之间呈现了命令与服从和控制与参与的工具主义关系模式，导致了公共主义的丧失。"因为人民似乎不能或者不愿意组织起来，参与到以维护公共利益为目的的治理共同体中，公共之所以丧失，是因为它不能像公共那样行事。"[①] 社会权力也就不能吸引社会主体的公共性支持，从权力关系的基础性维度而言缺乏了正当性的支持。地方政府的自利性对社会利益的收控不仅在行政决策等层面，还存在于政府公共服务领域。虽然政府开放幼教、养老等公共服务领域的社会治理通道，赋予社会力量承担公共服务职能的权限，但主要目的依然是通过地方社会组织这个服务工具，弥补政府力量不足的问题，从而借力提升政府权力的公共性形象，确保政府权威在场在位。工具主义的社会权力功能属于边缘化的路向，并未实际掌握社会治理中的主动权和主体地位，容易引发社会复制的服务撤出和政府权力有效填补不足的民生问题，从而影响社会稳定和有效的社会治理。

合作型地方法治不但强调社会权力的在场，而且更为期待社会权力的共生和共强。维持政府权威而阻却社会权力生长的通道，不仅无法实现政府权力权威的重塑，反而会影响地方政府在地方法治中的社会公信力。政府权力与社会权力的共生共强主要经由信任与合作产生。在目前地方政府权力处于强势地位的情况下，使得地方社会权力关系的天平从倾斜归于平衡的关键在于，赋予社会权力在地方法治中的平等主体地位，将社会权力从行政权力的依附中解放出来，否则社会权力依然处于弱势地位，无法形成权力关系的法治调整与有效控约。从工具主义转向合作主义，地方政府权力需要满足两个方面的要求：第一，政府权力需要认真对待法治的价值要求，将平等性原则作为与社会权力合作的核心关键词。地方政府无论是在吸纳民意还是行政决策，或是提供公共服务的过程中，更需要强化平等意识，将社会权力主体视作公共治理和社会治理领域的平等合作伙伴。这与法定的行政权力行使不同，属于宽容性领域，需要具有合作信任的前提基础——平等。除了"旨在增强行政透明度的政务公开制度建设，政策决策环节引入的公民听证会制度，以及政府绩

---

① [美] 乔治·弗雷德里克森：《公共行政的精神》，张成福等译，中国人民大学出版社2003年版，第21页。

效评估的公民参与机制"① 外，更需要在地方法治合作领域中尊重社会组织的地位和作用，满足社会权力的合理正当需求，保证社会权力的合法行为，保障社会资源的社会集聚，等等。只有在实质性支持和本质上的合作，方能保证社会权力生长的动力机制具有活力和效果。第二，地方政府主动将不属于公权力管辖的领域转由社会权力治理，将各种不同的资源条件注入社会领域，为社会权力的发展提供政策与制度机制支撑。受传统治理的惯性，地方政府掌握了大量的社会资源，这些公共领域的社会资源要逐步转入符合条件的社会组织，为社会组织提供优质的物质、权威和关系资源。尤其在社会服务领域，需要适当赋予社会组织更大的注册登记和提供服务的政策空间，将社区型社会组织作为重点，提高公共服务的质效。政府权力在行使过程中，更要维护草根型社会组织的生长条件，在全面梳理的基础上重点提供基础性资金、权威和容错条件等。这样，社会权力的多元化生存空间将被拓展，并且运行的基础性条件更为扎实，尤其作为权力谱系本质的影响力和作用力得到增强。"对许多协会中的成员来讲，他们有权利通过民主程序来民主治理。"② 社会组织内部的治理结构也将更为规范和民主。政府权力层面的平等意识塑造、社会空间和社会资源的注入、社会权利发展规范的完善等方面的调整，必将激发社会权力尤其主体的社会活力，强化社会权力的主体性地位。由此，社会权力在地位、机会、载体和话语权等方面具备了与政府权力相匹配的资格，契合了法治的内在性要求，因而具备了相互信任和合作的基础性条件。③

---

① 何显明：《治理民主：中国民主成长的可能方式》，中国社会科学出版社 2014 年版，第 348 页。
② [美] 罗伯特·达尔：《民主理论的前言》，顾昕等译，生活·读书·新知三联书店 1999 年版，第 123 页。
③ 参见唐文玉《社会组织公共性与政府角色》，社会科学文献出版社 2017 年版，第 128—139 页。

二 市场经济与信息技术等现代化资本

（一）经济与市场提供法治资本

社会权力与政府权力的巨大差异在于，地方政府权力可以由历史、强制方式取得权力体系运作的基本经济条件，如税收、资源收益等，从而保证政府权力的顺利运作和发挥效用。社会权力来源于社会成员之间的合意，基于合作形成的社会组织和群体开展集体行动。用马克思主义的观点来看："生产以及随生产而来的产品交换是一切社会制度的基础……一切社会变迁和政治变革的终极原因，不应当到人们的头脑中，到人们永恒的真理和正义的日益增进的认识中去寻找，而应当到生产方式和交换方式的变更中去寻找；不应当到有关时代的哲学中去寻找，而应当到有关时代的经济中去寻找。"[①] 作为地方法治的一种治理力量，社会权力需要发达的市场经济予以支撑。一是社会权力运行的基本规范，虽然看似来源于社会主体的交往过程并且主要存在于社会领域，但市场的契约关系尤其是在信息化领域下的生产和交换必须遵从市场规则，才能确保社会主体的权利得到保障。二是社会权力的信任资本——信用，来自市场交往中的道德行为和法律行为。当代的市场化已经全部覆盖所有的社会领域，即使公共服务也需要通过契约的信任来促成社会主体信用的产生。因此，在社会权力关系中，无论与政府交往的信任合作还是社会权力内部成员之间的合作，都不再是感情合作，而是信用关系的合作。否则，社会权力将无立足之地。三是市场为社会权力提供了平等而自由的协商与制约关系。在社会公共服务领域，虽然社会组织不具有营利性，但其必须具有承担服务能力的基本运行资本，否则难以为继，也无法成为政府服务采购的对象。因为市场资本的投入，才具有了平等、自由协商和合作的基础条件。四是市场竞争原则为社会权力参与公共服务竞争提供了较多的市场准则和基本要素。只有通过竞争，社会权力才

---

① 《马克思恩格斯全集》第 26 卷，人民出版社 2014 年版，第 284 页。

能在社会治理领域中形成优质资源，淘汰相对落后的权力主体，从而具有竞争合作的资格。五是社会领域利益多元化机制容易出现矛盾，市场主体、社会主体以及政府主体之间的错综复杂的关系往往影响社会权力作用的发挥，社会权力必须在市场解决纠纷机制的框架内通过情理法的多样方式，方能调整各种社会关系的利益再配置。当然，市场对社会权力的作用产生的重要影响主要基于主体平等、私权保障、契约自由等方面。市场经济就是法治经济，直接作用于社会权力，形成了社会主体成为社会人、社会交往法治化和社会利益的权利化等多种社会权力的表征。

　　社会权力作用的发挥，市场的法治资本是其参与社会法治的一个重要方面。另一个方面，是社会权力生存和发展需要各种物质意义上的市场经济资本，也即物资、资产、经费等各种社会资源要素。在市场环境下，市场要素充分地在地域和产业之间流动，从而产生增值效益。社会权力也一样，需要具备必要的资产和经济资源，方能成立社会组织，方能正常运作，方能发挥作用。"任何一切控制经济活动的人也就控制了用于我们所有的目标的手段，因而也就必定决定哪一种需要予以满足和哪一种需要不予满足。"[1] 多元化的经济资本提供了社会权力运行的经济基础，否则它将成为无本之木。社会权力的公共性和自治性特征，并不意味着社会权力排斥经济资本和不参与资源竞争。在自由流动资源和自主活动空间的结合领域，社会权力需要也必须具备经济资本，才能展开合作和竞争。首先，足量的经济资本奠基方能促发社会权力主体的生成。无论是社会组织还是社会群体，或群众自治性组织，从成立之初便需要资金来开展活动。从社会登记管理条例可见，成为社会团体的注册资金要求并不低，这要求社会组织成员在初始登记前便具备这个资金条件。社会权力在参与地方政府活动、社区服务、维护权益的诉讼等过程中，几乎全部都离不开资金的支持。其次，地方政府的财政支持是社会权力深耕社会服务领域的重要支撑。在教育、医疗卫生、社区养老以及多种公共服务领域，均是社会难啃的"硬骨头"，需要长期和大量的资金投

---

[1] ［英］弗里德里希·奥古斯特·冯·哈耶克：《通往奴役之路》，王明毅等译，中国社会科学出版社1997年版，第90—92页。

入，单凭社会组织的力量是无法承受如此重要的领域职责的，政府作为公共服务的主要承担者，必须为社会力量提供较多的财政性支持和帮助，否则涉及民生领域的教育科技、卫生医疗、养老环保等方面将出现问题，影响社会秩序和社会稳定。再次，企业的社会责任是基层社会顺利运作的重要支持。市场的逐利性特征影响社会的和谐和市场安定秩序的持续供应，因此履行社会责任是市场主体与所在地社会形成良性合作的关键举措之一。例如，由市场主体配套建设社会属性的幼儿园、市场、环保设施，从事公益事业等。唯有市场与社会密切合作，方有社会权力资源的扩展效应，也才能提供更为精准和高质的社会服务。更为多元的公益投入，往往成为社会组织履行公益行为的物质和资金支柱。各类基金会的存在与发展，需要较多的经济资本的参与，其中资金是核心，筹资规模决定了其公益影响力，同时对资金使用的规范性和透明度成为社会公众关注的焦点。由此，基金会的信誉和社会公众对基金会的信任，是吸引社会资金投入的关键。最后，形成社会资本的再生产也需要经济资本参与再生产的环节。正如布尔迪厄在探讨社会资本的时候指出的，"资本的不同类型可以从经济资本中获得，但只有以极大的变革的努力为代价才能获得，这种变革的努力在生产权力类型方面是必需的；而这些权力类型在场内是有效的"[1]。在社会资本的生产和再生产的环节中，社会权力得到了持续发展的经济资本，维持并支撑社会权力参与地方治理和维护成员权益。

(二) 信息和技术资本的社会共享

随着全球化和信息化的进展，地方社会已经被数字覆盖。互联网、大数据、人工智能等已经将整个社会形变为一个完全意义的数字世界。全新数字世界赋予了社会主体无比的平等和自由，从而也带来了不断扩散的不确定性风险和复杂治理负荷。传统社会权力运行的"身份在场"已经演变为"注意力在场"，因而在政治参与、社会服务和纠纷解决等层

---

[1] 包亚明主编：《布尔迪厄访谈录——文化资本与社会炼金术》，包亚明译，上海人民出版社1997年版，第207页。

面依靠最为先进的数字信息方能进行研判,提供服务和团结力量,否则集体行动将失去数字舆论的号召力。社会权力基于数字的治理,是时代的必然要求。除了电子商务之外,受资金、地位和力量等影响,社会组织在社会信息的收集、处理和应用方面远远滞后于时代的发展要求,较难提供集约化的高质量数字平台。这些往往为地方政府独揽,形成信息的"数字利维坦""数字鸿沟",社会权力完全处于劣势。在这种非对称条件下,由社会权力组织再行实施数字化变革,显然带有高耗能和重复性而不可取。改变的唯一途径,即通过地方政府与社会权力合作,通过授权方式,赋予社会权力一定的数据查询、数据调整和数据处理的权限。目前,商业化的共享经济领域已经实现了个人身份的企业共享,而社会领域的治理则稍显落后。"数字治理借助大数据与扁平化的信息网络,能有效消解行政壁垒,使稀缺的公共服务资源由行政空间非均衡配置转向信息空间一体化、均衡化与共享化,从而形成区域共享公共服务。"[1] 地方政府单向控制的信息资本受政府能力的限制往往只是以代码呈现的信息数字,无法形成有效的地方法治领域的各个个体以及社会秩序和行为的信息流和信息网,政府与社会之间的"信息孤岛"现象较为严重。打破这个孤岛,需要将部分信息资本迁移社会权力手中。依靠社会权力组织体的灵敏性和快捷性等特点,及时收集信息,及时处理信息,及时产生信息数据分析,从而为地方社会的数据服务以及数据治理提供信息支撑。在浙江省,通过数字政府建设,将一定的数据抓取使用权限赋予社会组织,从而"各个地区和部门围绕公共安全、城市管理、公共服务、网格管理、矛盾化解、基层自治等重点领域的各种智慧治理应用如雨后春笋般涌现,为社会治理创新提供了不同层次、不同领域的试验场"[2]。政府为社会提供信息支持,一方面,激活了数字的社会活力,让所有社会领域的社会主体在享受数字红利的同时参与数字治理;另一方面,增强了社会权力的数字能力反哺政府能力。多维度合作释放了巨量的数字

---

[1] 汪波、赵丹:《互联网、大数据与区域共享公共服务——基于互联网医疗的考察》,《吉首大学学报》(社会科学版)2018年第3期,第122—128页。
[2] 王坤、孟欣然:《论数字技术发展对社会治理的影响——以浙江为例》,《观察与思考》2019年第11期,第93页。

治理资本，为社会权力的现代化提供了信息支撑和能力帮助。

　　信息化的趋向逐步向智能化发展，并且"将彻底改造所有传统行业，AI 是核心驱动力"①。这意味着凭借单体的地方政府或社会组织已经非常难以驾驭时代新兴技术，以及由此带来的地方社会问题和技术矛盾。一方面，智能技术将为地方社会领域带来极大的便捷性和智慧性，从而赋予社会力量主体巨大的时代进步红利；另一方面，对于地方治理意味着流变性、不确定性和复杂性。"我们无法真正预测未来，因为科技发展并不会带来确定的结果。"② 可以预见，智慧时代来临后，万物互联的智能技术将吞噬社会。高科技的特征决定了社会权力关系中一般的社会主体无法掌握其技术的内在特征和伦理导向，"机器人伦理""人机关系伦理""人文精神危机"等将会出现，而"技术鸿沟"必然随时出现。地方政府有能力通过强制力的手段，从技术手中夺过技术，从而占据治理的主动。但是，这不会发生在社会权力之上。在"强国家—强社会"的模式下，理论上的社会权力可以实现合作共治的智慧路向。因此，技术资本进入社会治理领域成为社会权力，能够应对智慧社会来临的关键环节。在场景治理和多元塑造社会的过程中，可以通过不同的途径进行技术资本的转移和转化，确保社会权力治理的不断开展。主要表现在以下两个方面：一是对科技型社会组织治能赋权，塑造智慧技术秩序。通过政策和利益引导的方式，激发科技企业和科技人员合作联合，组建高科技智慧型社会组织，地方政府通过制度创新强化此类社会组织的增量化改革，把直接登记制与过程监管制相结合，赋权高科技社会组织参与技术治理。"赋权实践必须与民众所生活的社会维度、政治维度以及个体维度相结合，以便让赋权实践与包容、参与以及社会正义相结合。"③ 二是政府与社会合作组成技术联盟，在治理中跨越"技术鸿沟"。社会力量较为分散，但

---

① 张彪：《智能互联网将颠覆所有传统行业》，《计算机与网络》2016 年第 23 期，第 20—21 页。

② [以色列] 尤瓦尔·赫拉利：《未来简史》，林俊宏译，中信出版社 2017 年版，第 359 页。

③ [英] 罗伯特·亚当斯：《赋权、参与和社会工作》，汪冬冬译，华东理工大学出版社 2013 年版，第 201 页。

知识技术较为强大，而政府权力相对购买服务能力和动员能力较强。两者在治理中合作，形成合作型技术资本力量，则在技术共享和合作攻关中解决实际的智慧社会问题。政府需要转变治理理念，"从传统的安全理念转变为新时代的风险理念"，"必须动员包括各类社会组织在内的多方力量来共同应对"。① 智能社会的治理风险，社会权力同样面对，因而其协调多样社会资源和力量的能力需要智慧化。只有通过技术资本的不断增强，方能强化社会组织等社会权力主体的治理能力，才能有效地抑制技术变革带来的治理风险和社会难题。

三　多样繁荣的地方社会理性文化

（一）"地方性知识"的社会理性基础

地方法治的"地方"之所以可以被证成，核心是地方的多样性，尤其"地方性知识"成为几乎所有学理研究的重要论证依据。在合作型法治中，地方社会权力得以产生和运行，必然以地方性知识为基础。依笔者看来，经典作家所言的"地方性知识"，其实是包括法律在内的各地域和领域内呈现出的具有多样性和差别性特点的法治文化，涵盖文化人类学意义上的各种知识、规则、习俗等。在孟德斯鸠那里，"地方性知识"是法律精神，"存在于法律和各种事务可能有的种种关系之中""和居民的宗教、性癖、财富、人口、贸易、风俗、习惯相适应"。② 卢梭则更强调，"除了一切人共同的准则外，每个民族的自身都包含有某些原因，使它必须以特殊的方式来规划自己的秩序，并使它的立法只能适合自己"③。最为大家所接受并加以引用的地方法治文化的"地方性知识"是吉尔兹，在他看来，"法律就是地方性知识；地方在此处不只是空间、时间、阶级和各种问题，而且也指特色，即把对所发生的事情的本地认识与对可能

---

① 马长山：《智慧治理时代的社会组织制度创新》，《学习与探索》2019 年第 8 期，第 92 页。
② ［法］孟德斯鸠：《论法的精神》上册，张雁深译，商务印书馆 1997 年版，第 7 页。
③ ［法］卢梭：《社会契约论》，何兆武译，商务印书馆 1982 年版，第 64 页。

发生的事件的本地联想联系在一起。这种认识和想象的复合体，以及隐含于对原则的形象化描述中的事件叙述，便是我所谓的法律认识——法律，即使高度技术化如我们社会中的法律，仍然是，一言以蔽之，建设性的；换言之，它是构造性的；再换句话说，它是组织性的"①。其实，无论何种表达，均是对法律和法治存在的地方性阐述，强调普遍性基础上的多样性。运用在本书中，即地方法治文化能够为地方社会权力提供各种动力要素和治理资源。这是对地方法治的政府权力完全主导的反思，也赋予了社会权力的治理地位深厚的思想文化渊源。

一般而言，地方法律文化带有较强的自发性从而形成了鲜明的地方"特色"，民族文化、商业文化、乡土文化等展现了传统社会秩序变迁的强大力量。同时，地方法治文化又具有较强的渐进性和合作特征。一般而言，地方法治文化的整合力量是社会群体和社会权力，具有多元主体合力形塑的特点，并且往往逐步在现实生活中试错而来，在强大的政府权力的夹缝中衍生出不同的交易规则、习惯风俗、乡规民约等。这恰恰是当下社会多样性发展急需的重要文化资源和社会资本。"地方性知识"在当今我国的地方，呈现为不同的文化发展形式，弥漫在每个地域的社会交往之中。

1. 地方民族文化是最为典型的文化形态

"在历史地形成的中华帝国版图之内，一直生活着诸多民族，他们各有其历史、文化、风俗习惯、社会制度，而且，尽管有统一的帝国背景以及民族之间的长期交往和相互影响，这种社会生活的多样性始终存在着，他们构成了民间法乃至一般法律史上多元景观的一个重要背景。"②撇开传统意义上的民族文化不谈，在现代性的语境下，民族文化发生了较多的变化，但其特定的地貌、环境、习惯、风俗等影响着现在的民族秩序和行为。例如，纠纷解决方式和民族内部的习惯法等，依然在自我革新中成为治理的主要方式。在部分家族文化深嵌在民族文化中，如家

---

① [美]克利福德·吉尔兹：《地方性知识：事实与法律的比较透视》，邓正来译，载梁治平主编《法律的文化解释》，生活·读书·新知三联书店1994年版，第126、129页。
② 梁治平：《中国法律史上的民间法——兼论中国古代法律的多元格局》，《中国文化》1997年第Z1期。

谱和祠堂等复兴，对稳定地方社会治理有积极影响。如果一味地通过强制予以禁止，则有较大的负面效应。这种多元的民族文化和家族文化，通过民族集体和家族团体的形式，实现了内在的关系结构和权力衡平，自然会产生内在的权威主体，通过民族性社会权力治理事务，在地方传统中彰显现代法治的方式和理念。

2. 乡村文化是地方性知识乡土资源的重要文化内容

虽然乡土社会带有血缘和地缘特点，但其内在的规范、信任、合作等法治文化要素成为乡村治理的重要抓手。乡村文化具有传统特点，但依然在现代治理体系中占据重要的位置。随着市场和信息化加快，城乡一体化发展，血缘关系、地缘关系依然在社会领域占有一定的地位，情感联结并不违背法治的多元主义导向。在实践中，城乡社区自治领域的乡规民约、居民行为守则等呈现出现代性特点，如禁止赌博的规定、乡村工业化的环境治理等。由乡土衍生的社会矛盾化解机制等文化，很多成为全国性地方法治的典型经验。乡村文化在稳定农村秩序，提升社会文明程序，提高地域内农民的法治修养等方面，可以为基层群众性自治组织提供较多的社会文化资源，从而便于社会权力产生法治影响力。

3. 行会文化是市场发展进程中演变而来的商业文化形式

在传统自然经济的年代，商人、手工业者为维护同业者的权益而自发生成行业性社会群体。浙商、徽商等群体的出现，在市场中形成利益联合、沟通协商和纠纷解决等多样化的机制，从而产生不可估量的市场秩序和市场规则效益。当代，市场发达程度超乎想象，因此商会、行会等组织成为社会组织领域较为活跃的市场文化力量。上海的商会和行业协会呈现出大企业主导、企业协商、市场导向等文化特点，为上海全球经济中心建设提供了现代商业文化的基础。[①] 这也说明商会等行会文化不仅占有一席之地，还通过合作促使市场主体在头脑风暴、产业联合和科技创新方面取得更多创新成果。组织体内在的平等文化、契约文化、合作文化和企业责任文化的弘扬，直接为市场秩序的稳定和社会公益事业

---

① 参见张良《我国社会组织转型发展的地方经验——上海的实证研究》，中国人事出版社2014年版，第146—153页。

的发展添加了强大的经济社会力量。

(二) 全球社会与网络社会的文化融入

合作型地方法治中的社会权力并非封闭性的社会权力，也不只是作用于本地域内的社会性权力，更不是单主体主导的权力。在后工业化社会产生的两个时代文化上，它所持的态度是融入并合作而不是拒绝和隔离。社会权力主动迎接全球文化和网络文化的挑战，并吸取两种文化的优点成为其必选项。

全球化是开放社会面对的第一个合作优势，其从全球的网络联结上形成民族国家、市场主体、社会关系等全方位的合作与流动。虽然不在本书讨论范围内，但国际组织等也属于国际社会的权力力量。试图以"地方"作为借口排斥全球文化的合作显然与幻想猴子抱月一样是认识上的虚幻，必然影响社会权力的可持续发展和法治功能的限缩。虽然全球化打破了原有的世界格局，但更加促进了国际的互依互存，增强了人们的经济和社会联系，提供了各种社会治理的优秀经验，同时对地方法治提出了严峻的挑战。我国地方法治的现代化进程与国家法治现代化基本一致，也与改革开放的进程基本一致，两个一致表明地方法治与国际化紧密相关。前文已经分析过相关背景和形势。在经济全球化与治理全球化的双重逻辑进程中，其他国家地方治理的先进经验中的法治文化，对我国地方尤其是城市治理文化具有较强的借鉴意义。例如，新加坡城市治理文化，通过地方法治的威权体系，渗入城市治理的每个领域，文明程度迅速提升；美国纽约以市场征信模式，主要以市场法治文化推行社会治理，在立法完善的基础上推行行政公开；日本东京在司法治理负荷较重的情况下，推进非诉讼纠纷解决的文化机制……[①]先进的治理文化，在全球化时代的互相借鉴，不仅能够拓宽地方社会权力的视野，还能在一定程度上以实践将这些经验运用到法治领域。这种多元文化合作产生的法治力量，必然为社会权力的权威添加更为精彩的篇章。"西方文明中

---

① 参见郝洁《世界一流城市社会治理的经验及借鉴》，https://www.sohu.com/a/219162443_99960504，2020年1月20日。

的认同在于自我与本我、文化与自然的对立。没有这个对立，就不可能有文化的特性，与其他存在样式相对立的存在的特定样式，如特定的生活风格、礼仪、道德观就不可能被构造出来，非文化的或者是没有被教化的或者是没有被文明化的就不可能作为识别范畴存在。"① 看似对立的文化样态，在共同的市场、文明和价值体系中，世界优秀的法治文化与丰富的地方法治资源相碰撞和呼应，自然为地方社会权力的普遍意义提供了文化确证和世界意义。我国各地以国际营商环境为主的法治环境塑造和以市场为导向的治理改革，就是在试图调整全球化背后的政策内容、社会环境和法治治理等。这样，社会权力与国际化力量实现了治理上的共存与合作。

网络文化是开放社会面对的第二个合作优势。网络飞速发展促使社会公共领域迈向了虚拟化，社会具备了较多的虚拟性因素。各种网络文化形式和文化载体出现在移动互联网中。网络漫画、交易平台、社交软件和网络游戏、地方论坛等，成为多元意见交流、多元行动合作和多样爱好集合的领域，即时性的地方社会热点往往迅速占据头条，某个地方社会事件视频播放量可能立刻就有几百万点击量。网络文化的发展力量，绝对不能小觑。一方面，网络文化本身尤其是网络舆情本身可能成为社会权力的重要枝干；另一方面，网络文化又会通过对社会主体和社会关系的影响导引社会权力的运行方式等变革。网络文化对于地方法治中的社会权力运行具有多重的意义。首先，网络生态中的各种平台和形式反映民意、传递呼声和维护权利，能够形成公共领域的多元诉求，从而影响地方法治中政府决策、服务改进和社会治理，从而为社会权力提供合法性支撑。其次，网络为社会主体的正当权益提供稳定的制度化诉求渠道。通过论坛、微博、微信和其他网络平台，汇聚公众的合法权利诉求，尤其能够将社会领域的公共服务问题转化为社会探讨的热点问题，倒逼地方政府回应权利诉求。对地方政府和官员的违法行为或其他不当行为，形成广泛的舆论监督，从而输入政府的监督体系，产生对政府权力的民

---

① [美]乔纳森·弗里德曼：《文化认同与全球性过程》，郭建如译，商务印书馆2003年版，第150—151页。

主监督功能。最后，网络文化的价值观虽然有异化的成分，但经过多元讨论的公平观、正义观和发展观成为主流，"公共领域构成了思想传播和公共精神培育的重要土壤"①。以微信为例，微信的语言传递方式、朋友圈功能、小程序功能和其他公共服务功能，通过虚拟化的社交形式，在个体精神、商品资源流动、财产利益、公众知情甚至公共服务等方面形成了全新的权利与权力方式，公共群体的多元文化在此聚集，形成了最为典型的网络社群，从而构筑了新型的网络社区，通过在线自治与共治的方式，实现虚拟社会的在线治理。这种文化形式，影响了社会权力的运行方式和运行平台，逐步驱动社会权力从线下治理迈向线上治理。

第二节　深度合作的有序运行方式

一　对话与协商：公私伙伴关系的建立

（一）平等对话

合作型地方法治的社会权力，必然与传统语境下的社会权力具有较大的差异，主要体现在合作性导向上。合作是社会权力处理地方法治领域重要事务的关键性指针，也是社会权力与政府权力之间构建友好型公私伙伴关系的核心要素。地方政府权力代表地方的公权领域，社会权力代表社会的私权领域，二者只有在合作模式下才能形成较为稳定的伙伴关系。在传统地方法治类型中，政府权力通过建构理性主义在公私关系中处于主导地位，而社会权力被压制在微观的甚至边缘的领域。在这种"命令—服从"模式下，政府权力由于法定的身份而高居威权中心，社会权力则因为自然衍生而处于从属依附地位，这似乎呼应了传统法律关系中国家权力的"身份"属性。随着社会的进步，地方政府绝对主导逐步被瓦解，多元权力关系尤其是社会权力进入政府权力体系的作用领域，

---

①　马长山：《公共领域的兴起与法治变革》，人民出版社2016年版，第25页。

通过契约合作形成了法理意义上的信任合作。引用梅因的表达为,"所有进步社会的运动,到此处为止,是一个从'身份到契约'的运动"①。从身份差异解放出来的社会权力,基于平等契约关系进入地方法治体系,拥有了与政府权力平等的话语和行动关系结构。这样,地方政府权力与社会权力之间基于信任合作和平等呼应创建公私伙伴关系(Public – Private Partnership),共同承担地方社会领域的公共责任,成为当下政府改革的重要路向。

合作的前提是信任,而开展合作的首要方式是对话。作为公私领域的代表,政府权力与社会权力之间的关系状态有赖于治理主体之间平等、宽松的对话。随着地方进入超大型复杂治理领域,各种风险随之而来:跑路的P2P(对点网络借款)公司、外卖无法入户、电信诈骗老人等社会事件层出不穷,极大地释放了地方社会的不确定性。地方政府"专家治理"的形式,依靠原有的知识体系已经很难根据常规处理模式消解现代化进程中的矛盾和冲突,出现了风险社会权力的合法性危机。因此,需要突出社会力量,利用广泛的社会资源应对现代化的不确定性。公私合作的对话由此产生,"那里有发达的交往自主权,这种交往构成对话,并通过对话形成政策和行为"②。地方法治领域的对话,就一般而言,是利益相关方之间就复杂、多元和冲突的问题为增进理解、达成共识的沟通过程。在此过程中,地方社会权力为达到对话的实效,需要在以下几个方面做好最充分的准备:一是对对话涉及的社会事实应当全面充分地掌握,以客观公正的方式进行事实状况的整理和归类;二是全面把握讨论所涉事项的背景性法律文件和法治路径,从情理和法理方面说明自己主张的合理性和正当性;三是对问题的争议或冲突焦点需要展开多层面的剖析,深入挖掘社会主体的合法性和合理性要求,以便说服政府权力采纳主张;四是基于事实、规范和价值,提出解决社会问题或矛盾冲突的可行性方案,以负责任的态度为对话提供共识性基础。对话的核心和

---

① [英]梅因:《古代法》,沈景一译,商务印书馆1959年版,第97页。
② [英]安东尼·吉登斯:《超越左与右——激进政治的未来》,李惠斌等译,社会科学文献出版社2003年版,第119页。

关键在于互相尊重和理解。"相互承认对方的真实性,准备聆听或辩论对方的观点。"① 处于转型时期的地方社会,地方法治的首要方式是通过对话化解风险和矛盾,也是形成稳定社会秩序的重要方式。

在地方法治实践中,合作对话作为社会权力的作用方式具有典型的公共性。基于地方社会主体的公共利益展开公共对话,与政府之间形成了友好伙伴关系,建立了广泛真诚的合作交往,这是一个不断增强社会权力效力,提高社会秩序稳定性和地方法治效能的重要过程。地方政府通过合作对话,搭建了双方合作的平台,规范坦诚地接受社会主体的建言献策和意见表达,强化了对复杂社会事务的根源性认识,从而增强了政府的公信力。广东省河源市的市领导与市民之间网络对话机制、广东省深圳市的社会服务领域的多元听证和价格咨询机制、广东省惠州市的在线回应制度、广东省惠州市龙门县"四民主工作法"等形式的公共民主对话方式,观照民生诉求,充分吸纳百姓意见,理解尊重合法诉求,强化了政府与社会的常态合作。② 公共对话的法治特征有以下几点:首先,多元主体之间的对话是个复杂的法治体系,涉及主体的权力关系是否平等、利益相关者的权利诉求是否合法正当、社会的民意呼声能否集成、事实与价值能否具备合作的基础等。其次,社会权力在对话进程中必须秉持客观公正和公共性立场。以社会组织和专家群体为代表的社会权力主体往往是接受社会公众的委托参与对话的,相互合作的基础在于信任。在社会权力主体行使对话权力过程中,需要严格按照法定的条件程度和约定的公共内容进行商谈,双方公共意识和法治精神是权力双方达成合作的关键。一旦有自利性的倾向和要求,将极大地干扰谈话的正当性基础。最后,公共对话通过积极推动者的努力进而促成合作目标的达成。多元主体的平等性决定了谈话和合作的平等性。地方政府的权威作用行使惯性容易出现在谈话过程中,社会权力需要扮演积极推动者,围绕公平和法治两个最大的价值目标,促使双方改变已有观念和处理方

---

① [德] 乌尔里希·贝克等:《自反性现代化》,赵文书译,商务印书馆2001年版,第133页。
② 参见田禾主编《广东经验:法治促进改革开放》,社会科学文献出版社2012年版,第137—157页。

式，在彼此尊重和利益衡平的基础上，达到有利于问题解决和矛盾化解的合作方案或治理成果。① 总之，社会权力运用对话机制，与政府形成合作伙伴关系，营造良好的互动合作的机制，促成政府决策科学、公众利益保护和公共服务优质，从而形成了合作者的平等、法治形象，利于有效完成各种复杂治理目标。

（二）公共协商

在公私伙伴关系维度下，政府权力与社会权力的对话，往往存在于微观领域社会问题和临时性事件的解决上，用沟通的方式破解相关法律和事实难题，而协商作为常态化和正规化的机制较为普遍地存在于地方法治领域。本书讨论的公共协商，并非地方党政机关之间和部门之间的协商，而是有社会权力主体直接参加的公共协商。在传统"票决化"民主治理方式下，地方公共领域的治理事项基本上以多数人意见为核心来决策相关公共事务。这种方式并没有经过理性化的探讨和洗礼，采取较为简单的非理性化偏好聚合方式保证大多数人的权益满足，往往会挤压部分理性主体的合法权利。尤其在地方政府和社会公共领域内，多元主体的共错非常可能发生重大决策的路向偏差，从而导致社会利益的受损。无论是在地方政府的决策领域，还是在社会公共领域的集体行动中，公共协商都成为弥补集体理性缺失情况下的重要合作方式。因为公共协商"不仅仅出于多数的意愿，而且还基于集体的理性反思结果，这种反思是通过在政治上平等参与和尊重所有公民道德和实践关怀的政策确定活动而完成的"②。从某种意义上而言，公共协商是集体行动的前提条件。因此，以集体合作和集体行动为主要方式的社会权力在运作过程中，无论对外还是对内，都需要以公共协商作为一种规避风险的重要行动方式。在地方法治领域，协商也可以能够被官方运用，其自身携带的特点具备了以下治理的优点：第一，协商参与主体的普遍性。公共协商其实是大

---

① 参见谢新水《从公共对话到合作治理——基于对话思想遗产的研究》，人民出版社2019年版，第222—224页。
② ［美］乔治·M. 瓦拉德兹：《协商民主》，何荆编译，《马克思主义与现实》2004年第3期，第36页。

众民主，更为强调主体的广泛性，通过利益相关主体的集体参与避免有限理性失效情况的产生。第二，协商的条件和过程开放性。公共领域的公共性决定了主体广泛性，协商对所有利益相关主体开放，同时阻却决策或影响决定的内部人员参与，防止出现意见引导。协商规则也具有开放性，便于所有成员了解和熟知并运用。第三，程序过程公开使得协商透明。公共协商关键在于合作性导向。社会主体之间的权益冲突，社会与政府之间的权力矛盾，如果不予破解则会破坏秩序平衡和利益配置格局。在协商中达成一致，基于协商形成合作是关键性目的。

法治的发展驱动多元主体的公共协商，经由协商的合作又将信任与效益反馈给法治。良法善治的内在要求表现在公共协商中，是通过德行和法律增进社会主体之间的宽容与信任，在合作与互动中强化政府与社会的共识与联合，在矫正行为偏好和利益价值的基础上激发和增强公共理性，通过多元主体的"互动作用来表达和交流他们对善的理解"[1]。源自西方的协商民主形式能否在地方法治实践领域通过社会权力发生实效性，有必要进行现实的调适以后才能嵌入现有的制度安排和治理机制。首先，民主协商作用和功能的有限性，决定了在现实中公共协商不可能完全按照西方理论设定的条件展开。其次，超大型国家治理负荷较重，要求公共协商只能存在于特定重大事项和公共事项，而不能普遍运用。最后，基于地方的多样性，公共协商的领域、方式和路径可以在法治统一性的框架内由各地自主创新。公共协商与平等对话方式具有一定的相似性，但是公共协商带有更为制度化和正式化的样态，因而更能展现社会权力对公共理性的培育和政府权力的纠偏等法治作用。

在当下的地方法治实践中，社会权力与地方政府之间的合作协商形式多样，各具特色。按照类型化的方式，可以依据公共协商主体分为党政部门协商、政社协商和民间协商等；按照协商形式，又可以分为个别协商、对面协商、会议协商、书面协商和网络协商等；按照协商内容，又可以分为政治协商、司法协商和社会协商等。无论哪一种公共协商方式，实际上均是形成公共理性，调整利益格局，维护社会秩序和促进社

---

[1] ［英］戴维·赫尔德：《民主的模式》，燕继荣等译，中央编译出版社1998年版，第21页。

会法治化的重要路径。围绕本书的主题，根据社会权力参与领域和目标，笔者认为地方治理中的公共协商可以分为政府决策协商、公共事务协商和畅通渠道协商等。政府决策协商是最普遍的协商形式，一方面，解决政府能力有限而无法在全领域做出科学有效决策的问题；另一方面，直接成为社会权力参政议政的重要途径。在决策协商实施过程中，社会组织代表和民众代表全流程透明沟通交流实际上是监督政府权力行使的过程，从而防止政府权力的盲目行使和非理性决策，规避政府官员尤其是主要负责人的权力滥用；社会权力通过协商机制能够由主体代表充分参与立法和行政等领域，具备表达意见和建议的权力平台，维护公众的正当权益，同时在参与过程中充分知悉和掌握行政决策中必须具备的法律条件和程序，也能感知决策主体面对重大事项时的两难境地，从而超越自利性，重新审视权利主张。广东省广州市"公众意见征询委员会"作为第三方组织，以社会机构的形式承担协调各方利益和推进公共协商的任务，在"同德里"综合治理中与广州市政府之间密切合作开展"民意征集、矛盾协调、过程监督和工作评价"等协商活动，破解了综合治理难题，赢得了公众的信任和政府的认可。[①] 浙江省温岭市新河镇的参与式预算试验让社会公众和社会组织共同分享预算决策权力、分担预算责任，也成为社会权力开展公共协商经典案例。在社会公共领域，政府权力需要逐步退出相关事务的决策、管理和服务，由社会权力承担公共事务协商的主要职责。但是，公共事务的公共性和多元性，决定了政府与社会主体需要在这个领域中共同行使职责。由此，各种复杂的事项需要通过各种社会力量共同协调和协商。权力主体自主决策虽然高效，但容易依赖决策者的价值偏好和利益取向。公共事务协调是多元主体基于公共理性的自觉选择，既保证了决策的体制化和高效率，又防止了过度依赖决策者和封闭决策的问题。公共事务协商的公共性、商议性的主体主要是社会主体，它们由社会组织、社会群体和自治组织以及社会公众组成，通过社会区域内部的互动协商和社会组织代表与政府的协商，最终在社

---

① 参见李林、田禾主编《中国法治发展报告（2014）》，社会科学文献出版社2014年版，第306页。

会公共利益的最大共识基础上实现公共理性的协商融合。实践中，浙江省温岭市的"民主恳谈会"最为典型，浙江省杭州市的"议事协商会"、广东省顺德区的优生优育和残疾人项目预算的公共协商等也是较为成功的事例。畅通渠道协商更为广泛地存在于政府部门与社会领域。一般而言，涉及重要的民生事项和公共事务，地方政府为保障决策的正当性和合理性，会邀请行业专家、人大代表、社会组织和普通公众的代表人士，共同协商相关事务。社会权力的主体往往在一些涉民事项和公共事务领域，通过各种途径和形式形成相互之间的沟通合作，以公共协商的方式解决问题。可以说，各地较为成熟的经验和做法，嵌入现有体制框架内的公共协商方式已经具备了制度化的运行机制，并非临时性的冲动。这些"并不取决于一个有集体行动能力的全体公民，而取决于相应的交往程序和交往预设的建制化，以及建制化协商过程与非正式地形成的公共舆论之间的共同作用"①。社会权力在公共协商的进程中，通过公开透明、平等合作、自由表达和理性互动凝聚了多元主体之间的公共理性共识，而且同时动态调整了地方政府的行动和价值偏好，积累了信任合作与协商规范等多样社会资本。

二 有序参与：政社权力的深层互动

（一）立法参与

社会权力与政府权力的共在共生关系，意味着社会权力的政府活动在场并成为多中心治理的最重要一环。公众参与来自西方新公共治理语境，主要强调其属于"权力的再分配，使目前在政治、经济等活动中，无法掌握权力的民众，其意见在未来能有计划地被列入考虑"②。作为流行话语，与前文的对话、协商等民主方式交织在一起。在我国的语境下，

---

① ［德］哈贝马斯：《在事实与规范之间——关于法律和民主法治国的商谈理论》，童世骏译，生活·读书·新知三联书店2003年版，第371页。
② Arnstein S. R., "A Ladder of Citizen Participation", *Journal of the American Institute of Planners*, Vol. 35, No. 4, 1969, pp. 216-224.

公众参与有几个较为明显的特征：第一，公众参与是政府职能转化的权力资源再配置关系，主要将相关职能赋予相关社会组织和社会群体，尤其是利益相关者和弱势群体，扩大社会主体参与政府立法、行政和司法过程；第二，更为强调公众参与的有序性，除了代表性人士的个体参与外，更为期待社会组织和自治组织的广泛参与；第三，公众有序参与突出共同合作的组织参与导向，鼓励各类社会组织和社会群体在参与中形成与政府间的良性互动与合作，增强多元主体间的信任并形成持续化的机制；第四，政府为公众参与强化法治的价值要求，建立多元主体的参与网络并在制度化的网络机制下形成信任合作关系网，产生制度化参与机制和公共事务的有效治理。[①] 社会公众参与权来源于宪法的权力授予，也是民主法治的重要形式，可以更为全面地体现"人民为中心"的理念，也可以有效地监督地方国家机关的各项权力活动。

在公众参与中，立法参与是地方法治中最为基础性的社会权力参与形式。地方性法规、地方政府规章和地方规范性文件是地方立法的主要形式，是国家法授权地方人大或政府的立法权限，其目的是根据行政区划内的多样性特点和时代要求，对民族、公共事务以及重要的治理领域进行规范性制度约束，为地方各个领域开展治理活动提供法律规范层面的合法性支持。"制度是为人类设计的构造着政治、经济和社会相互关系的一系列约束"[②]，"制度强制性地规定了人们行为的可行范围"[③]。可见，一旦法规和制度获得通过，其法律效力将触及本地域内所有的调整对象，涵盖几乎所有治理主体的权利义务关系。若是任由地方国家权力机关全部控制立法活动的所有环节和内容，显然会造成封闭性的权力任性后果和建构理性能力不足的立法空想结果，造成地方法治本源意义上的"良法未致"。不仅不能起到地方立法的法治功效，还有可能形成政府与公众

---

① 参见陈剩勇、赵光勇《"参与式治理"研究述评》，《教学与研究》2009年第8期，第75—82页。

② [美] 道格拉斯·C. 诺斯：《论制度》，李飞译，《经济社会与体制比较》1991年第6期，第55—61、64页。

③ Walton H. Hamilton, "'Institution' in Eduin", in R. A. Seligman and Alvin Johnson, eds., *Encyclopaedia of the Social Sciences*, 2004, p. 34.

之间的权力紧张关系。因此，代表社会公众的组织化参与成为立法参与的重要力量：一方面，有序参与立法的进程可以代表社会公众拥有的法律赋予的民主权利；另一方面，通过深度参与立法，可以表达民意诉求和权利要求，将正当权利通过立法活动转化到地方性法规和规章，为地方性法规的施行提供坚实的社会基础。同时，社会主体的组织化参与，对地方立法机关而言是一种机制化的权力监督，能有效制衡立法权力的滥用和异化。社会权力通过立法参与为地方性规范提供合法性支持，同时在立法合作中从规范基础层面保障了社会公众的权利。"社会—经济发展促进政治参与的扩大造就参与基础的多样化，并导致自动参与代替动员参与。""高水平的政治参与总是与更高水平的发展相伴随，而且社会和经济更发达的社会，也倾向于赋予政治参与更高的价值。"[1] 随着我国市场发育成熟和社会逐步壮大，高质量发展的社会组织将在更广、更深的层面有序参与立法。

在地方立法实践中，随着设立区市立法权限的逐步放开，对公共领域的立法活动将普遍增多，而且政府规范性文件的制定也将更为密集。"现代社会的发展促使社会主体日益重视自身的利益和权利，并且根据社会的发展变化主动要求政治从法律上予以确认。"[2] 通过基础性和底层性的地方立法参与，确保社会公众最为普遍的权利需求得到法律的确认，进而作为地方社会调整和社会秩序确立合法合理的规范。社会权力自下而上地将公共理性和公共权利以立法听证、立法座谈、立法反馈、立法意见等形式和平台，提供给地方立法机关并力促意见建议的采纳和运用，保证了双向的互动合作，提高了地方立法质量。考察地方立法的过程，立法参与的主要途径有以下几类。

第一，地方立法规划编制的社会参与。基于建构理性的地方立法规划分中长期规划和年度规划，一般均会按照已定的制度条例进行。甘肃省颁发了立法程序规则后，《兰州市地方立法条例》《嘉峪关市立法条例》

---

[1] ［美］塞缪尔·P. 亨廷顿、琼·纳尔逊：《难以抉择——发展中国家的政治参与》，汪晓寿等译，华夏出版社1989年版，第69页。

[2] 高鸿钧：《中国公民权利意识的演进》，载夏勇主编《走向权利的时代》，中国政法大学出版社2000年版，第4页。

《张掖市立法条例》均获得人大通过并作为开展地方立法的法律依据，通过建立健全立法协商制度等途径和方式，并将立法参与的主体由国家机关扩大到全社会。社会在制度化机制下，将社会中需要法律规范调整的热点和难点问题，如环保、物业管理、宠物管理等各种民生事项提请立法机关列入计划之内。

第二，地方性法规和规章制定过程的社会参与。经过立法规划阶段，地方立法活动开始了正式的立法过程，涵盖草案提出、部门协商讨论、专家论证、形成征求意见稿、召开立法听证会、广泛征求意见、草案审议、会议表决、正式公布等较多的环节。社会力量根据社会诉求和自身的知识力量，从草案提出开始，围绕法规规制的对象，分析社会关系和社会问题的焦点，提出权利义务的主要内容，表达群众的合理诉求，组织社会组织和专家专题论证，参与各种座谈会和听证会，甚至参与和旁听人大讨论表决等，从而与地方人大和政府展开全方位立体化的合作，在沟通、建议和同意反对等形式中，积聚合作共识，化解利益分歧，正当行使社会权力的作用，以组织化和制度化方式推进立法过程的公开、透明、公正与有效。广东省专门出台《立法公开工作规定》《立法听证规则》等五项一揽子立法公众参与的规范性制度，健全了多元化的社会参与机制，从而提高了立法的科学性与民主性，保证了社会主体的正当权利。[①]

第三，社会主体有序参与地方立法评估。社会权力参与地方立法评估，分为表决前和立法后评估参与，前者主要是社会力量对地方立法事项的立法时机以及立法后可能形成的社会影响进行预判和估计；后者则是对法规质量尤其是社会实效的调查和评价。在评估中，社会组织和专家力量成为主干，以广东省的评估规定为例，表决前评估根据需要委托广东省地方立法研究评估与咨询服务基地或者其他具备评估能力的科研机构、中介组织、行业协会等开展，表明社会组织依靠专业力量的立法深度参与，为立法提供专业知识、专家意见、形势研判和公众建议，确保立法质量。而法律实施评估，社会组织和社会公众则以专家或利益相

[①] 参见李林、田禾主编《中国地方法治发展报告（2014）》，社会科学文献出版社2015年版，第2—4页。

关者参与座谈、考察、咨询、调查等，反馈地方性法规的权利保护与社会影响的优势与不足。

(二) 行政参与

立法参与是社会权力进入地方性法规生成体系的活动，是参与方式中的基础性活动，也是形塑社会秩序的根本性规范意义的参与。与立法参与不同，更为广泛的是社会事实层面与政府形成合作关系的行政参与。在现有的治理体系中，政府的控制特征依然较为明显。在无法解构传统体制的历史条件下，社会权力首先要实现的目标是社会主体力量能够全方位地进入政府治理的领域和公共事务领域，逐步在不同的层面发挥权力的地位和效力。法治意义上的行政权力执行的是人民的权力，因而服务社会民众是所有地方政府必须履行的法定职责。"要使政府的功能得到更好的发挥，最好的办法就是鼓励那些一向被排除在决策范围外的成员，使他们有更大的个人和集体参与空间。"[①] 在建设服务型政府的当下，有限政府决定了政府能力的有限性，政府权力的自利性决定了社会参与的必要性。社会正当民意需求进入政府治理机制的通道不甚多样的情况下，以社会组织为代表的社会权力组织和群体，通过已有的有序参与渠道不但可以促成政府倾听社会声音，而且可以在某种程度上形成社会权力的倒逼机制和压力机制。

在制度化的渠道内，社会权力主体可以将政区内社会公众最关心和最迫切需要解决的民生问题和社会矛盾以组织化和程序化的方式纳入地方政府年度党政工作要点目标和重大民生事项目录，转化为各相关部门重点落实的任务和工作的重要议题，这是社会权力的权利需求上升通道中的政策转化机制。地方政府绩效评价社会参与机制确立了行政绩效的社会公众评价机制，并且根据组织和个体差异，赋权的权重均不一样。社会主体在客观评价的过程中，通过"一票否决"或低分评定方式倒逼行政部门主动畅通参与渠道，认真吸纳社会主体意见，为社会公众提供优质的行政服务，社会权力形成了对行政权力的压力机制。不同形式或

---

① [美] B. 盖伊·彼得斯：《政府未来的治理模式》，吴爱明等译，中国人民大学出版社2001年版，第60页。

不同主体的行政参与,形成一个有效监督和激励服务型政府建设的网络,有效制约政府权力。在主动与被动的双重压力机制下,地方政府及其公务人员乐于倾听、平等对待社会主体并收缩公权力运作的范围,社会权力的行使得到了发展动力和空间。行政的社会参与对法治政府转型具有重要的价值,体现为以下几点:一是确立社会公众、社会组织和地方政府的平等地位,为地方法治的多元主体治理提供平等民主的文化氛围和合作条件。二是激发社会权力主体参与地方法治的主体性意识和开展集体法治活动的能动性,塑造公众的法治人格和社会参与的主动性,扩展地方法治的动力源泉。三是强化"政府—社会—公众"基于信任形成法治合作,从而推动法治社会发展,社会权力的有序参与"可以改善政府和公民的关系,使之由猜疑对抗走向信任合作,公共利益和个人利益之间由紧张对峙走向良性互动"[1]。四是有效化解社会领域的复杂矛盾,加深社会理解合作,营造社会公共空间,为构筑集体理性形成公共领域。

多样化的地方法治实践领域的行政参与具有较强的指引功能,但行政的社会参与存在较多的形式参与、被动参与等情况,这些问题直接影响了社会权力进入政府治理领域的正当性和有效性。随着社会权力的不断壮大,如何强化社会权力的行政参与有效性成为聚焦的关键性问题。行政参与的核心领域在于重大事项的决策,主要涉及环保、征地以及其他关乎民生的领域。近十年环境决策的典型事件诸如云南省的怒江水电工程、福建省的厦门PX(聚碳酸酯)项目、江苏省南通市的启东排污项目、四川省德阳市的什邡钼铜项目等[2],既有事前社会主体充分参与而暂停项目实施的,也有事中因非制度性群体事件永久取消的,均是社会力量引发的行政参与结果。出现调整的重大项目的公众参与往往是自下而上地参与,甚至是通过群体事件参与的,属于压力型地方公众参与,非制度化的参与往往会促使某个履行了正当程序的重大决策成为群体事件导火索,影响社会稳定。从中不难管窥出,在政府重大决策的机制中,

---

[1] 杨海坤、章志远:《中国特色政府法治论研究》,法律出版社2009年版,第338页。
[2] 参见李林、田禾主编《中国法治发展报告(2014)》,社会科学文献出版社2014年版,第151页。

往往是公众的形式参与和表面参与，在经济锦标赛中只是根据法治的要求满足形式化要件，并未从本质上形成实质性参与和制度性参与。由此，社会权力在行使自身职责的过程中，需要注重自身权能的有效行使，通过监督政府和主动参与双重路径实现有效参与。

在现有的体制框架下，从理论维度而言，充分发挥行政参与权的权能需要具备以下几个条件。一是要形成进入行政决策程序的权力，这是资格性参与条件。这是社会权力能否成为政府权力平等合作的基础性要件。现有的各项法律和政策虽然有所规定，但更为宏观和原则化，需要进一步梳理和细化。二是有序发表正当意见和社会主体需求的权力，这是表达自治的参与条件。社会权力具备行政程序参与资格后，更需要反映民情、汇聚民智、表达民权，只有充分和自由表达与建议，方能形成政社之间信息的平衡和互动。三是参与主体表达的意见和建议得到及时回应的权力，这是政府反馈性参与条件。程序性权力和表达权力只是保障了社会主体进入形成程序并参与表达意见，不足以对地方政府行政决策形成内在压力和真正以人民权益为中心。履行参与程序后，行政机关内部对民意和权利诉求的态度决定了社会权力参与是否实质有效，因此，需要行政机关对参与内容和意见建议进行公开和反馈，并形成制度化的常态机制。只有这样，才能真正形成社会与政府的内在合作。四是合法合理的正当权利诉求得到有效采纳的权力，这是实效性参与条件。前三项权力在理论上属于程序性条件或形式化条件，地方政府尊重社会主体权利需求并采纳合理化的建议，才是社会权力行政参与的实质指向，如果行政机关以自由裁量权否定所有意见和建议或采纳文字修改等形式化建议，则将抽离行政参与的效力条件和功能要件。目前的规定较为原则，需要进一步细化并形成制度化的细则予以规范。[①] 否则社会权力的行政参与将沦为鸡肋，影响社会主体的权利实现和法治政府建设的发展。

（三）司法参与

与社会权力立法参与和行政参与不同，社会权力参与地方司法活动

[①] 参见方世荣《论行政立法参与权的权能》，《中国法学》2014年第3期，第111—125页。

路径较为狭窄。司法相对独立性和终局性的特点，一般不接受司法权力以外其他任何权力进入司法活动领域，目的是守住司法的公平正义底线。在实践中，司法不公的现实问题导致司法公信力降低的情况不时出现，这与法治的目标背道而驰。随着司法改革的逐步推进，三大诉讼法和《人民法院组织法》中确定的依靠人民的基本原则逐步在实践中为社会公众参与司法活动提供了具体的路径安排。这涉及一个权力制度安排的法理问题：地方司法机关的司法权力由谁来监督以及监督是否具有实效？诉讼法确定的依靠群众的原则具体的实施路径是什么？地方社会公众能否参与司法过程并且实质上发挥作用，并且不与司法的自主性形成内在冲突？依靠司法机关内部管理改革，是否能防止司法不公等现象产生？正如陈卫东判定的那样，回答这些问题的关键在于确保社会力量参与司法活动，不仅不干扰司法活动，而且能够增强司法公信力，使制度化和组织化的社会权力可以实现。当然，对参与力量需要进行严格的限缩，否则将影响司法的公正性。社会力量参与司法活动并不只是人民陪审员、律师等直接参与审判活动，还有广义司法领域的见证人、人民监督员等。高质量的社会权力参与司法活动，一方面，为司法活动的正当性提供人民基础，在网络舆论审判泛滥的情况下，增强司法公信力；另一方面，为实现民主价值和司法权力制约提供了适当的路径。同时，与地方政府机关一样，地方司法机构的专业化能力基本局限在法律领域，面对信息化时代的高新技术问题，同样需要科技型社会组织的参与。因此，社会权力参与司法并在专业领域提供专业化服务应当是主要职能，监督司法权力则是另外一项主要内容。[1]

社会权力参与司法活动必须注意司法活动的特殊性，这是社会权力进入司法领域的前提条件。否则，社会权力的一些溃散性特征将影响司法公正。从广义的司法活动领域来看，不仅可以参与人民法院的审判活动，还可以参与检察活动以及其他相关领域的活动。由此，本书根据参与的程度和司法领域对地方社会权力参与司法活动进行简要的类型化分析，参与类型分为司法决策参与、司法协助参与、见证司法参与和监督

---

[1] 参见陈卫东主编《公民参与司法研究》，中国法制出版社2011年版，"序"第2—5页。

司法参与。不同类型的参与代表了对社会权力参与主体、参与能力和参与形式的差异性要求。第一，司法决策参与主要是指人民法院审理案件并形成判决结果过程的社会参与。因为司法决策直接审理案件并且形成具有法律效力的裁判文书，因而对参与的政治性、专业性、代表性和公正性的要求特别高。所以法定性成为第一要件，只有法律规定的社会组织及其代表方能参与。由此，具有法律职业资格的律师、受单位委托的代理人、人民陪审员才具备直接在案件审理的事实认定和结果判定等关键核心环节发表意见和做出认定的权利。律师作为律师协会、律师事务所等派出的专业人员，通过代理案件帮助当事人维护自身合法权益，同时监督司法权力履行司法职责的合法性和合理性。"人们至少有理由期望，在作出关系他们的判决之前，法院听取其意见，即他们拥有发言权。"[1] 律师因专业和授权承担了发表专业意见的职责。人民陪审员是司法民主化的另外一个表征，但是受非专业性的影响，只是作为公众利益代表性参与，主要参与事实认定的过程。部分地域出现的人民陪审团制度，实践证明无法在全领域推开。但是，这种"分工的继续存在，或许可以用'合'目的性尽量辩护……它却向着截然相反的方向发展出公理的效果，以此作为其继续存在且言之成理的目的"[2]，"混合庭"形式的合议庭依然是人民陪审员参与的平台。第二，司法协助参与是司法机关能力有限性和为实现公共利益而由社会组织及其他社会权力主体提起诉讼、参与司法其他活动的一种参与形式。其中，具备法定条件的公益组织在环境等公益诉讼中，可以直接代表社会以当事人身份提起诉讼，并直接参加案件审理的过程。这是社会组织参与司法活动的重大突破，可以成为地方治理深度参与可供借鉴的重要参考。其他协助司法机关活动的参与还有社会组织或社会公众作为控告人检举揭发刑事犯罪活动、充当案件的证人出庭作证、配合法院的调查。在案件审理和执行中，具备特定资质和条件的社会组织可以提供专业化的参与活动，如各类鉴定机

---

[1] [美] 马克尔·D. 贝勒斯：《法律的原则——一个规范的分析》，张文显等译，中国大百科全书出版社1996年版，第35页。

[2] [德] 拉德布鲁赫：《法学导论》，米健等译，中国大百科全书出版社1997年版，第113页。

构提供医疗、身体和精神以及物质等鉴定,价格评估机构的价格评估,专家提供案件的专家建议书,等等。这些也对参与的组织机构具有较强的组织能力要求,往往是司法部门经过认定的专业化机构。第三,见证司法参与和监督司法参与,则较为宽泛,前者强调社会权力的在场,尤其在刑事和民事的诉讼程序中,相关社会组织和自治性组织共在,作为见证人确保司法人员的活动真实可靠。广义上,允许公民旁听普通案件的庭审公开尤其是网络审判形式,则是司法公开的见证的关键环节,是确保公众广泛参与司法的当代形式。监督司法的活动,目前更多地体现在社会组织和社会成员对特殊案件的舆论监督上。受公众法律水平和理性能力的限制,舆情审判等往往给司法带来较多负担,但也在一定程度上促进了司法公正。

三 自主治理:社会权力的自主实现

(一)乡村自主治理

法治最佳的实现形式是通过法律或规范形成稳定动态而和谐的自在自主的社会秩序。社会形式虽然决定了治理模式,但并不自主产生治理模式,而是需要在建构理性和自主理性的共同作用下方能生成。因此,治理模式是根据一定时期国家与社会的关系而形成的。[1] 在传统社会下,国家对社会全面控制因乡村而形成了差序格局的内生态,并非完全意义上的社会权力的全面滥觞。随着改革开放实现家庭联产承包责任制以来,计划体制影响逐步消解掉了,随着农村人口流动,乡村人口流动加剧,带回市场化背景下的契约观和治理观,因而乡村呈现出现代性与乡土性交错的情景。笔者曾经提出过"后乡土"的命题,其"存续乡土性社会的特征,但又有较大结构与内容变迁的具有过渡性质的社会形态。后乡土社会实质上并无多大的变迁,但是形式上却彰显着进化着的现代性面貌与精神",主要有农村经济逐步融入市场大潮、城乡二元结构的矛盾开

---

[1] 参见尹冬华《从管理到治理——中国地方治理现状》,中央编译出版社2006年版,第137页。

始消解、社会治理方式逐步迈向法治化、农民角色逐步转向市民身份等特征。① "后乡土社会"的转化，催生了权利本位、人际平等、契约自由和自主自治等法治理念，人们也越来越重视法律赋予的农村基层自治的权力。基层自治组织作为乡村社会治理的基本单元，也能够发挥其地域性、便利性和自主性等特点，从而逐步形成具有自主能力的社会自治方式。实际上，农村基层自治是社会权力直接履行法律职责、实现基层社会法治的重要方式。在理想情况下，基层村委会等自治组织为基本的治理单位，村民遵守法律和章程及村规民约，自主管理本村事务，自我服务本村成员，自我监督村务活动，在地域上排斥其他非法干涉的一种自治或相对自治的方式。

农村自治的发展是依靠农村集体组织中的社会力量和政府力量引导的双重作用结果。与依赖集体工业化而发展起来的江苏省无锡市江阴华西村、河南省漯河市临颍县南街村等组织体不同，更多的一般性农村社会主要依靠农业发展，并且具有较为浓厚的民间秩序和民间文化。因而，在迈向现代化的进程中，基层自治组织发挥了更为重要的催化作用，体现在以下四个方面。一是"依法治村"成为自治组织开展自治的主要形式，并且增强了村级组织和普通百姓的法治意识与法治观念。随着自治的开展，社会自治组织在执行村务、形成集体决策和化解矛盾纠纷过程中，根据法律和"民间法"协调处理相关事务，提高了基层社区干部和普通百姓的民主意识和法治素养。同时，传统的陈规陋习以及不文明的情况逐步减少。社会权力通过自治路径将普法和治理结合在一起，从而培育了农村的主体意识和权利意识，也制约了村级组织治理人员自治权的乱用。二是村级民主选举更为规范，参与度更高。多年的实践，促进了村民的民主法治意识，从而使主体性增强，从被动或形式参与村级选举的状况，逐步转化为主动参与选举，主动参与治理。浙江省农村的选举模式改革，催生了乡村民主的生发，村级组织的选举率达到了94.7%。三是村级治理呈现鲜明的乡村特色，"能人治村"魅力型自治和"依法治

---

① 参见陆俊杰《法哲学视阈下后乡土社会农民权利的法律保障》，《广西社会科学》2014年第10期，第81—87页。

村"的法理型治理交织在一起。这是农村现状和法治发展碰撞后合作的结果，比较适合当下的乡村治理机制。四是村务公开已经成为常态，村民的监督意识增强。随着村级自治力量的壮大，农村社会的权利意识和主体精神更为彰显，因而对自治组织的治理要求更为法治化。各地村组织均将村务公开上墙或上网，并形成了制度化和规范化的机制。随着村务公开，更多自治性监督组织逐步出现，有效制约了自治组织的合规合理运行，防止权力滥用。浙江省杭州市村务公开五个100%，即公开栏设置在墙外、按季度公开、财务规范公开、监督小组民主选举产生和管理人员收入等全部100%公开。社会权力的农村自治方式直接形成了国家法与民间法的良性互动、社会权力的自治组织内部良性互动、政府公共服务与社会自生秩序良性互动的多元化自治格局。这种社会权力的运行方式，既有传统乡村的自治特点，又有现代法治的表征，能够实现社会权力在农村领域内的有效实现和功能目标。

（二）城市社区治理

社会权力在城市的自治运行方式与农村显然具有不同的特点。受传统中国乡村特点的影响，农村社会组织体的成员几乎都有"家"就是"根"的意识，因此，家园和族群意识较为浓厚。基于血缘地缘的熟人感情和人性信任，促成了农村治理中自治的有效展开。在城市，除了体制内的单位外，社会组织形式基本被各类企业和其他市场主体占据，"社会人"身份具有更强的独立性和主体性。"社会中缺乏信任将给公共制度的建立带来极大的阻碍。那些缺乏稳定和效能的政府的社会，也同样缺乏公民间的相互信任，缺乏民族和公众的忠诚心理，缺乏组织的技能。"[1]作为城市基层自治组织的社区基本属于法律意义和现实意义的存在形式，反而不如"小区"更具有鲜活性和自治性。抽象的社区形象与被政府整合的制度安排，导致了行政化运作和居民参与淡漠的互相强化。

自治秩序需要根据社区内在的特点和人际合作的条件催生。打破住

---

[1] [美]塞缪尔·P.亨廷顿：《变化社会中的政治秩序》，王冠华等译，生活·读书·新知三联书店1996年版，第427页。

房"火柴盒"之间的隔阂,以社会权力和权利作为联合的基础,催化城市社区内部的人际和组织间的信任合作是实现自治的主要任务。由此,增强社区自治性和能动性成为社会权力发挥作用的重要场域。这里涉及社会权力的两种路向。第一种路向是社会权力组织与社区自治组织混同,成为混合型治理力量,以多元交错关系中的主导性社区力量开展自治,自治组织之外的其他社会组织和群体是配合力量。第二种路向是合作治理路向,由社区开展公共服务和整体性治理,作为政府权力延伸的承载平台,而其他的社会组织等活跃于小区和企业等组织内,从而形成多元治理力量多元治理的格局,将社会所有的领域均能覆盖。笔者更倾向于后者,这样自治组织和其他社会组织可以共同发力,将自治的触角拓展至所有的城市社会领域,并且通过治理职能上的精细分工,形成多元化交错的治理网络,从而达到自治的目的。尤其在网络治理领域,城市的各种网络化仅靠社区内部自治是无法实现有效治理目标的。

城市的数字化和智慧化进程,倒逼了自治领域需要以更为开放的态度拥抱时代的快速转型。每个城市人口的多重化特征,在不同的场域需要不同形式的治理方式来回答。在法定的社区自治模式下,不可能完全重构全新的治理模式。"由于今天社会生活的'开放性',由于行动场景的多元化和'权威'的多元化,在建构自我认同和日常活动时,生活方式的选择就愈加显得重要。"[1] 根据生活方式选择社区自治方式,显然比较契合当下城市居民的现实状态。在合作型法治状态下,城市社会权力的社会资源比较多元,社会资本更为丰厚,社会组织也更为多样,经济与技术也更为雄厚,可以通过生活化和社区化的社会组织形式覆盖社区治理人口,提高治理的覆盖面。社会组织和社区自治组织的重要意义,就是构筑以社区为基础的社会公众直接参与的多元化载体和路径,引导居民选择各种合作对象和合作平台,推动社交关系的数字化变革,以数字化的组织体,逐步演进为新型的城市自治组织体,通过重构人与人的主体关系,推动人人自治的发展。"一个人的发展取决于和他直接和间接

---

[1] [英]安东尼·吉登斯:《现代性与自我认同》,赵旭东、方文译,生活·读书·新知三联书店1998年版,第6页。

进行交往的其他一切人的发展。"① 在数字化时代，社区移动信息化平台需要形成社区自治的类型化分类，通过不同的渠道吸纳所有常住人口进入不同的类型组织体内，培育出合作治理的有效载体。同时，以楼宇和小区为单位，形成蜂巢状的网络治理结构，在每个蜂巢结构内形成自组织状态，并以"楼长"等作为联结节点，形成治理的互动结构秩序。提升小区物业的公共服务水平，增强业主委员会的社会功能和联结职能，引导居民参与小区和社区的公共治理讨论和协调服务，形成新的信任合作关系。这样，社会权力在城市社区内通过多组织、多平台、多渠道、多方式实现了内部的合作与有效。

第三节　制度化网络的集体合作行动机制

一　自组织决策的项目绩效合作机制

（一）社会权力的自主决策和能动作用

社会权力的实施在具备了运行条件、实施领域和施行方式后，关键在于以何种合作路径实现其地方法治功能。解决这个问题的核心在于，保证社会权力的法治合作具有平等的法治性主体力量资格。权力作为典型的、较为固定关系格局中具备资格的主体，根据自己的目的和意志要求客体做出一定行为的力量或能力，天然地带有影响、支配、指挥、支持和变更等特征。社会权力也会通过社交获得的资源，具备主客体关系中的某种力量。社会权力具备这种力量和能力，是其得以运行并产出实效的关键。对内，社会权力对组织和群体内的成员具有影响力，基于平等契约授权成为自组织的权威；对外，与政府权力的合作需要形成约束力和影响力，基于法律和信任成为维护权利和制约权力的平等性力量。合作型地方法治的内涵要求社会权力与政府权力之间形成信任互动和平

---

① 《马克思恩格斯全集》第 3 卷，人民出版社 1960 年版，第 515 页。

等合作关系，其核心在于社会权力在法治的权力体系中能否具有主体性，即社会权力在合作网络中具有独立性、自主性和能动性。否则，两者关系依然会回归到传统的"控制—依附"法治模式，造成地方政府的一元化和绝对控制模式。在前文已经从法理层面证立了社会权力可以成为一种独立的权力样态，具备与政府权力一致的正当性。所以，社会权力的自主性和能动性成为其作为合作型地方法治的主体力量和实现其法治功能的关键。自主性是社会权力能够与政府权力形成平等合作地位的核心议题，能动性则是社会权力在地方法治建设中展示有效性的重点。任何一项的缺失，都将影响社会权力的实施运行和作用的发挥。

在政府全能主义逐步消解、有限政府成为地方法治主流的情况下，社会权力生长发育并接管了部分社会公共领域的复杂事务，在基层社会领域积极回应并从事自治。回眸社会权力这个渐进性生发的历史，社会组织、自治群体等社会力量是在现有法律、政策和体制中间寻找到成长空间和动力机制的。社会权力的理论和地方实践表明其自主性和能动性主要来源有三处。第一，地方市场成熟和民本经济的快速发展，增强了以社会组织为代表的社会力量的主体性存在和主体作为，积蓄起来的社会力量逐步形成了政府不可小觑的重要社会权力。成长的社会权力犹如增强的社会肌肉，具备了组织、资源、规则和信任等社会资本，也具有承担公共服务和参与决策的能力，逐步被具有国家资源的政府力量重视，并在不同的社会领域发挥其主观能动性。第二，我国民主法治建设的进步驱动了社会成员的权利意识、法治修养和民主精神的觉醒，引发了社会主体在单体力量薄弱情况下的规范性联合。以社会团体、行业协会、商会、服务性社会组织、慈善组织等为代表的社会组织迅速发育，并成为各行各业的重要合作性力量，进一步增强了社会权力的合作话语权，促成其在不同的地方治理领域发挥主观能动性。第三，仰赖于地方政府关于自身权力的自适应调整和中央关于政府职能转变的改革，大量政府权能通过法律或政策途径取消或交由社会权力主体直接承担，扩张了社会权力的公共权力属性，显然增强了其处理各种社会公共事务和承担公共服务的法律资格，也张扬了社会权力的能动性和积极性。第四，社会组织随着市场和社会变迁在改革的大浪中搏击，主体性显著增强，组织扩大、能力增强、参与更深成为其履行公共职能的主要成绩表现。社会权力主体力量的快速成长为其争夺了更多的与政府合作的话语权和社会公共事务空间,组织内部的合作赋予社会权力在应对复杂和动态事务方面更强的应对能力和更为丰富的社会资源和社会资本。第五,全球化和信息化带来了现时态的以网络舆论为代表的各种社会力量和社会资本,虚拟的和国际化的社会群体大量出现,增强了社会权力的主体力量。虚拟社会和全球交往,倒逼地方治理模式转型,公开化、信息化和参与性机制为社会权力行使与权力发挥作用提供了时代契机。专业型和服务型社会组织在其中大显身手,利用时代机遇增强社会治理能力和服务水平,能动性大为提高。

这些条件和因素结合起来,促成了社会权力能动性的极大增强,有资格也有能力在社会领域具备主体性和能动性,并且在自组织内形成了成员、资源、要素、信任、合作、行动和责任的自主决策机制,保证了内在自主性的确立。随着内在自主性的确立以及前文有关多元条件和基础的支撑,在与政府权力的交往中也具备了社会资本、人力物力资源、独立法人组织、平等法律和契约地位等条件保障,社会权力形成了平等合作的力量,可以在互动交往的行动中表达意见、公共协商、维护权利、作出决策,成为制约政府权力的中坚力量和维护社会内生秩序的关键力量。社会权力自主决策机制促成了社会权力主体的多元要素、权力资源和权力内容等方面的内在吻合,形成权力的外化力量作用于社会领域和地方政府权力,产生了自治与法治的力量。社会权力的能动显示了社会组织和社会群体参与社会治理的便捷性、专业性和大众性。以社区养老等为主要面向的社区服务型社会组织成长为这些公共服务的主力军,并通过严格的法律规范调整和高标准的政府遴选,能动地成为政府的友好合作伙伴。能动作用机制提高了社会权力的合作地位和公共话语,促进了社会与政府之间的分离,有效地为地方法治提供了土壤。

(二)静态网络与动态项目绩效合作机制

在地方法治领域,不仅有政府权力、社会权力,还有政党权力、文化权力以及网络权力等多样化的权力类型。受制于法治分析语境,本书将社会权力与政府权力作为对应范畴进行分析,以期能够为地方法治提供较为简单的逻辑理路。在现有的地方法治结构和运行机制中,政府推进型法治的核心话语是建构理性,其内在结构构成较为简单,即政府是唯一权威,控制着几乎所有领域和所有的资源,其他主体完全处于依附性地位,没有太多的支配领域和权力。权力关系格局犹如乡土社会"差序格局"一般,政府始终处于法治中心地位,而社会被边缘化,处于权力关系的最外层,影响力最小。这样,地方政府在权力行使、资源掌控和法律调整中,形成了"虹吸效应",社会问题和各类风险全部散见于外围。越是远离控制中心的领域,疏离感越是强,社会主体实现权利的可能性越低,对政府权力的制约也越少。法治的不平衡性和风险性凸显,在没有公共危机的情况下,运行尚算平稳;一旦遇到重大风险,则会遭遇较大的社会失序,需要花费巨量的政治经济和社会成本才能弥合。

  合作型地方法治的"合作",指涉的不仅是社会权力内部的合作,而且是社会权力与广义社会的多元权力的合作。这种多元权力合作方式才是当下地方法治范式追求的理想路径。如果合作的路径只是多元权力理论上的自治与联合,将对地方法治实践毫无裨益,缺乏可操作的模型和微观路向。因此,合作型地方法治所强调的合作,更是社会权力与政府权力在合作路径上的融合,形成具备法治实效性的权力合作机制。有学者提出,合作治理的转型可以由"蜘蛛网式"转向"蜂巢式"的多元化,如图6-1所示。但笔者以为,虽然多元扁平化了,但并未表现出社会治理的复杂性,依然以平面的方式代替了立体结构,似乎依然无法解决背后的复杂问题。从共在共生的合作理念,可以衍生出社会权力与地方权力在法治领域的共在结构和共生机制。基于法治的合作结构,应当是多元社会权力、多元政府权力和多元其他权力根据不同的地方治理事项基于社会资本合作在一起的扁平化交错的网络结构,例如网络拓扑结构,如图6-2所示。这样,每一种权力在复杂的社会事务中根据社会事务的属性和合作传统自动遴选有能力的合作伙伴,而其他多元权力依然在场并在合作中予以支持,协助政府权力和社会权力解决边缘性问题。在这种网络结构中,社会权力与政府权力属于不同的节点,通过社会资本结合而组成法治主体和动力联合体,在平等和互惠的价值指引下,完成地方各种治理任务，并共同承担治理的责任。在结构中，相互联结、相互监督、相互制约和相互促成的意蕴特别鲜明。

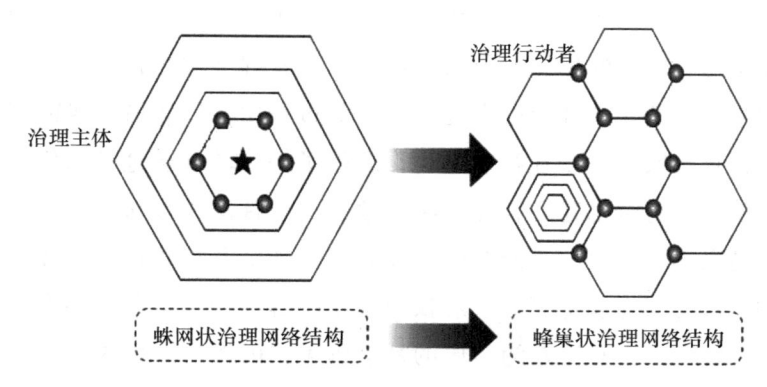

图 6-1　合作治理结构网络的转型①

图 6-2　合作网络拓扑结构图②

---

① 柳亦博：《论合作治理的路径建构》，《行政论坛》2016 年第 1 期，第 12 页。
② https://stock.tuchong.com/image?imageId=403064152342659198&source=360tusou，2020 年 2 月 10 日。

社会权力与政府权力的合作网络结构，是较为静态意义上的合作关系，而在动态的法治实践中，这种结构方式只能指向两者的关系维度，尚未显现动态法治中的权力共生机制。在传统治理结构中，地方政府处于控制地位，主体的单一化导致社会基本上不存在共生机制，更没有社会的再生产环节。在社会权力逐步成长的过程中，其凭借自身的努力和优质的治理和服务逐步在社会站稳，赢得了一定的社会地位，但共生性的机制依然没有全部建立，尤其涉及政府主导性决策领域，社会权力只有形式意义上的共在，未能全部发挥其法治功能和治理作用。在合作型法治中，社会权力取得了与政府权力基本平等的法律地位，拥有较多的公共治理空间，占有了较为丰厚的社会资本，因而可以作为独立自主的主体性力量承担地方法治的重要责任。由此，基于责任导向的合作机制便可以成为多元权力之间合作网络的共生机制。地方法治的实效性依赖于所有法治主体功能的有效性，而法治主体功能有效性的前提是权力的责任机制。无法律责任的权力和权利，均会产生不良的社会后果，也即无义务的共在从而无法产生共生。根据当今社会的复杂性和动态性状况，传统的固定治理模式已经无法适应。因此，根据社会事务的特性和网络结构的特点，将整个社会分化为无数个零散的社会项目，由不同的权力主体共同承担各种类型的社会项目，然后根据节点形成公共事务的项目化绩效共生机制。地方法治可以根据项目属性、项目要求、项目成果、权力表现、治理绩效、社会影响和不当后果等，综合评估和考量项目解决的绩效，从而在多元权力的共生性合作中，达成法治的目标。一旦项目绩效机制达到稳定社会秩序、解决复杂问题、破解关键矛盾和提高法治水平的目的，则社会权力与政府权力的实施路径达成了共在共生的主要宗旨。

二　制度化政社权力的集体行动机理

（一）政社权力合作法律制度的生产机制

社会变迁与法律制度之间，一直存在相互促进和彼此制衡的内在张力。无论何种社会状态，均有相对稳定的法律等制度体系为其提供权利义务体系和主体行动规范。社会的变迁又会打破已有的规则体系，新生为更契合时代需求的法律规范和道德准则。人类从农业社会迈向工业社会的历史证明，法律对于法治而言居于核心地位。没有法律，法治无从谈起。陈旧而落后于时代的法律，也无法催生现代法治。无数业已发生的社会事实表明，基于"法律至上"原则的法治能够提供持续稳定的社会秩序，为社会主体和全体社会成员提供确定性的社会行动指引，保证社会运行规范高效。"社会的秩序，在本质上便意味着个人的行动是由成功的预见所指导的，这亦即是说人们不仅可以有效地运用他们的知识，而且还能够有极有信心地预见到他们能从其他人那里所获得的合作。"[①]法律提供的稳定性的社会规则，不仅能维护社会秩序按照理性的轨迹高速运转，还能够保障社会关系中每个社会主体在享受权利收益的过程中各得其所、各有发展。

合作型地方法治在当代必然遇见复杂、遇见未来，而只有法律确证的信任能够为合作提供确定性和预见性。法律规范提供的社会秩序和主体理性，能够为社会权力主体供给对社会秩序和政府权力运行的预期。在合作型地方法治中，社会权力正是在依靠法律规范机制行使自身权力、预知地方政府和社会成员的未来行动的情况下展开多元合作的。在全球化和信息化双重作用的时代，对未知社会的预判只有在渐进秩序中逐步形成确定性的规则，为社会权力与政府权力的信任提供制度化和动态化的机制，才能实现法治框架内的集体行动。在地方社会日新月异的变革中，社会权力将不断地面对两个持续存在的矛盾：一是社会成员的多元权利需求与社会规范供给有限性之间的矛盾，二是社会渐进发展不断生成的自主性社会权力要求与法律制度设计中政府权力始终居于控制地位的矛盾。在地方治理过程中，两个矛盾交织成为地方社会秩序"良法"不足和社会治理"善治"缺乏的重要原因。推进合作型地方法治，首要前提就是化解这一对矛盾，促成社会权力与政府权力形成平等互惠和信

---

① [英]弗里德里希·冯·哈耶克：《自由秩序原理》，邓正来译，生活·读书·新知三联书店1997年版，第21、200页。

任合作关系，从而在多元权力关系中形成稳定高效的运行机制，促成合作效益生成在法治的各领域，满足社会资本再生产的需要。

政社合作关系的形成和良性运作并形成法治集体行动，前提是建立普遍有效的社会信任法律制度体系以及政社权力合作运行的规范机制。前者是根据不断变化的社会情境，为全体社会成员形成社会内在的整体合作网络提供制度规则体系，便于形成普遍信任的社会秩序和社会关系。这是社会权力运行的整体性社会规范层面的要求，属于基础性的社会规范资本。后者是在整个社会的资源配置中，在社会公共治理领域和自治领域内形成社会权力与政府权力之间平等的法律地位和法律关系，为两者间双向合作互动提供稳定的制度机制。这是社会权力运行的行动层面规范机制需求，属于权力运行的支持性社会规范资本。社会权力在两类规范体系的保障下，不仅能够取得地方法治领域开展合作治理的平等法律地位，也具备了确定性的社会规范资本，便于形成动态稳定的社会合作。在现有关涉社会权力的制度体系中，基础性和行动性社会规范严重缺乏。即使已有的法律规范和制度规则，也基本上以政府权力作为绝对主导而展开调整，缺乏合作的规范性资本，导致社会权力在地方法治实践中依然处于权力依附状态。改变这种关系状态需要从社会权力主体性的法律制度层面赋予其权力运行的法治机制，否则社会权力的法治实践功能只能沦为空谈。

合作型地方法治的社会权力运行的首要路径，是为社会权力提供稳定高效的社会成员之间信任合作的权利义务关系网络。在地方复杂治理和数字治理进程中，根据动态的社会发展事实，及时回应社会成员需求，在社会领域通过建构理性和渐进理性呼应的形式，及时完善已有的地方性法规和政策文件，加速关乎热点领域和难点问题的地方立法，在互惠合作中协同开展社会自治领域的自治性规范，即"民间法"的先期制定，逐步在自治规范中形成地方性法规和规章。对于公共事务，可以由社会组织和政府部门共同形成治理的基准性原则，并形成集体行动的社会倡导性守则或政府规范性文件，为整个社会转型提供较为稳定的社会规范体系。合作型地方法治，"合作"是基于"信任"的合作，在全球化和信息化社会依赖于对社会合作对象的信誉辨认。在高效的社会关系中机遇瞬间即逝，契合时代流变性需求，则应当在地方领域逐步形成政府机关、社会组织、市场企业、社会成员的全方位的信用规则体系，从而为信任合作提供最基础性的社会规范资本，有利于节约信任形成的成本。

　　破解社会权力与政府权力间法律规范和制度体系的内在不平衡，是社会权力得以合法运行、平等合作和发挥实效性的关键。在现有体制机制下，社会权力尤其是社会组织等处于治理体系的边缘，法治的主体性地位不高。因此可以从以下几个方面进行调整，建立政社法治合作的制度机制。首先，梳理现有的法律规范体系，除了社会个体权利直接能实现的领域外，逐步在个体权利、政府权力之外，赋予社会权力主体的法律地位，可以将诉讼法确立环保型社会组织的诉讼主体地位作为参照样本，为权利保障以及权力制约提供社会权力的通道。在现有的法律框架内，可以在新兴和空白的社会调整领域，由地方立法和社会自治先行先试，通过积累治理经验逐步修改完善法律。其次，为社会组织的规范和发展提供制度性支持机制。在现有的"双重管理"机制下，制度设计过于严密，同时赋予地方政府部门过大的管理权力，存在政府部门疏于监管与过于严管的两种状态。除了涉及国家主权以及政治性权力领域外的服务型和地方治理型社会组织，其登记和管理制度可以根据信息和智慧时代的要求逐步采取直接登记制，赋予社会组织成为法定性社会主体的地位，将游离于正常登记管理体系外的庞大的草根社会组织纳入整个治理体系。直接登记制解决了社会组织的主体合法性，而其规范性则由严密高效的过程管理制度和监督制度负责。通过较为严格的运行条件制约、动态评估监督和退出再返禁止制度等，强化对于社会组织的规范性治理，限制其违法扩张，防止其破坏体制和权力溃散。最后，健全社会权力与政府权力合作的制度机制。在现有行政决策与公共服务领域双方对话、协商、参与等运行方式中，社会权力的代表化、形式化、表层化参与较为普遍，政府权力主导性地位决定了社会权力代表的社会公共利益和公众权利并无确定性的保障机制，尤其是国家法调整之外的众多领域，容易出现社会的矛盾和冲突。双方的信任合作迈向实质化和法治化的关键，在于形成合作的制度机制。在现有的条件下，除了国家秘密或隐私性事项外，所有政社共同承担或共同参与的社会领域事项，从启动到结束均需要形成全过程公开制度。在社会权力参与政府决策的过程中，建立并完善诉求公开、焦点问题公开、参与内容和形式公开的机制，尤其在社会普遍关心的重大事项决策中，必须建立社会权力代表提出的主要意见的处理公开机制，是否采纳、采纳何种意见建议、未采纳核心诉求的原因等是核心内容。否则依然避免不了政府权力的任性选择和社会权力的形式参与。由此，社会权力具有了运行的法律主体属性，具备了自主开展行动的制度保障，也形成了常态化合作的制度化机制，为激发其在地方社会法治中的主体动力提供了法律和制度保证。

（二）互惠性权力共同体的集体合作法治实践

合作型地方法治超越竞争型或承包型法治的重要指向在于，其属于平等合作关系的法治，摆脱了主体中心主义的范式。这种法治类型将地方政府及其官员从竞争思维中解放出来，推崇多元关系力量的平等合作，在多元主体、多个动力、多样资源、丰厚社会资本、多样社会规范等要素的支撑下，将社会权力视作法治主体力量与政府权力形成信任力量，促成地方法治走向开放和合作。显然，合作型地方法治的内在意蕴是合作，而合作生成的力量来自法治领域多元主体"通过一起工作而非独立行事来增加价值"[1]。从人类命运共同体的角度来看，似乎这是全球化合作的表达，实际上也是信息化等现代化进程中关于人的发展问题的重要分析视角。法治领域同样需要通过共同体的信任合作才能达成集体行动，方可达到法治目标，方能抵御未来侵袭和高风险社会的挑战。回首人类发展史，法治之所以成为治理的核心方式，是因为法律本身便是人与自然、人与社会合作的杰作。无论是传统的社会契约、立宪和共和，还是当代的权利或全面发展等，均将法律视作人类不同主体关系的联合，目的也是通过确定的规则保证社会秩序内在合作关系的集体行动稳定和有效。因此，从法哲学的角度而言，社会合作是法律产生、发展和实施的重要前提。法治更为强调国家和社会合作、法律和治理合作、事实与价

---

[1] Eugene Bardach, *Getting Agencies to Work Together: The Pracice and Theory of Managrial Craftsmanship*, Chatham House Publishers, 1998, p. 6.

值合作等，寻求法之于社会的平衡与和谐。因此，社会权力运行中与多元权力之间的合作成为首要条件，用合作缓解政府与社会之间、社会主体与公权力主体之间的紧张关系，并形成合作的集体行动路径，共同指向多元权力关系的和解与法治有效性的生成。

合作型地方法治中多元权力的集体行动路径，规避了竞争型法治等模式的单权力的命令控制路径，在地方法治内部构筑了平衡的权力结构、治理关系和社会秩序。在法治实践中，社会权力主体开展集体行动并非只要具备信任条件便可以实现集体目标，而是需要更多的基础性要素和动态的机制予以支撑。根据合作型地方法治的主要目标，结合治理的特点，笔者认为社会权力产生运行实效的集体行动需要在以下几个方面开展合作。

第一，多元主体具备主体性资格，发育成熟并具备合作治理的能力。这是开展地方法治集体行动的主体要件，也是基础性要素。无论是地方政府权力还是社会权力的主体，成为合作相关方并且发挥主体功能的关键在于身份属性的调整、法律地位的确立和合作治理能力的匹配。政府部门和官员需要调整传统"命令—服从"模式下的主导性地位，以平等人格处理各种行政事务，将社会权力主体视作公私合作伙伴关系。在治理实践中，主动下沉基础领域，向社会组织学习基层治理的经验，在合作中提升治理的素养和能力。在现有社会权力发育并不完善的情况下，在法律规范层面赋予社会组织的主体地位，确保社会组织的合作主体属性。以社会组织为主要提升关键，培育社会组织规范发展的土壤，壮大社会组织的组织体系和组织力量，提高社会组织的法律地位和社会地位，增强其在合作中的发言权和合作能力，提高社会公信力和抵御风险的能力。在多元主体的培育中，强化平等关系的塑造，促成社会主体在社会公共事务领域和自治领域具有自主性、独立性和能动性，便于形成互惠性平等合作关系。

第二，多元主体具备强大的社会资本和互惠的信息共享机制。这是社会权力发挥法治作用的资源性要件，也是前提性要素。集体行动的前提是合作，合作的前提是信任。如果在地方法治领域缺乏主体间信任和社会成员普遍信任，那么，将难以想象充满猜疑、互斥等元素的社会将是如何抗拒确定性法律的治理。因此，通过公开、透明、有效的对话、协商和互动在社会领域产生广泛普遍的社会信用是较为关键的行动要点。

在陌生人关系下，通过透明的信用机制构筑信任机制从而为社会资本形成提供条件。社会规范则是联结信任与行动的关键性要素。各具特色的地方立法以及"民间法"为地方社会秩序生成提供确定性的指引和规范，便于多元主体和社会成员之间基于法律和规范的合作，从而在制度的架构中开展集体行动。除了物质资源、精神资源、人力资源和社会资源外，信息时代的数字和技术鸿沟促使多元权力之间的关系失衡。因此，编织合作互动的立体网络，需要数据信息在多元主体之间共享。依据数字信息合作开展信息合作治理，是时代的重要路向。

第三，多元主体基于信任联合形成项目化的虚拟合作共同体。这是社会权力发挥作用的重要形式，也是组织化要素。地方法治领域纷繁复杂，各种社会事务关乎每个百姓的实际利益，"化繁为简"的方式满足了一般性主体的主要权利要求，却忽略了特殊主体以及特殊权利的正当性。在繁杂中开展复杂治理，是地方法治必须解决的难题。笔者之前提出的项目绩效的方式，实际上就是基于地方社会治理事务或问题本身形成多元的治理项目。在繁杂的治理项目中，每个权力主体均围绕问题导向的目标集合成项目的共同体，在目标任务完成并经过评估后便自行解散。这种项目化主体合作，实际上是通过项目任务将多元主体集合在一个因目标任务而生成的联合体中，形成了虚拟的合作共同体。由共同体合作完成治理任务，确立社会秩序，达成法治的内在融合。

第四，多元主体形成项目化的权力运行绩效评价及反馈机制。这是社会权力运行的主要方式，也是机制性要素。社会权力与政府权力之间集合而成的共同体行使权力的主要方式是项目化。社会权力试图全面进入所有领域显然是不合理的，只能在部分的社会领域占有一定的位置。因此，根据地方法治目标和治理事务的客观实际，形成治理项目是多元主体法治合作的主要载体。考察社会权力运行以及作用渠道的重要方面，便是观察这些项目是否真实存在，并且是否因为合作治理而产生绩效。在社会权力运行过程中，在地方法治领域发挥法治功能并不是通过主观判断而定的，而是结合地方法治评价机制，通过社会力量对社会权力在社会项目中的集体行为以及事实效果而定的。实时地开展评估信息反馈，从而确保在治理进程中路向正确、方式方法得当，效果得以彰显。

第五，多元主体之间的权力、权利等在治理中的动态回应。这是社会权力开展集体行动的作用机制，也是实效性要素。社会权力开展集体行动与单独实施最大的差异在于主体之间需要相互呼应。在动态复杂的社会，随时产生社会治理的问题和难题，随时发生社会主体的权利要求，随时具有突发的紧张关系和社会风险。合作型地方法治正是应对这种动态性、复杂性和不可预知性而生长的地方法治模式。在这种模式下，多元主体如果依然作为独立主体显然具有不可弥合的权力效应割裂。因此，虚拟共同体的任何主体，需要在解决社会问题的过程中，及时通过信息传递在彼此之间架构行动的纽带和桥梁，分享过程性数据和合作成效，便于在动态的社会中随时做出调整。

综上，合作型地方法治的运行机制或作用机制，是多元主体基于信任等社会资本，根据复杂社会要求而形成的项目化虚拟共同体，在合作中应对和解决社会问题和矛盾的一种动态集体行动机制。整个机制运行需要具有社会主体、虚拟组织、社会资本、合作方式和运行模式等多元要素，其逻辑结构具有复杂性、动态性和法治性的特点，主要目标是适应时代变革的需求和实现地方法治，如图6-3所示。

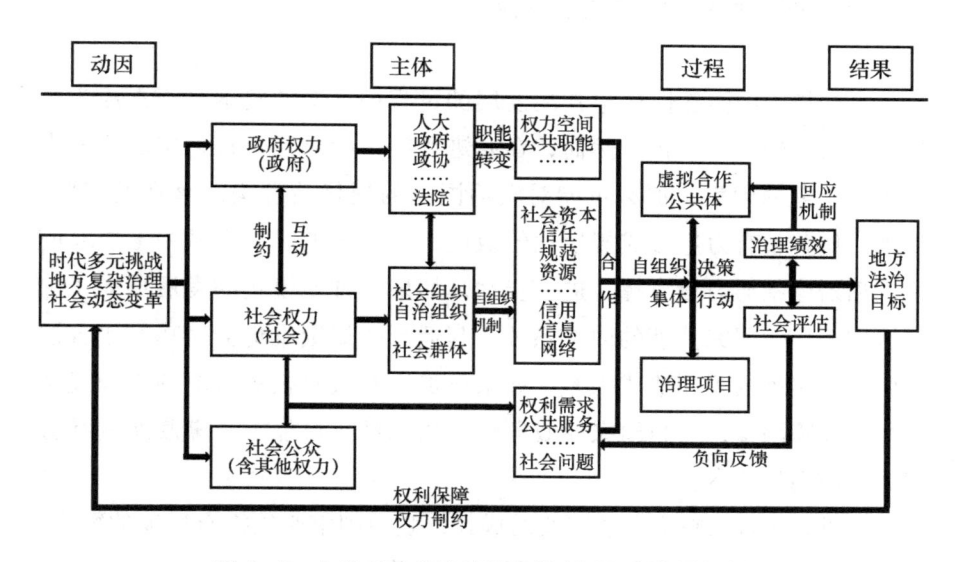

图6-3 合作型地方法治社会权力运行和作用机制

余论　对社会权力的法治制约

社会权力的广泛兴起，有助于在内在上形成权力的多元性和多样性，在外在上更有助于促进公民权利的饱满与公权力的规范制约。改革与发展的基本内容之一是将本应属于社会自治的功能、社会的权力，从国家权力中解放出来。从高度的政府集权到社会权力的扩大、社会自治，也是推进体制改革的基本方向。需要注意的问题是，方兴正艾的社会权力同样存在一些令人忧虑的地方，在学理和实践中引起了充分的关注。因此，需要对之予以适度的限制，促使其在社会多元发展的历程中规范运行。

一　对社会权力保持政治警惕

社会权力的弥散性注定其在发展的过程中，诸如资本等要素成为主体获得权力的重要支撑。然而，在此进程中，如果社会权力构成要素中融入非正常的因素，那么可能对政治国家的现代治理构成潜在的威胁。例如，倘若私有力量形成规模化的效应，在部分地区和领域中形成支配性的话语体系与力量支撑，进一步地，如果这种规模化的发展形成了一个区别于现代国家治理的内在系统，其运行的规则难免会对奠基于合法性的政治实体的规则造成抵触。如果再加上基层政权的薄弱性以及复杂的规则保障因素，作为国家权威象征的法律都有可能在日渐膨胀的社会权力面前消失殆尽。

可见，对社会权力肆意野蛮的成长，政治国家必须抱有适度的警惕。在政治学中，政治警惕性通常等同于革命警惕性，其来源于客观存在的革命力量与反动力量的尖锐对立与斗争。例如，意识形态领域内的控制，无论在任何时候，都是各方矛盾力量力求控制的重要领域。监视破坏力量对政治伦理观念和道德观念、法律治理的破坏，历来是政治警惕性的重要内容。

基于政治警惕的立场，在对社会权力进行限制时，可以从以下几个方面入手。

第一，社会组织的规范化管理。作为良性的社会发展产物，社会组织在社会运行和良善治理中具有不可忽略的功能。然而，物极必反，倘若社会组织的运行呈现脱缰式的失控状态，则不仅无助于善治目标的达成，也会损害整体社会系统的功能。因此，社会组织的规范化管理是政治警惕中的关键性环节。具体而言，社会组织的规范化管理，指对社会组织的进入机制、运行机制和退出机制均应当有较为系统的法律规范，使之能够在法治化的轨道上良性运行。社会组织的进入机制，要求对社会组织的人员、规模、规章、目的、活动范围等都应当在法治的框架下考量。其中最为关键的是，对社会组织的"能与不能"应当有明确的范围界定。当然，这不是说无论社会组织的大事小事，都要由法律规定。本书认为，对此应当采取二元的立场。一方面，对一些底线性的刚性的条件应当由法律规定，如成立组织的人数的下限、类型、范围等事项，应当在相关的组织管理法律法规中予以明确。另一方面，对柔性的事项，如组织的人员评聘、组织的内部事项，可以通过社会组织的章程予以明确。由此，既避免了国家过度干预影响社会组织的自治，也可以有效避免社会组织的失序发展。同时，关键性警惕在于过程管理，只有在过程中才能掌握地方社会组织的动向，方能及时应对。

第二，强化对社会权力主体的有序参与。在转型社会中，公民参与社会管理经常会表现出无序的状态。造成这种结果的原因是多方面的，既有长期公民意识的缺乏，又有公民参与社会管理能力相对不足等客观原因。社会组织的社会权力行使，归根结底是公民参与社会管理能力的体现。强化公民规范有序参与社会管理的意义在于，促进法治系统内部的各要素的协调互动。按照当前学理的研究，法治国家、法治政府、法治社会三位一体构成法治的基本骨架。但是，基于不同立场，三者之间有可能在一些具体问题上产生冲突。为此，需要有效地协调三者的关系，最根本的举措在于提高社会权力主体社会管理的参与水平，提高参与能力和法治觉悟。社会组织有序参与社会管理中的重要内容是明确公民在社会中的角色，只有明确角色，才可能进一步在法律规范层面明确其权利和义务，避免角色缺位与错位。此外，需要在参与机制上建构较为畅通的机制。在信息社会中，信息是重要的根据，倘若各方面信息无法得到及时的交流，信息流通受阻、公民表达意见渠道逼仄等问题都会影响决策的科学性与精准性。畅通机制的建构应当是双向的，即一方面政府应当将与特定主体相关的事项积极公开或依相对人申请公开，形成较为完整的信息公开制度；另一方面，社会权力主体也应当在出现重大信息变化甚至突发事件时及时呈报有关机关，从而形成社会权力与政府权力共治的格局。

第三，关注新型社会权力的生成机制。与传统的政治权力不同，社会权力的形成与科技的发展有着更为密切的关系。传统的政治权力需要依托实体性的政治机构，然而，社会权力可能并不需要实体的支撑。信息网络的发展，使得单层社会变成双层社会，即影响个体决策与社会发展的不只是传统的实体性组织，网络空间中的社会权力形成是当下一种更为复杂的社会图景。从内容上看，在自媒体时代，网络舆论海量信息，加大了社会治理的难度。网络舆论的瞬时形成，使得应对传统危机的方式和措施捉襟见肘。网络空间中的社会权力可能随时影响着地方社会问题的走向。中国拥有全世界最多网民，必须关注这种新型社会权力。笔者认为，对待网络社会权力的形成，基本的原则是寻求言论自由与社会保护的双向平衡。既不能为了维持秩序稳定甚至地方性利益而克减公民个体的言论自由，也不能对嘈杂的舆论声音放任不管。在具体策略上，需要遵循比例原则，即防控网络权力对政治生活的不利影响，应当以制止必要性为标准。此外，对舆论的类型也应当及时识别，对批评但无害的言论需要慎重处理，不宜一概地将批评质疑之声作为有害信息处理。

二　防止社会权力的溃散

如前文所述，社会权力的良性运行是现代民主国家发展中的一剂良药。但是，辩证地看，作为一种权力类型，社会权力也无法摆脱权力本身固有的一些缺陷，其中最为突出的是权力溃散。权力溃散极端的类型便是权力腐败。为此，在社会权力的限制路径中，需要防范其权力溃散问题。倘若对社会权力溃散的类型予以区分，笔者认为，可以包括权力瘫痪、权力扭曲和权力腐败。

权力瘫痪，指社会组织结构徒具形式，没有实际性开展与职责相关活动的情形。由于我国市民社会发展的程度并不充分，社会组织在形成的过程中，多半是基于利益关系而由不同的群体结合而成的。但是，在社会组织运行中，由于管理者的决策管理水平受限，社会组织成立后，可能长期无法从事工作，或者在运行中偏离了当初设立的目的，所谓的自治体成为一个空壳。此类现象在现实生活中并不少见，如有些地方的行业协会既没有经费也没有场所，人员寥寥无几，更遑论开展工作。有些社区的管理职能也在不断地退化，城市领域中小区的管理由于引入物业管理，社区与物业机构之间的关系一直没有得到很好的厘定。当出现纠纷时，会发现社会的缺位与物业的错位等各种影响每个个体的问题始终没有得到合理的解决。对于这种权力瘫痪的治理，笔者认为，应当根据不同的类型分而治之。第一，对存在意义不大的社会组织，可以适时地退出市场。第二，对由于职责权限不清晰的社会组织，应当责令整改，明确其职责和目的。第三，对诸如社区等无法退出的组织，应当激活社区的力量，强化人员的职责意识，建构地方政府对社区工作的绩效考核，调动其积极性。第四，对物业等相关组织管理不善的社会权力组织，交由法律关系主体自行处理。例如，通过业主委员会对其考评，决定物业的去留。同时，国家也应当建立鼓励提高业务委员会自主能力的相关规定。

权力扭曲，指由于权力因素分配导致社会权力内部力量的失衡。在现代社会，影响权力的因素已经发生了深刻的变化。身份、资本、知识、技术、权威等各种代表个体从事管理能力的要素被不断地释放。因此，在社会组织内部难免会出现部分资源优势者过度支配他人，导致组织体甚至沦为部分人的代言工具。对此，应当明确不同生产要素在组织管理中的权限比重，在管理层中，需要引入多元化背景的人员，从而避免话语霸权的局面。例如，在协会管理中，管理决策人员不能只考虑公民个体的资本力量，还需要考虑前文所述的其他要素，多元化因素的引入，有助于平衡各方力量，也有利于在决策中遵循民主集中制的原则，最大限度地发挥各方主体的能动性。此外，社会组织的决策机构也应当受到全部成员的制约，如建立信息公开制度、决策机构报告制度、接受质询、决策领导者的选举等相应的具体举措。

社会权力腐败是权力溃散中最极端的情况。过去人们通常认为，权力腐败是地方政府机关运行中的现象，但随着社会组织的发展，会发现权力腐败的范围已经在社会权力运行中产生。之所以在社会组织中也会出现权力腐败，根本原因在于社会权力也是一种权力，意味着可以支配和影响他人。既然如此，社会权力就无法逃避权力腐败的魔咒。权力越集中，越缺乏监督，腐败的可能性就越大。在我国社会生活中，代表性的社会权力腐败当属商业贿赂。商业贿赂的领域已经从早期的医疗机构扩展到几乎所有的商业性领域。为了谋取不正当利益，在商业往来中谋取竞争优势或回扣等现象屡禁不止。在制度层面，我国已经在《刑法》《反不正当竞争法》和《关于禁止商业贿赂行为的暂行规定》等法律法规中做了基本的构建。除此之外，我国反商业贿赂的规定还散见于诸多专门领域的法律及政策文件之中，如涉及医药、保险、商标、建筑工程、招标投标、对外贸易、商业银行和政府采购等规范性文件中均有不同程度的规定。

治理社会权力腐败的方式是系统性的工程，但归纳起来不外乎两种情形。一是强化社会组织内部的监督。以行业协会为例，落实理事会的责任，强化监事会的具体职责和保障措施，是内部治理中的核心内容。二是强化对社会组织外部的监督。包括政府建构较为完备的法律框架和体系，政府对社会组织的年检制度等。值得注意的是，在治理社会权力腐败的过程中，还应当具有国际视野，加强国际合作。商业贿赂等社会权力的腐败已经不局限于一国，成为全世界性的话题。在全球化背景下，资本的跨国流动，导致商业贿赂成为重点治理的内容，为此，联合国于2003年通过《世界反腐败公约》，其中对社会组织体的腐败做了较为系统的规定，开拓性地指出私营部门内的贿赂，拓展了贿赂的范围。该公约的第 21 条的规定："各缔约国均应当考虑采取必要的立法和其他措施，将经济、金融或者商业活动过程中下列故意实施的行为规定为犯罪：（一）直接或间接向以任何身份领导私营部门实体或者为该实体工作的任何人许诺给予、提议给予或者实际给予该人本人或者他人不正当好处，以使该人违背职责作为或者不作为；（二）以任何身份领导私营部门实体或者为该实体工作的任何人为其本人或他人直接或间接索取或者收受不正当好处，以作为其违背职责作为或者不作为的条件。"在我国已经加入公约后，需要实时地将公约内容转化为国内法，充实我国社会组织腐败的法律治理，规范社会权力的良性运行。

参考文献

一　中文专著

《马克思恩格斯全集》第1卷，人民出版社1956年版。
《马克思恩格斯全集》第3卷，人民出版社1960年版。
《马克思恩格斯全集》第26卷，人民出版社2014年版。
《马克思恩格斯文集》第1卷，人民出版社2009年版。
《马克思恩格斯选集》第1卷，人民出版社1995年版。
《马克思恩格斯选集》第2卷，人民出版社1972年版。
《马克思恩格斯选集》第4卷，人民出版社1972年版。
《陈云文选》第3卷，人民出版社1995年版。
《邓小平文选》第2卷，人民出版社1994年版。
《邓小平文选》第3卷，人民出版社1994年版。
《江泽民文选》第2卷，人民出版社2006年版。
包亚明主编：《布尔迪厄访谈录——文化资本与社会炼金术》，包亚明译，上海人民出版社1997年版。
柴振国等：《地方法治建设的探索与创新》，中国检察出版社2017年版。
陈卫东主编：《公民参与司法研究》，中国法制出版社2011年版。
邓正来：《市民社会理论的研究》，中国政法大学出版社2002年版。
邓正来：《谁之全球化？何种法哲学？》，商务印书馆2009年版。
法治广东研究中心：《广东法治史》，法律出版社2017年版。
方益权等：《温州模式与温州区域法治文明研究》，法律出版社2013年版。
费孝通：《乡土中国　生育制度》，北京大学出版社1998年版。

葛洪义：《我国地方法制建设理论与实践研究》，经济科学出版社 2013 年版。

葛洪义主编：《中国地方法制发展报告（2013）》，法律出版社 2014 年版。

葛洪义主编：《中国地方法制发展报告（2014）》，法律出版社 2015 年版。

公丕祥：《法制现代化的理论逻辑》，中国政法大学出版社 1999 年版。

公丕祥：《法制现代化的挑战》，武汉大学出版社 2006 年版。

公丕祥：《中国的法制现代化》，中国政法大学出版社 2004 年版。

郭道晖：《社会权力与公民社会》，译林出版社 2009 年版。

何勤华等：《法治的追求——理念、路径和模式的比较》，北京大学出版社 2005 年版。

何显明：《市场化进程中的地方政府行为逻辑》，人民出版社 2008 年版。

何显明：《治理民主：中国民主成长的可能方式》，中国社会科学出版社 2014 年版。

何永红：《地方治理创新与法治发展的浙江经验》，浙江工商大学出版社 2016 年版。

胡水君：《法律与社会权力》，中国政法大学出版社 2011 年版。

黄晓勇主编：《中国社会组织报告（2019）》，社会科学文献出版社 2019 年版。

姜彦君等：《历史性突破：浙江法治建设的价值探索》，浙江大学出版社 2008 年版。

蒋玉：《社会组织道德行为的生成逻辑》，中国社会科学出版社 2016 年版。

康晓光：《权力的转移——转型时期中国权力格局的变迁》，浙江人民出版社 1999 年版。

黎珍：《正义与和谐——政治哲学视野中的社会资本》，人民出版社 2008 年版。

李惠斌、杨雪冬主编：《社会资本与社会发展》，社会科学文献出版社 2000 年版。

李林、田禾主编：《中国地方法治发展报告（2014）》，社会科学文献出版社 2015 年版。

李林、田禾主编：《中国地方法治发展报告（2018）》，社会科学文献出版社2019年版。

李林、田禾主编：《中国法治发展报告（2014）》，社会科学文献出版社2014年版。

李林、田禾主编：《中国法治发展报告（2015）》，社会科学文献出版社2015年版。

梁治平主编：《法律的文化解释》，生活·读书·新知三联书店1994年版。

刘恒等：《走向法治——广东法制建设30年》，广东人民出版社2008年版。

柳亦博：《合作治理：构想复杂性背景下的社会治理模式》，中国社会科学出版社2018年版。

卢福营：《能人政治：私营企业主治村现象研究》，中国社会科学出版社2010年版。

卢福营、应小丽：《村民自治发展中的地方创新：基于浙江经验的分析》，中国社会科学出版社2012年版。

罗豪才：《软法与公共治理》，北京大学出版社2006年版。

马长山：《法治的社会根基》，中国社会科学出版社2003年版。

马长山：《法治进程中的"民间治理"——民间社会组织与法治秩序关系的研究》，法律出版社2006年版。

马长山：《公共领域兴起与法治变革》，人民出版社2016年版。

马长山：《国家、市民社会与法治》，商务印书馆2002年版。

庞正：《法治的社会之维——社会组织的法治功能研究》，法律出版社2015年版。

钱弘道：《中国法治指数报告（2007—2011年）：余杭的实验》，中国社会科学出版社2012年版。

荣敬本等：《从压力型体制到民主合作体制的转变》，中央编译出版社1998年版。

深圳统计局：《深圳统计年鉴（2019）》，中国统计出版社2019年版。

石佑启：《广东全面推进依法治省40年》，中山大学出版社2018年版。

宋月红、方伟:《城市立法与公民参与》,中国社会出版社2010年版。

苏力:《法治及其本土资源》,北京大学出版社2015年版。

苏力:《制度是如何生成的》,北京大学出版社2007年版。

孙文恺:《社会学法学》,法律出版社2005年版。

孙笑侠:《先行法治化——"法治浙江"三十年回顾与未来展望》,浙江大学出版社2009年版。

唐文玉:《社会组织公共性与政府角色》,社会科学文献出版社2017年版。

唐宗基:《中国政府与社会组织关系研究——基于"国家与社会关系"的视角》,人民出版社2017年版。

田禾主编:《广东经验:法治促进改革开放》,社会科学文献出版社2012年版。

田禾等:《中国地方法治实践(2005—2016)》,社会科学文献出版社2018年版。

王宝治:《当代中国社会权力问题研究》,中国社会科学出版社2014年版。

王名:《社会组织论纲》,社会科学文献出版社2013年版。

吴东民、董西明主编:《非营利组织管理》,中国人民大学出版社2003年版。

夏建中等:《社区社会组织发展模式研究:中国与全球经验分析》,中国社会出版社2011年版。

夏锦文:《区域法治发展的文化机理》,法律出版社2015年版。

夏锦文:《社会变迁与法律发展》,南京师范大学出版社1997年版。

夏锦文:《司法现代化》,法律出版社2016年版。

夏勇等主编:《法治与21世纪》,社会科学文献出版社2004年版。

夏勇主编:《走向权利的时代》,中国政法大学出版社2000年版。

萧新煌:《变迁中台湾社会的中产阶级》,(台北)巨流图书公司1989年版。

谢晖:《民间法的视野》,法律出版社2016年版。

谢新水:《从公共对话到合作治理——基于对话思想遗产的研究》,人民出版社 2019 年版。
杨海坤、章志远：《中国特色政府法治论研究》，法律出版社 2009 年版。
杨红伟：《清朝循化厅藏族聚居区之权力机制》，高等教育出版社 2015 年版。
杨临宏主编：《云南法治建设报告（2009—2010）》，云南大学出版社 2010 年版。
杨雪冬：《市场发育、社会成长和公共权力构建——以县为微观分析单位》，河南人民出版社 2002 年版。
姚建宗：《法治的生态环境》，山东人民出版社 2003 年版。
叶青等主编：《上海法治发展报告（2015）》，社会科学文献出版社 2015 年版。
尹冬华：《从管理到治理——中国地方治理现状》，中央编译出版社 2006 年版。
张康之：《合作的社会及其治理》，上海人民出版社 2014 年版。
张康之：《行政伦理的观念与视野》，中国人民大学出版社 2008 年版。
张良：《我国社会组织转型发展的地方经验——上海的实证研究》，中国人事出版社 2014 年版。
张清、武艳：《社会组织的软法治理研究》，法律出版社 2015 年版。
张文显：《法哲学范畴研究》，中国政法大学出版社 2001 年版。

二　外文译著

［美］R. 科斯等：《财产权利与制度变迁——产权学派与新制度学派译文集》，刘守英等译，上海人民出版社 1994 年版。
［美］阿尔温·托夫勒：《第三次浪潮》，朱志焱等译，新华出版社 1996 年版。
［美］埃尔曼：《比较法律文化》，高鸿钧等译，清华大学出版社 2002 年版。
［法］埃米尔·迪尔凯姆：《自杀论》，冯韵文译，商务印书馆 1996 年版。
［法］埃米尔·涂尔干：《社会分工论》，渠东译，生活·读书·新知三联

书店 2000 年版。

［英］安东尼·吉登斯：《超越左与右——激进政治的未来》，李惠斌等译，社会科学文献出版社 2003 年版。

［英］安东尼·吉登斯：《第三条道路：社会民主主义的复兴》，郑戈译，北京大学出版社 2000 年版。

［英］安东尼·吉登斯：《民族—国家与暴力》，胡宗泽等译，生活·读书·新知三联书店 1998 年版。

［英］安东尼·吉登斯：《现代性的后果》，田禾译，译林出版社 2011 年版。

［英］安东尼·吉登斯：《现代性与自我认同》，赵旭东、方文译，生活·读书·新知三联书店 1998 年版。

［美］昂格尔：《现代社会中的法律》，吴玉章、周汉华译，中国政法大学出版社 1994 年版。

［法］奥古斯特·孔德：《论实证精神》，黄建华译，商务印书馆 2011 年版。

［美］保罗·迪马久、沃尔特·鲍威尔：《铁的牢笼新探讨：组织领域的制度趋同性和集体理性》，张永宏主编，载《组织社会学的新制度主义学派》，上海人民出版社 2007 年版。

［美］彼得·德鲁克：《社会的管理》，徐大建译，上海财经大学出版社 2003 年版。

［英］伯特兰·罗素：《权力论——新社会分析》，吴友三译，商务印书馆 2012 年版。

［美］戴维·茨普诺：《社会学》下，刘云德、王戈译，辽宁人民出版社 1998 年版。

［英］戴维·赫尔德：《民主的模式》，燕继荣等译，中央编译出版社 1998 年版。

［英］戴维·赫尔德：《民主的模式》，燕继荣等译，中央编译出版社 2008 年版。

［美］丹尼尔·贝尔：《后工业社会的来临》，高铦等译，商务印书馆 1984 年版。

［美］丹尼斯·朗：《权力论》，陆震纶等译，中国社会科学出版社 2001 年版。

［英］弗里德里希·冯·哈耶克：《自由秩序原理》，邓正来译，生活·读书·新知三联书店 1997 年版。

［美］劳伦斯·M. 弗里德曼：《法律制度》，李琼英等译，中国政法大学出版社 1994 年版。

［美］B. 盖伊·彼得斯：《政府未来的治理模式》，吴爱明等译，中国人民大学出版社 2001 年版。

［德］哈贝马斯：《公共领域的结构转型》，曹卫东等译，学林出版社 1999 年版。

［德］哈贝马斯：《合法化危机》，刘北成、曹卫东译，上海人民出版社 2000 年版。

［德］哈贝马斯：《在事实与规范之间——关于法律和民主法治国的商谈理论》，童世骏译，生活·读书·新知三联书店 2003 年版。

［英］哈耶克：《通往奴役之路》王明毅译，中国社会科学出版社 1997 年版。

［美］汉娜·阿伦特：《人的境况》，王寅丽译，上海人民出版社 2009 年版。

［美］汉娜·阿伦特：《人的条件》，竺乾威等译，上海人民出版社 1999 年版。

［德］黑格尔：《法哲学原理》，范扬、张企泰译，商务印书馆 1961 年版。

［英］霍布斯：《利维坦》，黎思复等译，商务印书馆 1985 年版。

［英］罗杰·科特威尔：《法律社会学导论》，潘大松等译，华夏出版社 1989 年版。

［德］柯武刚、史漫飞：《制度经济学》，韩朝华译，商务印书馆 2000 年版。

［美］罗伯特·C. 埃里克森：《无需法律的秩序——邻人如何解决纠纷》，苏力译，中国政法大学出版社 2003 年版。

［美］罗伯特·D. 帕特南：《使民主运转起来——现代意大利的公民传统》，王列、赖海榕译，江西人民出版社 2001 年版。

〔美〕罗伯特·阿克塞尔罗德：《合作的进化》，吴坚忠译，上海人民出版社 2017 年版。

〔德〕罗伯特·阿列克西：《法、理性、商谈：法哲学研究》，朱光、雷磊译，中国法制出版社 2011 年版。

〔美〕罗伯特·达尔：《民主理论的前言》，顾昕等译，生活·读书·新知三联书店 1999 年版。

〔美〕马克尔·D. 贝勒斯：《法律的原则——一个规范的分析》，张文显等译，中国大百科全书出版社 1996 年版。

〔美〕马克·E. 沃伦：《民主与信任》，吴辉译，华夏出版社 2004 年版。

〔德〕拉德布鲁赫：《法学导论》，米健等译，中国大百科全书出版社 1997 年版。

〔美〕林南：《社会资本——关于社会结构与行动的理论》，张磊译，上海人民出版社 2005 年版。

〔法〕卢梭：《社会契约论》，何兆武译，商务印书馆 1982 年版。

〔英〕洛克：《政府论》下篇，叶启芳等译，商务印书馆 1964 年版。

〔英〕迈克尔·博兰尼：《自由的逻辑》，冯银江、李雪茹译，吉林人民出版社 2002 年版。

〔美〕迈克尔·麦金尼斯：《多中心体制与地方公共经济》，毛寿龙译，上海三联书店 2000 年版。

〔英〕迈克尔·曼：《社会权力的来源（第一卷）——从开端到 1760 年的权力史》，刘北成、李少军译，上海人民出版社 2015 年版。

〔英〕迈克尔·曼：《社会权力的来源（第四卷）——全球化（1945—2011）》下，郭忠华等译，上海人民出版社 2015 年版。

〔美〕曼纽尔·卡斯特：《网络社会的崛起》，夏铸九等译，社会科学文献出版社 2006 年版。

〔英〕梅因：《古代法》，沈景一译，商务印书馆 1959 年版。

〔法〕孟德斯鸠：《论法的精神》上册，张雁深译，商务印书馆 1997 年版。

〔德〕米歇尔·鲍曼：《道德的市场》，肖君等译，中国社会科学出版社 2003 年版。

[法] 米歇尔·福柯：《必须保卫社会》，钱翰译，上海人民出版社 1999 年版。

[法] 米歇尔·福柯：《性经验史》，余碧平译，上海人民出版社 2005 年版。

[法] 米歇尔·克罗齐耶：《法令不能改变社会》，张月译，格致出版社 2007 年版。

[美] 南茜·弗雷泽：《正义的尺度——全球化世界中政治空间的再认识》，欧阳英译，上海人民出版社 2009 年版。

[德] 尼克拉斯·卢曼：《信任：一个社会复杂性的简化机制》，翟铁鹏等译，上海人民出版社 2005 年版。

[美] 诺内特、塞尔兹尼克：《转变中的法律与社会：迈向回应型法》，张志铭译，中国政法大学出版社 1994 年版。

[美] 罗伯特·D. 帕特南：《使民主运转起来》，王列、赖海榕译，江西人民出版社 2001 年版。

[瑞士] 皮埃尔·德·塞纳克伦斯：《治理与国际调节机制的危机》，冯炳昆译，载俞可平主编《治理与善治》，社会科学文献出版社 2000 年版。

[英] 齐尔格特·鲍曼：《通过社会学去思考》，高华等译，社会科学文献出版社 2002 年版。

[美] 乔纳森·弗里德曼：《文化认同与全球性过程》，郭建如译，商务印书馆 2003 年版。

[美] 乔治·弗雷德里克森：《公共行政的精神》，张成福等译，中国人民大学出版社 2003 年版。

[美] 乔治·索罗斯：《开放社会：改革全球资本主义》，王宇译，商务印书馆 2011 年版。

[美] 塞缪尔·P. 亨廷顿：《变化社会中的政治秩序》，王冠华等译，生活·读书·新知三联书店 1996 年版。

[美] 塞缪尔·亨廷顿：《第三波——20 世纪后期民主化浪潮》，上海三联书店 1998 年版。

[美] 塞缪尔·P. 亨廷顿、琼·纳尔逊：《难以抉择——发展中国家的政治参与》，汪晓寿等译，华夏出版社 1989 年版。

［澳］史蒂夫·萨马蒂诺：《碎片化时代：重新定义互联网+商业新常态》，念昕译，中国人民大学出版社2015年版。

［美］史蒂文·卢克斯：《权力：一种激进的观点》，彭斌译，江苏人民出版社2008年版。

［荷］斯宾诺莎：《伦理学》，贺麟译，商务印书馆1997年版。

［英］斯托克：《转变中的地方治理》，常晶等译，吉林出版集团股份有限公司2015年版。

［瑞典］汤姆·R. 伯恩斯：《经济与社会变迁的结构化》，周长城等译，社会科学文献出版社2010年版。

［法］托克维尔：《论美国的民主》下，董果良译，商务印书馆1988年版。

［英］维克托·迈尔-舍恩伯格、肯尼思·库克耶：《大数据时代：生活、工作与思维的大变革》，盛杨燕、周涛译，浙江人民出版社2013年版。

［美］文森特·奥斯特罗姆：《工艺与人工制品》，蒋刚苗译，载迈克尔·麦金尼斯：《多中心治道与发展》，生活·读书·新知三联书店2000年版。

［德］乌尔里希·贝克：《风险社会》，吴英资、孙淑敏译，南京大学出版社2004年版。

［德］乌尔里希·贝克等：《自反性现代化》，赵文书译，商务印书馆2001年版。

［美］西摩·马丁·李普塞特：《政治人：政治的社会基础》，张绍宗译，上海人民出版社1997年版。

［古罗马］西塞罗：《国家篇　法律篇》，沈叔平、苏力译，商务印书馆1999年版。

［古罗马］西塞罗：《西塞罗三论》，徐奕春译，商务印书馆1998年版。

［古希腊］亚里士多德：《政治学》，吴寿彭译，商务印书馆1965年版。

［美］亚历克斯·英克尔斯：《人的现代化——心理·思想·态度·行为》，殷陆君编译，四川人民出版社1985年版。

［日］樱井哲夫：《福柯——知识与权力》，姜忠莲译，河北教育出版社2001年版。

［以色列］尤瓦尔·赫拉利：《未来简史》，林俊宏译，中信出版社 2017 年版。

［美］约翰·罗尔斯：《正义论》，何怀宏等译，中国社会科学出版社 1988 年版。

［英］约瑟夫·拉兹：《自由的道德》，孙晓春等译，吉林人民出版社 2006 年版。

［英］詹姆士·哈林顿：《大洋国》，何新译，商务印书馆 1996 年版。

［美］詹姆斯·S. 科尔曼：《社会理论的基础》上，邓方译，社会科学文献出版社 1999 年版。

［美］珍妮特·V. 登哈特、罗伯特·B. 登哈特：《新公共服务：服务，而不是掌舵》，丁煌译，中国人民大学出版社 2004 年版。

［美］朱莉·费希尔：《NGO 与第三世界的政治发展》，邓国胜等译，社会科学文献出版社 2002 年版。

［日］佐佐木毅、［韩］金泰昌主编：《社会科学中的公私问题》，刘荣等译，人民出版社 2009 年版。

三 中文期刊

鲍绍坤：《社会组织及其法制化研究》，《中国法学》2017 年第 1 期。

蔡长昆：《合作治理研究述评》，《公共管理与政策评论》2017 年第 1 期。

马长山：《法治中国建设的"共建共享"路径与策略》，《中国法学》2016 年第 6 期。

马长山：《"法治中国"建设的转向与策略》，《环球法律评论》2014 年第 1 期。

马长山：《智慧社会的基层网格治理法治化》，《清华法学》2019 年第 3 期。

马长山：《智慧治理时代的社会组织制度创新》，《学习与探索》2019 年第 8 期。

陈柏峰：《中国法治社会的结构及其运行机制》，《中国社会科学》2019 年第 1 期。

陈景辉：《地方法制的概念有规范性基础吗》，《中国法律评论》2019 年第 3 期。

程金华：《地方法制/法治的自主性》，《中国法律评论》2019 年第 3 期。

丁轶：《承包型法治：理解"地方法治"的新视角》，《法学家》2018 年第 1 期。

樊鹏：《利维坦遭遇独角兽：新技术的政治影响》，《文化纵横》2018 年第 4 期。

方世荣：《论行政立法参与权的权能》，《中国法学》2014 年第 3 期。

冯仕政：《政治市场想象与中国国家治理分析——兼评周黎安的行政发包制理论》，《社会》2014 年第 6 期。

付子堂、张善根：《地方法治实践的动力机制及其反思》，《浙江大学学报》（人文社会科学版）2016 年第 4 期。

葛洪义：《中心与边缘："地方法制"及其意义》，《学术研究》2011 年第 4 期。

葛洪义：《作为方法论的"地方法制"》，《中国法学》2016 年第 4 期。

耿元骊：《唐代乡村社会权力结构及其运行机制》，《社会科学战线》2016 年第 2 期。

公丕祥：《区域法治发展的概念意义——一种法哲学方法论上的初步分析》，《南京师大学报》（社会科学版）2014 年第 1 期。

公丕祥：《全球化与中国法制现代化》，《法学研究》2000 年第 6 期。

公丕祥：《法制现代化的分析工具》，《中国法学》2002 年第 5 期。

公丕祥：《法治中国进程中的区域法治发展》，《法学》2015 年第 1 期。

龚廷泰：《人的需要、社会主要矛盾与法治保障》，《法学》2018 年第 8 期。

顾培东：《试论我国社会中非常规性纠纷的解决机制》，《中国法学》2007 年第 3 期。

郭道晖：《论国家权力与社会权力——从人民与人大的法权关系谈起》，《法制与社会发展》1995 年第 2 期。

郭道晖：《论社会权力——社会体制改革的核心》，《中国政法大学学报》2008 年第 3 期。

何明升：《技术与治理：中国 70 年社会转型之网络化逻辑》，《探索与争鸣》2019 年第 12 期。

何明升：《中国网络治理的定位及现实路径》，《中国社会科学》2016 年第 7 期。

胡明：《民国苏南乡村社会权力研究》，《农业考古》2012 年第 1 期。

胡萧力、王锡锌：《基础性权力与国家"纵向治理结构"的优化》，《政治与法律》2016 年第 3 期。

江平：《社会权力与和谐社会》，《中国社会科学院研究生院学报》2005 年第 4 期。

姜明安：《新时代法治政府建设与营商环境改善》，《中共中央党校（国家行政学院）学报》2019 年第 5 期。

雷磊：《"地方法制"能够成为规范性概念吗》，《中国法律评论》2019 年第 3 期。

李军鹏：《改革开放 40 年：我国放管服改革的进程、经验与趋势》，《学习与实践》2018 年第 2 期。

李培林：《再论"另一只看不见的手"》，《社会学研究》1994 年第 1 期。

李强：《从"整体型社会聚合体"到"碎片化"的利益群体——改革开放 30 年与我国社会群体特征的变化》，《新视野》2008 年第 5 期。

李晟：《"地方法治竞争"的可能性》，《中外法学》2014 年第 5 期。

李晟：《"地方法治竞争"的可能性——关于晋升锦标赛理论的经验反思与法理学分析》，《中外法学》2014 年第 5 期。

李旭东：《地方法制研究的理论框架》，《学术研究》2011 年第 4 期。

梁治平：《中国法律史上的民间法——兼论中国古代法律的多元格局》，《中国文化》1997 年第 Z1 期。

刘培峰：《社团管理的许可与放任》，《法学研究》2004 年第 4 期。

柳亦博：《共在与共生：论社会治理中政府与社会组织的关系》，《天津行政学院学报》2016 年第 4 期。

柳亦博：《简化与元简化：信任在国家治理中的两种功能》，《学海》2017 年第 2 期。

陆宇峰：《信息社会中的技术反噬效应及其法治挑战——基于四起网络舆

情事件的观察》,《环球法律评论》2019 年第 3 期。

倪斐：《地方法治概念证成：基于治权自主的法理阐释》,《法学家》2017 年第 4 期。

欧黎明、朱秦：《社会协同治理：信任关系与平台建设》,《中国行政管理》2009 年第 5 期。

庞正：《法治社会和社会治理：理论定位与关系厘清》,《江海学刊》2019 年第 5 期。

罗萍：《宜昌商会的"柔性社会权力"与辛亥宜昌"有序革命"》,《社会科学辑刊》2009 年第 2 期。

钱弘道等：《法治评估及其中国应用》,《中国社会科学》2012 年第 4 期。

钱弘道、戈含锋等：《法治评估及其中国应用》,《中国社会科学》2012 年第 4 期。

渠敬东等：《从总体支配到技术治理：基于中国 30 年改革经验的社会学分析》,《中国社会科学》2009 年第 6 期。

孙文恺：《"法治社会"辨析——以"社会"为中心的考察》,《浙江社会科学》2015 年第 2 期。

孙笑侠：《局部法治的地域资源——转型期"先行法治化"现象解读》,《法学》2009 年第 12 期。

孙笑侠、钟瑞庆：《"先发"地区的先行法治化——以浙江省法治发展实践为例》,《学习与探索》2010 年第 1 期。

汪杰贵：《超越公共事务自主治理制度的供给困境——基于自治组织的社会资本积累视角》,《社会主义研究》2011 年第 1 期。

汪锦军：《合作治理的构建：政府与社会良性互动的生成机制》,《政治学研究》2015 年第 4 期。

汪锦军：《纵向政府权力结构与社会治理：中国"政府与社会"关系的一个分析路径》,《浙江社会科学》2014 年第 9 期。

王礼鹏：《社会治理创新的地方经验及启示》,《国家治理》2016 年第 21 期。

王立民：《中国地方法制史研究的前世与今生》,《中外法学》2013 年第 5 期。

王名、孙伟林：《社会组织管理体制：内在逻辑与发展趋势》，《中国行政管理》2011年第7期。

王诗宗、宋程成：《独立抑或自主：中国社会组织特征问题重思》，《中国社会科学》2013年第5期。

王锡锌：《当代行政的"民主赤字"及其克服》，《法商研究》2009年第1期。

魏治勋：《论乡村社会权力结构合法性分析范式——对杜赞奇"权力文化网络"的批判性重构》，《求是学刊》2004年第6期。

吴军、夏建中：《国外社会资本理论：历史脉络与前沿动态》，《学术界》2012年第8期。

吴克昌：《国家权力、社会权力及其关系的分析》，《中南大学学报》（社会科学版）2004年第2期。

夏锦文：《共建共治共享的社会治理格局：理论构建与实践探索》，《江苏社会科学》2018年第3期。

夏锦文：《论法制现代化的多样化模式》，《法学研究》1997年第6期。

夏锦文：《区域法治发展的法理学思考——一个初步的研究构架》，《南京师大学报》（社会科学版）2014年第1期。

许柳青：《北京业主维权骨干群体研究》，硕士学位论文，中国人民大学，2008年。

闫世东：《正当性：社会权力运行的基本原则》，《社会科学家》2012年第3期。

晏辉：《现代性语境下公共性问题的哲学批判》，《哲学研究》2011年第8期。

杨解君：《法治建设中的碎片化现象及其碎片整理》，《江海学刊》2005年第4期。

尹建国：《我国网络信息的政府治理机制研究》，《中国法学》2015年第1期。

於兴中：《算法社会与人的秉性》，《中国法律评论》2018年第2期。

俞可平：《中国治理变迁30年（1978—2008）》，《吉林大学社会科学学报》2008年第3期。

詹国彬：《从管制型政府到服务型政府——中国行政改革的新取向》，《江西社会科学》2003 年第 6 期。

张康之：《合作治理是社会治理变革的归宿》，《社会科学研究》2012 年第 3 期。

张鸣起：《论一体建设法治社会》，《中国法学》2016 年第 4 期。

张骐：《论法的价值共识——对当代中国法治进程中一个悖论的解决尝试》，《法制与社会发展》2001 年第 5 期。

张文显：《全球化时代的中国法治》，《吉林大学社会科学学报》2005 年第 2 期。

张翔：《我国国家权力配置原则的功能主义解释》，《中外法学》2018 年第 2 期。

赵磊：《论社会权力的起源》，《社会学研究》1991 年第 4 期。

郑芳：《国家治理视阈中的社会权力研究》，《前沿》2014 年第 12 期。

郑芳、欧阳康：《解构主义视角下的社会权力概念解析》，《甘肃理论学刊》2016 年第 4 期。

郑智航：《超大型国家治理中的地方法治试验及其制度约束》，《法学评论》2020 年第 1 期。

郑智航：《网络社会法律治理与技术治理的二元共治》，《中国法学》2018 年第 2 期。

郑智航：《法治中国建设的地方试验——一个中央与地方关系的视角》，《法制与社会发展》2018 年第 5 期。

周飞舟：《锦标赛体制》，《社会学研究》2009 年第 3 期。

周黎安：《行政发包制》，《社会》2014 年第 6 期。

周黎安：《中国地方官员的晋升锦标赛模式研究》，《经济研究》2007 年第 7 期。

周尚君：《地方法治竞争范式及其制度约束》，《中国法学》2017 年第 3 期。

周尚君：《地方法治试验的动力机制与制度前景》，《中国法学》2014 年第 2 期。

周尚君：《国家建设视角下的地方法治试验》，《法商研究》2013 年第

1 期。

周雪光：《国家治理规模及其负荷成本的思考》，《吉林大学社会科学学报》2013 年第 1 期。

周业安：《地方政府竞争与经济增长》，《中国人民大学学报》2003 年第 1 期。

朱景文：《关于法制和法治的几个理论问题》，《中外法学》1995 年第 4 期。

四 外文论著类

Bannister F, *ICT Hyperbole and the Red Queen Syndrome: E – Participation Policy and the Challenge of Technology Change*, E – Gov. 2.0: Pave the Way for e – Participation. EuroSpace S. r. l, 2009.

Chris Ansell, Alison Gash, "Collaborative Governance in Theory and Practice", *Journal of Public Administration Research and Theory*, 2008.

Donald Black, *Sociological Justice*, Oxford University Press, 1989.

Edvina Uehara, "Dural Exchange Theory, Social Network, and Informal Social Support", *American Journal of Sociology*, Vol. 96, No. 522, 1990.

Edgar F. Borgatta and Rhonda J. V. Montgomery, eds., *Encyclopedia of Sociology*, 2d ed., Macmillan Reference USA, 2000.

Eugene Bardach, *Getting Agencies to Work Together: The Pracice and Theory of Managrial Craftsmanship*, Chatham House Publishers, 1998.

Ian Shapiro ed., *The Rule of Law*, New York University Press, 1994.

James S. Coleman, "Social Capital in the Creation of Human Capital", *American Journal of Sociology*, Vol. 94, 1988.

Jean L. Cohen and Andrew Arato, *Civil Society and Political Theory*, The MIT Press, 1992.

Joseph Raz, *The Authority of Law*, Oxford University Press, 1979.

John Holmwood ed., *Social Stratification I*, Edward Elgar, 1996.

Kenneth G. Lieberthal, David M. Lampton, *Bureaucracy, Politics and Deci-*

sion Making in Post – Mao China, University of California Press, 1992.

Lipson, Leon and Stanton Wheeler, eds. , *Law and the Social Sciences*, Russell Sage, 1986.

Max Weber, *Max Weber on Law in Economy and Society*, Harvard University Press, 1954.

Merritt R. Smith and Leo Marx, *Does Technology Drive History?*, *The Dilemma of Technological Determinism*, MIT Press, 1994.

Michael Root, "How We Divide The World", *Philosophy of Science*, Vol. 67, (Supplement), 2000.

Michel Foucault, *Foucault Live (Interviews, 1961 – 1984)*, Semiotext (e), 1996.

Michel Foucault, *Politics, Philosophy, Culture: Interviews and Other Writings of Michel Foucault, 1977 – 1984*, Routledge, 1988.

Michel Foucault, *Power/Knowledge: Selected Interviews and Other Writings, 1972 – 1977*, The Harvester Press, 1980.

Niccolo Machiavelli, *The Prince*, Penguin Books, 1981.

Niklas Luhmann, *Trust and Power*, John Wiley & Sons, 1979.

Sherry Arnstein, "A Ladder of Citizen Participation", *Journal of the Royal Town Planning Institue*, 1971.

Walton H. Hamilton, " 'Institution' in Eduin", in R. A. Seligman and Alvin Johnson, eds. , *Encyclopaedia of the Social Sciences*, 2004.

William M. Evan, *Social Structure and Law: Theoretical and Empirical Perspectives*, Sage Publications, 1990.